Retrato de Cesário feito de memória por Columbano Bordalo Pinheiro para a 1ª edição de O Livro de Cesário Verde *(1887).*

Poemas Reunidos

CLÁSSICOS ATELIÊ

Direção
Ivan Teixeira e Paulo Franchetti

Conselho Editorial
Antônio Medina Rodrigues
José De Paula Ramos Jr.

Cesário Verde

Poemas Reunidos

Introdução e Notas
Mario Higa

Ateliê Editorial

Direitos reservados e protegidos pela Lei 9.610 de 19.2.1998.
É proibida a reprodução total ou parcial sem autorização,
por escrito, da editora.

Dados Internacionais de Catalogação na Publicação (CIP)
(Câmara Brasileira do Livro, SP, Brasil)

Verde, Cesário, 1855-1886.
Poemas Reunidos / Cesário Verde; introdução,
estabelecimento do texto e notas de Mario Higa. –
Cotia, SP: Ateliê Editorial, 2010. –
(Coleção Clássicos Ateliê)

ISBN 978-85-7480-509-2

1. Poesia portuguesa I. Higa, Mario.
II. Título. III. Série.

10-07175   CDD-869.1

Índices para catálogo sistemático:
1. Poesia: Literatura portuguesa   869.1

Direitos reservados à

ATELIÊ EDITORIAL
Estrada da Aldeia de Carapicuíba, 897
06709-300 – Granja Viana – Cotia – SP
Telefax: (11) 4612-9666
www.atelie.com.br
atelie@atelie.com.br

Printed in Brazil   2010
Foi feito o depósito legal

Deixo aqui consignada minha gratidão a Ivan Teixeira pelo apoio incondicional a este trabalho e pelas conversas sempre calorosas e instigantes que construíram nossa amizade. Agradeço também à minha mulher, Paula, pelo companheirismo encorajador de cada dia. Às minhas filhas, Júlia e Sophia, dedico esta pequena contribuição aos estudos cesáricos.

M. H.

❧ Sumário ❧

Introdução – *Mario Higa* 13
    I. Poesia Cesárica: Recepção Crítica e
        Lugar Canônico 13
    II. Um Problema de História Literária:
        O Desencontro de Cesário e Seus
        Contemporâneos 28
    III. Breve Histórico do Prosaísmo na
        Crítica Cesárica 44
    IV. Depois de "Esplêndida": Hipótese de
        Trajetória da Poesia Cesárica 50

Cronologia 61

Critérios de Organização e Estabelecimento dos Textos ... 71

PARTE I. O LIVRO DE CESÁRIO VERDE
    Dedicatória 79
    Prefácio. 81

Crise Romanesca
    Deslumbramentos 91
    Setentrional 97
    Meridional 103
    Ironias do Desgosto 107
    Humilhações. 111
    Responso. 117

Naturais
    Contrariedades. 125
    A Débil 131
    Num Bairro Moderno 137

Cristalizações 149

Noites Gélidas. 161

Sardenta 163

Flores Velhas. 165

Noite Fechada. 173

Manhãs Brumosas 181

Frígida 185

De Verão. 191

O Sentimento dum Ocidental 199

De Tarde. 225

Em Petiz 229

Nós 241

Provincianas. 273

Notas 281

PARTE II. POEMAS DISPERSOS

A Forca 285

[Num Tripúdio de Corte Rigoroso] 289

[Ó Áridas Messalinas] 291

Eu e Ela. 293

Lúbrica... 295

Ele 299

Impossível. 305

Lágrimas. 309

Proh Pudor! 311

Manias 313

Heroísmos. 315

Cinismos. 317

Esplêndida 319

Arrojos 327

Vaidosa. 331

Cadências Tristes 333

Desastre 337

Num Álbum 345

Obras Citadas 347
Bibliografia Complementar
    sobre Cesário Verde 353

❧ Introdução ❧

MARIO HIGA

I. POESIA CESÁRICA: RECEPÇÃO CRÍTICA E LUGAR CANÔNICO

O primeiro livro de Cesário Verde foi anunciado em 1873, um dia após o jovem poeta de dezoito anos ter publicado seus primeiros versos em folhetim. Com alguns amigos na imprensa e, supõe-se, um punhado de poemas na gaveta, Cesário ingressa no mundo das letras de modo calculado. Em 12 de novembro, faz publicar três composições suas no *Diário de Notícias*. No dia seguinte, o *Diário Ilustrado* anuncia para breve *Cânticos do Realismo*, livro de estreia de Cesário Verde. O anúncio, no entanto, não se cumpriu à época, nem depois, até a morte do poeta, em 1886. Um dos fatores que levaram Cesário a adiar, porventura sistematicamente, o lançamento de uma coletânea com seus versos pode ter sido a recepção hostil que seus poemas receberam[1]. E não apenas de quem o poeta esperava reação negativa ou indiferente, mas também de quem buscava aproximação: escritores da "Escola Nova" ou "Escola de Coimbra". Sabe-se, por

---

1. Um outro motivo nos dá o depoimento de Bourbon e Meneses: "Perguntando-lhe Gualdino Gomes por que não reunia em volume as suas poesias respondeu Cesário Verde que pretendia dar à sua obra certa unidade que ainda não possuía ... não publicaria senão um livro que pela rigorosa seleção e pelo paciente trabalho da forma pudesse, como *As Flores do Mal* de Baudelaire impor-se, através da aparente descontinuidade das composições, pela unidade cerrada da forma e pela unidade essencial do fundo poético" (*apud* Teresa Cunha, *Cânticos do Realismo e Outros Poemas*, Cesário Verde, Lisboa, Relógio D'Água, 2006, pp. 14-15).

exemplo, que Cesário contava receber "aplausos do lado dos grandes revolucionários" (*apud* Rodrigues, p. 211) quando publicou o tríptico "Fantasias do Impossível", em 1874. Contudo, o que de fato recebeu foi uma repreensão pública de Ramalho Ortigão, que, em uma de suas "farpas", comenta em tom de mofa um poema da série: "Esplêndida". Teófilo Braga também teria censurado a composição. Para um amigo de Cesário, teria dito que considerava condenável que "um homem, para captar as simpatias de uma mulher" tivesse que descer "ao lugar dos lacaios". Para Teófilo, "um poeta amante e moderno devia ser trabalhador, forte e digno e não se devia rebaixar assim" (*OC*, p. 203).

Em 1877, Teófilo edita seu *Parnaso Português Moderno*, uma antologia poética representativa do período, segundo critérios do editor. Nela, Cesário não comparece. No mesmo ano, Cesário compõem o que pode ser considerado seu primeiro grande poema: "Num Bairro Moderno". Dias após sua publicação, em 1878, um leitor do *Diário de Portugal* alude à obra como "tradução infelicíssima de um falso poeta realista" (*apud* Rodrigues, p. 205). Outro, na *Correspondência de Coimbra*, afirma que a composição "não é romantismo nem *realismo*; é uma coisa medonha, informe, caprichada com requinte, ridícula no *ensemble*, disparatada nas minudências. // É uma aberração numa preocupação de originalidade!" (*apud* Silveira, p. 16). Em depoimento que serviria de carta-prefácio à 2ª edição de *O Livro de Cesário Verde*, mas que ficou inacabado, Fialho de Almeida ("Cesário Verde", p. 12) recorda o tempo em que "Num Bairro Moderno" apareceu. Por essa época, afirma, Cesário era motivo de chacota nas redações de jornais e nos círculos em que se discutiam literatura e poesia. O próprio Fialho confessa ter caçoado do poeta.

Em 1879, o poema "Em Petiz" provoca nova reação violenta. Um dia após ser publicado, o crítico de plantão do *Diário Ilustrado* – periódico que anunciara o lançamento de *Cânti-*

cos do Realismo – comenta em tom jocoso e zombeteiro passagens da composição, com o claro intuito de expô-la e seu autor ao ridículo. Consta que Cesário reagira, exigindo uma retratação do jornal. O referido diário, então, redimiu-se em nota na qual assevera que para fazer juízo do poema lhe havia de fato extraído trechos "os menos asquerosos, os menos nojentos, os menos repugnantes". E que para lhe fazer justiça, "Em Petiz" seria transcrito na íntegra, para que todos pudessem comprovar o que parecia óbvio, que "cada verso" do poema "é simplesmente um vomitório" (*apud* Figueiredo, *A Vida de Cesário Verde*, pp. 123-124). A polêmica quase acabou em tragédia. Segundo se pode depreender de documentos da época, Cesário teria desafiado o diretor do *Diário Ilustrado*, Pedro Correia, para um duelo, que por fim não ocorreu.

"O obstáculo estimula", diz um hemistíquio de "Contrariedades", poema em que o narrador lírico simula ser um poeta culto desprezado pela crítica. Em sua obra, Cesário assimilou e pôs em prática este pensamento de raiz positivista. Em 1880, publica uma de suas composições mais notáveis: "O Sentimento dum Ocidental", que muitos críticos consideraram e vem considerando peça canônica da poesia de língua portuguesa, ou mesmo da poesia lírica ocidental de todos os tempos. Entre seus leitores contemporâneos, no entanto, o poema não suscitou mais que silêncio. Em carta a um amigo, Cesário lamenta a indiferença com que a obra foi recebida: "Ninguém escreveu, ninguém falou, nem num noticiário, nem numa conversa comigo; ninguém disse bem, ninguém disse mal! ... Literariamente – conclui o poeta – parece que Cesário Verde não existe" (*OC*, p. 228).

"O obstáculo estimula", mas às vezes também abate. Depois de "O Sentimento dum Ocidental", a lira cesárica silenciará por quatro anos. Pelo menos, não se conhece nenhum inédito de Cesário divulgado entre 10 junho de 1880, data de "O Sentimento dum Ocidental", e 5 de setembro de 1884, quando a revista *A Ilustração* publica "Nós". Sobre esta composição, a Mariano Pina, diretor do referido periódico, Cesário diz na carta que acompanha o manuscrito: "É talvez a minha produção última, final" (*OC*, p. 239). E de certo modo foi. Depois de "Nós", até onde se tem notícia, Cesário só será publicado postumamente.

"Nós" é um poema assombroso. Ser publicado depois de "O Sentimento dum Ocidental" o faz, de alguma forma, ainda mais extraordinário. Este, em sua regularidade de acertos, em sua consciência textual minuciosa, geradora de uma espécie de complexo sistêmico ou associativo de imagens e sons, figura como culminância da trajetória poética de Cesário, como produto final aperfeiçoado de ensaios anteriores bem-acabados, como poema definitivo, enfim. Espanta ver, pois, como após sua *obra definitiva*, ou sob sua sombra, Cesário logra afastar-se desse modelo, que em suas mãos se havia esgotado, e alcança formular outro, em tudo ou quase diferente do primeiro, mas ainda coerente em seus objetivos e resultados. Sob certos aspectos, "Nós" inicia e encerra uma nova e derradeira fase da produção cesárica, que em muitos sentidos supera a precedente quando esta superação era totalmente inesperada por improvável. No entanto, a mesma indiferença que envolveu "O Sentimento dum Ocidental" cercou o lançamento de "Nós".

A Importância de Silva Pinto

Do desdém ao silêncio. Assim poderia ser resumida a recepção da obra de Cesário, durante a vida do poeta. Do silêncio à consagração. Assim poderia ser sintetizada a segunda parte desta história. Cesário não morreu desconhecido. Até sua morte, seu nome circurlava entre leitores e escritores portugueses. A frequência com que circulava é difícil medir hoje, mas por certo não era pequena. O modo oscilava en-

HORAS DE FEBRE

Uma dedicatória e um autógrafo de Silva Pinto em seu livro de contos Horas de Febre, *lançado em 1873, ano da estreia literária de Cesário. Em montagem, logo abaixo, dois momentos do escritor, crítico e polemista, em 1882 e em 1906.*

tre desprezo, indiferença e admiração. Em notas, ainda que breves, jornais noticiaram o falecimento de Cesário. Amigos também manifestaram pesar na imprensa. Nestes textos, o homem, mais que o poeta, ganhava destaque. Aquele, em suma, era honesto, afável, culto; este, sobretudo, original – termo que à época podia assumir conotações várias.

Embora a poesia de Cesário, à parte as polêmicas, tenha despertado admiração e tenha recebido manifestações pontuais de apoio, é provável que o silêncio que a cercou nos últimos anos de sua produção perdurasse e a sepultasse para sempre. Ou que Cesário passasse à história como um nome entre outros do Parnasianismo português. O que impediu que isso viesse a ocorrer foi a decisão de Antônio José da Silva Pinto de reunir alguns dos poemas dispersos e outros inéditos de Cesário e, afirmando que executava plano deixado pelo poeta, publicar, em 1887, *O Livro de Cesário Verde*. Com este ato, Silva Pinto, crítico e escritor de obra irregular e extensa, ganhou relevo na história da literatura portuguesa, tornando-se o maior responsável pelo resgate da poesia cesárica que se deu durante século xx.

Cesário conheceu Silva Pinto em 1873, quando ambos eram alunos no Curso Superior de Letras, em Lisboa. Desde então tornaram-se amigos próximos e inseparáveis. Como crítico, Silva Pinto saiu em defesa de Cesário em algumas polêmicas. A iniciativa de editar *O Livro de Cesário Verde*, no entanto, parece ter sido motivada mais por sentimento fraterno que por convicção crítica. Nos escritos que dedicou à obra de Cesário, Silva Pinto exaltou-a mas não demonstrou compreendê-la em profundidade. No prefácio que escreveu para *O Livro de Cesário Verde*, chora a morte e louva a memória do amigo. Apenas em alguns momentos, alude ao poeta, e solta um "artista delicado", "poeta de primeira grandeza", "artista – e de alta plana!", "originalíssimo poeta", expressões de valor epitético que pouco ou nada dizem sobre a poesia cesá-

18 ⁓ INTRODUÇÃO

rica. Talvez por isso, no mesmo escrito, Silva Pinto tenha se comprometido a compor um estudo sobre a obra de Cesário, um ensaio que por fim justificasse aquela edição e os epítetos lançados. No entanto, morto em 1911, ou vinte e quatro anos após o compromisso firmado, a promessa não se cumpriu.

É provável que, quando editou *O Livro de Cesário Verde*, Silva Pinto não previsse a dimensão que sua atitude alcançaria, que a obra seria considerada uma das mais representativas da poesia portuguesa. É possível que Silva Pinto nem sequer suspeitasse que a edição particular que custeou em 1887 se transformaria em edição comercial em 1901. O fato é que a recepção do conjunto dos poemas foi diferente da que receberam os poemas avulsos. No livro, os textos, por assim dizer, se galvanizaram por aproximação, por contágio mútuo e redistribuição de forças. "Nós" jogou luzes sobre "Em Petiz", por exemplo, e vice-versa. "O Sentimento dum Ocidental" valorizou "Num Bairro Moderno", e também este àquele. Lidos em paralelo, campo e civilização articularam-se numa narrativa coesa e complexa. E assim sucessivamente. Afinal, o critério de avaliação crítica de poesia, o modo de sua recepção, não se havia alterado de forma tão substancial entre as décadas de 1870 e 1890. A geração que estimou *O Livro de Cesário Verde*, e assim promoveu sua segunda edição, foi praticamente a mesma que desbancou seus poemas à época em que se publicaram na imprensa.

A Fanfarra e a Música de Câmara

Um ano antes de morrer, Cesário é citado no *Dicionário Bibliográfico Português*, vol. XIII, então dirigido por Brito Aranha. São poucas linhas as que se referem ao poeta ainda sem livro, mas por elas já se vê que à poesia cesárica era reconhecido um lugar na cultura literária da época. Na década de 1890, saem, uma na França e outra na Itália, duas antologias da poesia portuguesa moderna. Em *Le Mouvement Poétique*

Contemporain en Portugal (1892), organizado por Maxime Formont, Cesário é disposto entre poetas considerados menores de seu tempo. O mesmo ocorre em *I Nuovi Poeti Portoghesi* (1896), editado por Antonio Padula. Nestas obras, o cânone é formado por João de Deus, Antero e Teófilo.

Por esse período, começam a surgir sinais de epigonismo cesárico. Em 1886, Xavier de Carvalho publica "O Cais – Versos dum Incoerente", decalcado de "O Sentimento dum Ocidental". A imitação inclui até a estrutura rítmica da estrofe, formada de quadras em que o primeiro verso é decassílabo e os demais alexandrinos. Veja-se uma passagem:

São fins da tarde. Uma tristeza fria
Descora os rostos vis d'obreiros em magotes.
Há no ar um perfume acre de maresia
E um rude homenzarrão anda atracando os botes.
Apud Rodrigues, p. 244; vv. 5-8.

Agostinho Campos, em 1889, publica "Pela Manhã", poema em que a presença de "Num Bairro Moderno" já se faz ver desde os versos iniciais: "Seis horas da manhã. Um sol de estio / Enche de animação a feira toda". Na segunda estrofe, a imitação segue, ainda mais próxima do original:

Vinde aspirar, anêmicas meninas,
Deixando por um pouco em paz o amor,
O aroma sem rival das tangerinas
E o cheiro salutar da couve-flor.
Apud Rodrigues, p. 246; vv. 5-8.

Por esses exemplos, pode-se constatar a existência de uma gama de estilemas cesáricos reconhecidos e parodiados já no fim do século XIX. No Brasil, a poesia de Cesário repercute em obras do primeiro decênio do século XX, como nas de Mário Pederneiras, Marcelo Gama e Felipe D'Oliveira, que inicia um dos poemas de seu *Vida Extinta* (1911) com o verso: "Eu hoje estou com as crises de Cesário". Andrade Muricy afirma que o "*humour* de Cesário Verde" está na "raiz de quase todo o nosso Simbolismo" (p. 869). E vê na mescla sutil de ironia e prosaísmo presente na poesia de Augusto dos Anjos, que publica *Eu* em 1912, uma possível influência de Cesário (p. 841).

Em 1909, a lusitanista e medievalista Carolina Michaëlis de Vasconcellos elege as *Cem Melhores Poesias (líricas) da Língua Portuguesa*, mas que de fato limitam-se a autores portugueses. Dos cem "espaços", a antologista destina catorze a poemas pós-românticos: sete de Antero, quatro de João de Deus, dois de Gonçalves Crespo e um de Antônio Nobre. Cesário não comparece. Teófilo, Junqueiro e Gomes Leal também não. Em 1917, Fidelino de Figueiredo organiza uma *Antologia Geral da Literatura Portuguesa (1189-1900)*, para uso em escolas secundárias. Sem limitação prévia de textos, para o mesmo período, o organizador seleciona dezessete poemas: seis de Antero, três de João de Deus, três de Junqueiro, dois de Gonçalves Crespo, dois de Gomes Leal e um de Cesário. Teófilo não é convocado. Com efeito, em termos físicos, Cesário divide mesmo espaço que Antero (cinco páginas) e supera os demais. "O Sentimento dum Ocidental", composição que Figueiredo escolhe, é um texto de extensão média a longa (176 versos).

Em língua inglesa, o quadro muda mas pouco. Em 1916, o político e erudito George Young organiza e traduz uma antologia da poesia portuguesa, com viés eminentemente nacionalista. O volume traz prefácio de Teófilo Braga, então ex-presidente de Portugal. Na coletânea de Young, Teófilo comparece com um poema, João de Deus com dois, Antero com três e Junqueiro com cinco. Dois anos antes, o ilustre iberista Aubrey F. G. Bell havia publicado *Studies in Portuguese Literature*. No capítulo "Three Poets of the Nineteenth Century", Bell comenta o legado poético de João de Deus,

Tomás Ribeiro e Antero. Noutro, intitulado "Portuguese Poets of To-day", examina poetas vivos, e considera Junqueiro o mais importante entre eles. Nas duas obras citadas, nenhuma palavra sobre Cesário. Na última, nenhuma específica sobre a poesia de Teófilo. Em 1922, Aubrey Bell lança *Portuguese Literature*, um estudo histórico-literário mais abrangente que o anterior, escrito a maior parte em 1916, mas não publicado antes devido à guerra. Na seção destinada à "Escola de Coimbra", Teófilo é tratado como historiador. Sua poesia, diz Aubrey Bell, vem sendo julgada de modo variado, uns consideram-na obra de gênio, outros, tentativa falhada de exprimir o sublime (p. 309). Os poetas de destaque do período são Antero, João de Deus e Junqueiro. Em segundo plano, Gonçalves Crespo e Gomes Leal. Acerca dos mais novos, despontam Antônio Nobre, Teixeira de Pascoaes e Eugênio de Castro. Cesário é descrito numa sentença que destaca sua frase clara e seu realismo intenso (p. 330).

Por esse breve recorte, vê-se que critérios de avaliação crítica do fim do século XIX e começo do XX vão pôr à sombra a poesia de Teófilo. Junto com ela, com o passar dos anos, começam a decair também Junqueiro e Gomes Leal, ao mesmo tempo em que Cesário vai ganhando prestígio. Em 1941, Fidelino de Figueiredo afirma: "*O Livro de Cesário Verde*, reunido por Silva Pinto, tem subido sempre na estima das gerações novas, ao contrário do que se verifica com os poetas mais identificados com a estética da época realista" (*Literatura Portuguesa*, p. 318). Tal fato deriva, entre outros fatores, de uma separação estilística que o século XX determinou e enfatizou entre poetas (e escritores) minimalistas, como Cesário, Nobre e Pessanha, e maximalistas[2] como Teófilo, Junqueiro e Gomes Leal. Em última instância, não

2. Claro está que uso o termo "maximalismo" com o sentido oposto ao de "minimalismo".

se está em julgamento o valor estilístico das obras: Teófilo, Gomes Leal e Junqueiro são bem-sucedidos poetas maximalistas. Ou seja, há em suas realizações coerência entre projeto e produto, entre intenção e realização. No entanto, ainda que o resultado seja positivo, ele depende de encontrar um destinatário predisposto à sua assimilação: o que não ocorreu, em sentido generalizado, no século xx. Na concepção de Figueiredo, que reproduz perspectiva dominante à época, e de certo modo válida até nossos dias, a poesia maximalista, grandiosa, titânica "é como a marcha de duma fanfarra, entusiasta e guerreira, que ouvida a primeira vez nos fascina, mas que de audição em audição vai perdendo seu poder exortivo" (*Literatura Portuguesa,* p. 319). Para um leitor do século xix, contemporâneo de Cesário, tal afirmação certamente afigurar-se-ia equivocada. Em sentido amplo, preferia-se então a fanfarra à música de câmara[3].

A Importância de Fernando Pessoa

O primeiro Modernismo português desempenhou papel decisivo no processo de redimensionamento crítico da poesia cesárica. Em 1912, Mário de Sá-Carneiro publica *Princípio,*

---

3. Antes de Fidelino de Figueiredo, em 1926, Eugênio de Castro, no texto que escreveu sobre Cesário, externa semelhante juízo: "Cesário Verde foi contemporâneo de Guerra Junqueiro e de Gomes Leal, desses dois poetas que, declarados inimigos do Romantismo, aos românticos foram buscar, e principalmente a Victor Hugo, a ênfase oratória, de que abusaram desmarcadamente, ênfase que depois se tornou epidérmica nos arraiais da poesia portuguesa, e que de si não deixou vestígios muito honrosos, porque, aparatosa mas efêmera, brilhante mas oca, era como as bolas de sabão que as crianças sopram por um canudo, e que estoiram de repente, desfazendo-se num miserável pingo d'água, depois de terem fulgido magnificamente como globos de cristal irizado" ("Cesário Verde", *Cartas de Torna-Viagem,* Lisboa, "Lvmen", 1926, p. 96).

livro de contos. Uma das estórias, intitulada "Loucura...", baseia-se no poema "Ironias do Desgosto", de Cesário. Dois anos depois, à questão proposta pelo jornal *República* sobre "o mais belo livro das últimas três décadas", Mário de Sá-Carneiro responde citando a obra de Camilo Pessanha – ainda não reunida em volume –, o *Só*, de Antônio Nobre, e o "livro do futurista Cesário Verde". (O futurismo aludido não é por certo o de Marinetti. Com o termo, Sá-Carneiro destaca um aspecto que desempenhará papel fundamental, como veremos, na leitura de Cesário durante o século XX: o de precursor de caminhos da poesia moderna.)

A defesa mais contundente da poesia de Cesário, nesse período, sai da pena de um de seus contemporâneos: Fialho de Almeida. Em texto incompleto, publicado postumamente em 1917, e que, como já referido, serviria de carta-prefácio à 2ª edição de *O Livro de Cesário Verde*, Fialho escreve uma espécie de *mea culpa* de sua geração, que não soube compreender e avaliar a obra cesárica. O modo, aliás, como Fialho lê pelos anos a poesia de Cesário sumariza o percurso desta juntos a seus leitores. De início, o cronista participa do coro de zombadores do poeta, tido como excêntrico por sua originalidade inusual. Em 1892, de modo sumário, reconhece nesta singularidade um aspecto positivo, especialmente quando comparada com a produção poética de sua época: "Oh meu loiro e divino irregular Cesário Verde! É lendo os rapazes do teu tempo que a minha adoração por ti redunda em fanatismo" (*Vida Irônica*, p. 184). Por fim, na carta-prefácio, de modo ponderado e argumentativo, atribui à poesia cesárica valor estético superior[4].

4. Ainda que tardia, a adesão crítica de Fialho à poesia de Cesário pode ser compreendida à luz de afinidades existentes entre a obra do prosador e a do poeta. Ou seja, as virtudes que Fialho exalta na poesia de Cesário são similares as que, adaptadas à prosa, o contista e cronista perseguiu em seus

Em 1924, em uma de suas cartas de torna-viagem, Eugênio de Castro escreve para resgatar Cesário e *O Livro de Cesário Verde* do "injusto esquecimento em que caíram". Por esse tempo, a simpatia dos modernistas não havia surtido efeito. Em 1931, o jovem João Gaspar Simões escreve importante ensaio sobre o poeta, no qual são definidas e demonstradas algumas das linhas básicas do estilo cesárico. É possível que o interesse de João Gaspar pela poesia cesárica tenha nascido do contato pessoal com José Régio e com a obra em progresso de Fernando Pessoa. O primeiro dedica a Cesário um capítulo quase inteiro de sua dissertação de licenciatura, entregue em 1925, e que, refundida, tornou-se a *Pequena História da Moderna Poesia Portuguesa*, saída em 1941. Pessoa cita Cesário de modo reverencial em alguns momentos de sua obra, como na "Ode Marítima", publicada no segundo número de *Orpheu*, em julho de 1915. Quando a partir da década de 1940, o espólio pessoano passa por revisão crítica e a ele se atribui a aura de grandeza que hoje se lhe reconhece, a poesia cesárica, por contágio, também se valoriza. Depois de Silva Pinto, Fernando Pessoa pode ser considerado o principal responsável pela consagração da obra de Cesário. Sem a edição do primeiro e o suporte do segundo, é difícil prever que destino tomariam os poemas cesáricos no século xx.

A partir da década de 1940, a bibliografia cesárica amplia-se e ganha tônus. Inicia-se a busca por poemas dispersos e por fontes primárias de publicação. Começa-se a ordenação cronológica da produção cesárica, a recolha do material epistolar do poeta. Põe-se em questionamento a divisão de *O Livro de Cesário Verde* em duas partes, e especula-se até que ponto Silva Pinto teria interferido ou não na organização da obra e nas

escritos. Para uma análise comparativa desses autores, ver ensaio de Júlio Brandão, "Aves Migradoras", *Poetas e Prosadores (À Margem dos Livros)*, 1ª série. Braga-Porto, Livraria Cruz, s/d, 1923, pp. 69-77.

variantes dos poemas. Novos caminhos se abrem para o estudo da poesia de Cesário com a obra de Luís Amaro de Oliveira, *Cesário Verde (Novos Subsídios para o Estudo de Sua Personalidade)*, que sai em 1944. Joel Serrão aproveita essa abertura e dá sua contribuição com *Cesário Verde: Interpretação, Poesias Dispersas e Cartas*, de 1957. Em 1964, Serrão publica a *Obra Completa de Cesário Verde*, trabalho que sofrerá adendos e correções até a edição de 1988, considerada definitiva por seu autor.

Em paralelo à crítica textual, a obra de Cesário torna-se alvo de crítica exegética ou hermenêutica. Pode-se dizer que todos os grandes nomes do ensaísmo literário português desse período empreenderam esforços para ampliar a compreensão da poesia cesárica. À medida que essa compreensão se expandiu, as histórias da literatura portuguesa foram aos poucos deslocando Cesário do grupo de poetas realistas e parnasianos, onde inicialmente aparecera, para dispô-lo em lugar de maior destaque, até por fim destinar-lhe capítulos independentes, ao lado dos principais nomes da literatura portuguesa.

Cesário Precursor

Vanguardas do século XX procuraram na história antepassados ilustres, ou potencialmente ilustres, a maioria em baixa reputação, e tentaram valorizá-los para sacar dividendos dessa valorização. Com isso, ganhou destaque o viés crítico antecipacionista e a figura do precursor. Foi essa tipologia de enquadramento que a poesia cesárica recebeu nesse período, sendo pois valorizada mais pelo que supostamente anteviu e pela ressonância que alcançou que por suas inerências em busca de diálogo com seus contemporâneos. O balanço harmônico e híbrido, até então imprevisto, do decassílabo e do alexandrino na mesma estrofe fez de Cesário um precursor de ritmos simbolistas. A imaginação hipertrofiada, a visão alucinatória, presente em alguns momentos do lirismo cesárico conectou-o com o Surrealismo. Por outro lado, o imanentismo realista, antimetafísico, plástico, cujos limites da matéria reprimem a expansão emotiva do sujeito e o arroubo dramático do verbo, abriu caminho para o imagismo moderno substantivado e concreto, concentrado e nítido. O formalismo exigente, preciso, rigoroso, dotado de consciência linguística, senso de simetria, música de surdina, mas voltado para a natureza dinâmica da existência, e não frio, estéril, ensimesmado, ligou Cesário a certas tendências da poesia recente que valorizam o cerebral, o matemático, o engenhoso da forma, em que se acomoda conteúdo sensível mas não sentimental. A ficcionalização da voz enunciante na poesia cesárica ajudou a desmantelar o mito da sinceridade lírica e com isso contribuiu para a formação de uma era da ficção, ou era da precariedade, em que todas as verdades vivem sob custódia da dúvida. Dessa forma, Cesário antecipou o Simbolismo, Fernando Pessoa, Álvaro de Campos, Alberto Caeiro, Murilo Mendes, João Cabral de Melo Neto... E desse modo, a obra cesárica foi ampliando seu lugar canônico na literatura portuguesa. Cada herdeiro reconhecido vale um bônus; quanto mais valorizado o herdeiro, mais valioso o bônus. O que ainda não se fez, ou fez-se pouco, e cumpre fazê-lo agora é ler a poesia de Cesário reinserida em sua instância histórica, lê-la enfim como precursora de si mesma[5].

---

5. Nesse sentido, louve-se o trabalho sério e singular de Fátima Rodrigues, *Cesário Verde: Recepção Oitocentista e Poética* (Lisboa, Edições Cosmos, 1998). Sobre a questão da figura do precursor e do viés crítico antecipacionista, ver ensaio introdutório de Ivan Teixeira ao romance de Lima Barreto, *Triste Fim de Policarpo Quaresma* (Cotia (SP), Ateliê Editorial, 1997, pp. 9-37), no qual o ensaísta discute a noção de Pré-Modernismo a partir do termo historiográfico designado para o período.

II. Um Problema de História Literária: O Desencontro de Cesário e Seus Contemporâneos

A questão é simples: se obra de Cesário granjeou respeito e admiração de gerações de leitores que a sucederam, por que ela foi rejeitada ou desprezada em seu tempo? Ou, se Cesário pode ser considerado, como o faz Eduardo Lourenço (p. 125), o grande poeta da Geração de 70, por que sua poesia foi incompreendida ou ignorada por integrantes desse mesmo movimento? Ou ainda, se hoje se reconhece Cesário como um ilustre representante da Geração de 70, por que durante o período em que produziu sua obra esse reconhecimento não foi possível? Que critérios, enfim, fizeram com que a poesia cesárica fosse marginalizada em sua época e depois legitimada pela crítica? O episódio envolvendo o poema "Esplêndida" e a "farpa" de Ramalho Ortigão pode nos auxiliar na tentativa de responder a essas questões. Abaixo, transcreve-se a composição:

> Ei-la! Como vai bela! Os esplendores
> Do lúbrico Versailles do Rei-Sol
> Aumenta-os com retoques sedutores.
> É como o refulgir dum arrebol
> 5   Em sedas multicores.
>
> Deita-se com languor no azul celeste
> Do seu landau forrado de cetim;
> E os seus negros corcéis, que a espuma veste,
> Sobem a trote a rua do Alecrim,
> 10   Velozes como a peste.
>
> É fidalga e soberba. As incensadas
> Dubarry, Montespan e Maintenon
> Se a vissem ficariam ofuscadas.

Tem a altivez magnética e o bom tom
15 Das cortes depravadas.

É clara como os pós à marechala.
E as mãos, que o Jock Club embalsamou,
Entre peles de tigre as regala;
De tigres que por ela apunhalou,
20 Um amante, em Bengala.

É ducalmente esplêndida! A carruagem
Vai agora subindo devagar;
Ela, no brilhantismo da equipagem,
Ela, de olhos cerrados, a cismar
25 Atrai como a voragem!

Os lacaios vão firmes na almofada;
E a doce brisa dá-lhes de través
Nas capas de borracha esbranquiçada,
Nos chapéus com roseta, e nas librés
30 De forma aprimorada.

E eu vou acompanhando-a, corcovado,
No trottoir, como um doido, em convulsões,
Febril, de colarinho amarrotado,
Desejando o lugar dos seus truões,
35 Sinistro e mal trajado.

E daria, contente e voluntário,
A minha independência e o meu porvir,
Para ser, eu poeta solitário,
Para ser, ó princesa sem sorrir,
40 Teu pobre trintanário.

E aos almoços magníficos do Mata
Preferiria ir, fardado, aí,
Ostentando galões de velha prata,

E de costas voltadas para ti,
45   Formosa aristocrata!

"Esplêndida" foi publicado em 22 de março de 1874, no *Diário de Notícias*, ao lado de "Caprichos", que em *O Livro de Cesário Verde* aparece com o título "Responso", e "Arrojos". As três composições formavam uma série intitulada "Fantasias do Impossível". Cesário contava então dezenove anos. Era um jovem poeta em busca de afirmação, estilo próprio, dicção pessoal, que tentava, como muitos à época, equacionar no verso o velho Romantismo e o novo Realismo. O modelo literário que Cesário adotou no início de sua carreira foi o de João Penha, poeta parnasiano, fundador e diretor de *A Folha*, semanário coimbrão, que desempenhou importante papel de difusor das letras entre 1868 e 1873[6]. Em sua poesia, João Penha combinava paródia séria de estilemas ro-

6. João Penha e *A Folha* posicionaram-se a meio do caminho entre os ultrarromânticos e os revolucionários de Coimbra. Não negaram aqueles, nem adoraram estes. Lançada em dezembro de 1868, *A Folha* pregou um ecletismo conciliador entre os "metrificadores do ai" e os "sacerdotes da ideia vaga". Suas páginas serviram a ambos, e à posição independente de seu diretor. O dandismo e a independência de João Penha, aliados à sua sólida formação cultural, exerceram fascínio em jovens de Coimbra. Mais que sua obra. Campos de Figueiredo diz que a "originalidade atribuída a João Penha ... não estava na sua poesia. Estava no homem. João Penha foi sempre o poema que não escreveu: era a Poesia, e não o Poeta" ("João Penha", *Perspectiva da Literatura Portuguesa do Século xix*, João Gaspar Simões (org.), Lisboa, Ática, 1947, p. 445). Dentre os novos que se reuniam em torno de João Penha estava Eça de Queirós, que, sobretudo em seu último ano de estudos superiores em Coimbra, conviveu com o poeta e jornalista. O formalismo da poesia de João Penha, suas ideias sobre arte e estética, vão ter forte ressonância na obra de Eça. O esmero formal do ritmo seguro da frase, do balanço sonoro dos vocábulos, do adjetivo vitalista, da acomodação natural do discurso indireto livre, todos esses atributos ou a noção ampla destes e de outros recursos da prosa de ficção queirosiana são em geral associados a Flaubert. Nessa conta, porém, deve-

30 ◁ INTRODUÇÃO

mânticos e ironia prosaica denegante do Romantismo. Era um realista no sentido satírico do termo, que gracejava de instituições retóricas, para denunciá-las em sua fragilidade e para afirmar-se como espírito moderno e independente. "Esplêndida" assimila o humor e a ironia do lirismo de João Penha, mas agrega outro ingrediente que será, por assim dizer, o elemento bombástico de sua recepção: o satanismo de raiz bynoriana (do Byron irônico) e baudelairiana.

A noção de satanismo aplicada à poesia no século XIX implicava ideias como prosaísmo, sobretudo sintático e lexical, ironia corrosiva, dandismo, *flânerie*, representação do

-se incluir algo das ideias de João Penha. A obra de Cesário também possui seu débito com o poeta parnasiano. Afora a influência direta presente nos primeiros poemas, ou a imitação de certos esquemas da poesia de João Penha, o formalismo maduro da lírica cesárica nasce em parte do contato com a obra e o pensamento do diretor de *A Folha*. Para um resumo desse pensamento, cf. o prefácio de *Viagem por Terra ao País dos Sonhos* (Porto, Chardron, 1898). Para um exemplo do humor lírico, de desmontagem irônica, de João Penha, que o primeiro Cesário irá imitar, cf. o Poema XXII, de *Rimas* (Lisboa, Avelino Fernandes & Cª, 1882, pp. 35-36), obra que reúne composições publicadas anteriormente em *A Folha*:

Aquela Rosa branca, a flor mais viva
Dos jardins olorosos de Granada,
Já não parece a flor enamorada
Triste por viver só, viver cativa.

Outrora em seu mirante, pensativa,
Muitas vezes a luz da madrugada
A via entre boninas, enlevada
Nos sons de uma guitarra fugitiva.

Agora, a Beatriz do Poeta abstruso,
A Eleonora das canções do Tasso,
A Natércia gentil do cantor luso,

Sol perdido em nevoeiro escuro e baço
A cítaras prefere a roca e o fuso,
Aos meus versos – presuntos de Melgaço!

78

Unidos, de Henrique Haine na Allemanha, e de Carlos Baudelaire em França, estavam ineditos na litteratura d'estes tres paizes. Haine e Poe fizeram a lingua da tisica, da dispepsia, da nevrose e do *delirium tremens*. Baudelaire creou o idioma syphilitico do eretismo

En Portugal ha honestos empregados publicos, probos negociantes, pacificos chefes de familia, discretos bebedores de chá com leite e do palheto Collares destemperado com agua do Arsenal, que deliberaram seguir o genero de Baudelaire.

Como porém Baudelaire era corrupto e elles não são corruptos, como Baudelaire era um dandy e elles não são dandys, como Baudelaire viveu no boulevard dos Italianos e elles vivem na rua dos Bacalhoeiros, como Baudelaire conhecia a moda, a elegancia, o *sport* e o *demimonde* ao passo que elles apenas conhecem as popelines, as carcassas de bobinet e as cuias do sr. Marcos Maria Fernandes, costureiro na travessa de Santa Justa, o resultado é lançarem na circulação uma falsa poesia, que nem é da meio em que nasceu nem para o meio a que se

79

destina, e que nos faz lembrar com veneração e com saudade dos versos do sr. Eduardo Vidal, apesar de sobre estes pesarem as escolas modórnas como pesam as camadas geologicas em cima dos bichos antidiluvianos.

No *Diario de Noticias* lemos hoje alguns versos do genero baudelaireano, que merecem atenção por patentearem bem claramente a tendencia poetica da nova escola portugueza.

O poeta chama-se o sr. Cesario Verde, o qual achou interessante communicar-nos, por meio do referido *Diario de Noticias*, um dos casos verdadeiramente mais extraordinarios que podem assignalar a vida de um homem, a saber: ir um sugeito pela rua do Alecrim e passar uma carroagem com uma senhora dentro.

Vejamos os termos em que o poeta se exprime:

I

Ell-a! Como vae bella! Os esplendores
Do lubrico Versailles do Rei-Sol
Augmenta-os com retoques seductores...
E como o refulgir d'um arrebol
Em sedas multicôres.

Duas páginas da "farpa" original de Ramalho Ortigão dirigida ao poema
"Espléndida", de Cesário Verde. A crônica data de 1874.

espaço urbano, apego ao contingente cotidiano e material, abatimento e tensão psicológicos, frieza de sensibilidade, perversão moral[7]. Ramalho Ortigão começa sua crônica lamentando a difusão do satanismo ou "realismo baudelairiano" entre os novos poetas portugueses:

> Um fato curioso – A rápida e extraordinária vulgarização que acharam nos poetas portugueses os processos literários e os ideais artísticos de Charles Baudelaire!
>
> Averigua-se que o realismo baudelairiano está fazendo mais numerosas e mais lamentáveis vítimas do que o velho romantismo de Byron, de Lamartine e de Musset.
>
> *As Farpas,* 1874, pp. 75-76.

Depois o cronista passa a discorrer sobre o estilo baudelairiano, atolado em contradições, afogado no vício e na miséria moral, que o poeta francês teria conhecido e experimentado: "Baudelaire ... é um mundano, um dândi, um corrupto" (p. 76). Coerente com padrões de análise da época, Ramalho funde *persona* lírica e *persona* autoral num mesmo plano para avaliar o grau de autenticidade do enunciado poético. Este deve, em suma, estar associado a experiências psíquicas sentidas pelo poeta (ser biossocial), sem o quê o lirismo perde sua aura de verdade sentimental – aspecto basilar da poesia se-

---

7. Em texto de apresentação de poemas de Fradique Mendes, Antero de Quental assim define o conceito de satanismo: "O *satanismo* pode dizer-se que é o *realismo* no mundo da poesia. É a consciência moderna (a turva e agitada consciência do homem contemporâneo!) revendo-se no espetáculo das suas misérias e abaixamentos, e extraindo dessa observação uma psicologia sinistra, toda de mal, contradição e frio desespero. É o coração do homem torturado e desmoralizado, erigindo o seu estado em lei do Universo... É a poesia cantando, sobre as ruínas da consciência moderna, um *requiem* e um *dies irae* fatal e desolador!" ("Poemas do Macadam", *O Primeiro Fradique Mendes*, Joel Serrão (org.), Lisboa, Livros Horizonte, 1985, p. 266).

gundo a concepção romântica – e torna-se mero exercício frio de artifícios verbais. Baudelaire é um corrupto, logo sua poesia é autenticamente corrupta. Baudelaire é um dândi decadente, logo ele está potencialmene capacitado para, com domínio de recursos literários, criar na poesia, como criou, o "idioma sifilítico do crevetismo", nas palavras de Ramalho (p. 78)[8].

Ocorre, porém, que em Portugal – seguindo sempre a linha de pensamento de Ramalho – "há honestos empregados públicos, probos negociantes, pacíficos chefes de família, discretos bebedores de chá com leite ... que deliberaram seguir o gênero de Baudelaire" (p. 78). Neste descompasso, residiria, pois, uma impropriedade da poesia: o fingimento poético, ou a ficcionalização do sujeito e do conteúdo do discurso lírico. "Probos negociantes", como Cesário, não podem, enfim, sob pena de *falsidade lírica*, poetizar a decadência:

Como porém Baudelaire era corrupto e eles não são corruptos, como Baudelaire era um dândi e eles não são dândis, como Baudelaire

---

8. Companheiro de geração de Ramalho, Oliveira Martins lê poesia sob o mesmo critério utilizado pelo cronista de *As Farpas*. No prefácio que escreveu para os *Sonetos Completos de Anthero de Quental* (Porto, Lopes & Cª, 1886, p. 18), Martins observa: "Heine e Esprocenda, Nerval e Baudelaire viveram vidas inteiras nesse estado de ironia e de sarcasmo, de desespero e de raiva, de orgia e de abatimento, de fúria e de atonia... [...] Os românticos, mais ou menos satanistas ou satanizados, [...] achando apenas silêncio e escuridão onde tinham sonhado venturas, ou davam em bêbados como Esprocenda, ou suicidavam-se como Nerval, ou faziam-se cínicos, à maneira de Baudelaire, cultivando com amor as *Flores do Mal*". De fato, esse modo de leitura de poesia, que opera uma fusão de identidades entre voz lírica e autor (pessoa física), foi muito difundido até a metade do século xx. Dentro dessa perspectiva, o poema busca efeito de intersubjetividade, fenômeno de leitura que se realiza quando o leitor, por meio de um texto poético, supostamente *sente* o que o poeta *sentiu* e tentou traduzir em palavras através do poema. Por esse ângulo, poesia é o esforço de tradução de uma verdade sentimental. E se o sentimento expresso é falso, isto é, não logra passar por verdadeiro, o poema e o poeta também o são.

viveu no boulevard dos Italianos e eles vivem na rua dos Bacalhoei-ros[9], ... o resultado é lançarem na circulação uma falsa poesia, que nem é do meio em que nasceu nem para o meio a que se destina.

Ortigão, As Farpas, 1874, pp. 78-79.

Feitas as reparações iniciais, de âmbito geral, o cronista passa então a comentar o poema de Cesário, tomado como exemplo modelar da "deplorável influência do crevetismo na poesia moderna" (p. 83). Em síntese, os argumentos princi-pais de Ramalho contra "Esplêndida" são:

1. Nas duas primeiras estrofes, (a) "o poeta abusa um pouco dos adornos com que veste sua dama, já envolvendo-a em se-das multicores, o que é de um mal gosto inadmissível, já fazen-do-a portadora dos esplendores de Versailles, donde é lícito deduzirmos que traria à cabeça o Trianon ou que viria dentro da carruagem fazendo jogar as suas grandes águas"; (b) o *lan-dau* que leva a "esplêndida" é "forrado de cetim 'azul celeste', coisa que nunca ninguém teve e que a ninguém se permite"; (c) os cavalos que puxam o *landau* da formosa "são pretos, o que é de saber que nenhuma mulher elegante usa senão uma vez única – para se ir enterrar"; (d) "destes versos salva-se uni-camente uma coisa verdadeira e sensata, que é a rua do Ale-crim" (p. 80), completa o cronista num elogio desdenhoso.

2. Na quarta estrofe, Ramalho repreende o "mau gosto do amante, que em vez de lhe dar um *manchon* de marta zibeli-na ou de raposa azul, lhe deu uma pele de tigre, que não ser-ve senão para capachos, obrigando a altiva bela a *regalar* as mãos na mesma coisa que a gente embrulha os pés" (p. 81).

9. A referência à rua dos Bacalhoeiros parece fazer alusão indireta a Ce-sário, que trabalhava na rua dos Fanqueiros, local onde se situava a loja de Anastácio Verde, pai do poeta. Ambas as ruas, próximas entre si, localizam--se no centro de Lisboa.

3. Sobre a sétima estrofe, um conselho do cronista: "Quando um poeta é de natureza tal que ao passar por senhoras de carruagem se vê obrigado, pelo seu temperamento, pela sua veia poética ou pelos seus princípios políticos, a corcovar, a endoidecer, a ter convulsões e febre e a amarrotar os colarinhos, esse poeta é perigoso na rua do Alecrim, e deverá ir, 'sinistro e mal trajado', desejar o lugar dos truões e amarrotar a roupa branca para a Circunvalação"[10] (p. 82).

4. A oitava estrofe provoca o seguinte comentário: "E eis aqui está finalmente a que uma fingida perversão leva um homem, talvez perfeitamente digno e brioso: a afirmar de si mesmo como a fina flor predileta do ideal, que quer ser lacaio!" (p. 82).

5. E por fim, sobre a leitura do poema como um todo: "Fazemos a dignidade deste jovem poeta a justiça de acreditar que quebraria a sua bengala nas costas de quem lhe atribuísse em prosa as maneiras, a *toilette*, os pensamentos e os instintos de que ele se gloria em verso" (pp. 82-83).

Verso e Prosa

Como já referido, sabe-se por depoimento de Mariano Pina, contemporâneo de Cesário, que ao publicar "Esplêndida" e a série "Fantasia do Impossível" o poeta "esperava aplausos do lado dos grandes revolucionários". Também como já referido, sabe-se por carta de Cesário que Teófilo Braga, além de Ramalho Ortigão, censurou o poema. A primeira conclusão a que se pode chegar a partir desses dados é: Cesário idealizou de maneira equivocada seu

---

10. A Estrada da Circunvalação foi construída em 1852 para servir como espaço de fronteira da cidade de Lisboa. Em 1886, foi expandida para definir os atuais limites da capital portuguesa.

leitor ideal, "os grandes revolucionários". Ou seja: Cesário contava que seu leitor ideal lesse o poema de *um* modo, mas o poema foi lido de *outro*. Ou ainda: Cesário programou o poema para produzir certos efeitos, mas nas mãos do leitor ideal, o poema produziu outros, não planejados. A partir destas inferências, duas questões em princípio se impõem: que modo seria o idealizado pelo poeta para que o poema fosse lido por seu leitor ideal? E por que esse modo falhou?

Para ensaiar uma resposta plausível a estas questões, tome-se de início a última observação de Ramalho, da síntese dos comentários de sua crônica: "Fazemos a dignidade deste jovem poeta a justiça de acreditar que quebraria a sua bengala nas costas de quem lhe atribuísse em prosa as maneiras, a *toilette*, os pensamentos e os instintos de que ele se gloria em verso". Em paráfrase redutora, para fins de análise, o mesmo período frasal poderia ser assim expresso: *se alguém dissesse ao poeta em prosa o que o poeta afirma de si mesmo em verso, isso configuraria um insulto*. A afirmação de Ramalho faz distinção entre dois modos de elocução associados a dois modos de recepção: prosa e verso. Com efeito, para uma compreensão mais ampla e adequada do problema, necessário se faz desdobrar o modo prosaico em dois: prosa de confissão e prosa de ficção. Em seu texto, Ramalho alude à prosa de confissão, utilizada nas relações sociais como forma de comunicação denotada, como linguagem unívoca ou tendente à univocidade. A prosa de ficção constitui uma variante da prosa de confissão. Seus mecanismos de formulação da mensagem são mais complexos e exigem uma participação ativa do destinatário, que deve estar munido de conceitos culturais específicos para decodificar informações dispostas no subsolo do texto. Veja-se um exemplo tomado da prosa de ficção realista, que é o modelo que aqui vai sob análise:

Foi com duas lágrimas a tremer-lhe nas pálpebras que [Luísa] acabou as páginas da *Dama das Camélias*. E estendida na *voltaire*, com o livro caído no regaço, fazendo recuar a película das unhas, pôs-se a cantar baixinho, com ternura, a ária final da *Traviata*:

Addio, del passato...

Queirós, O Primo Basílio, p. 16.

Na prosa de ficção realista, atos, reações e referências falam por si ao leitor perspicaz. Na cena de *O Primo Basílio*, as lágrimas de Luísa derramadas ao final da leitura da *Dama das Camélias* e o entoar duma cançoneta da *Traviata* dizem sobre a formação cultural da personagem, tão frouxa e flexível quanto sua personalidade e atitude moral. Como a dama soberba de "Humilhações", ou, em plano social mais rebaixado, a engomadeira de "Contrariedades" (ambos, poemas de Cesário), Luísa representa a mediania cultural da sociedade burguesa que alimenta e glamouriza a arte de espetáculo, vibrante e vazia, ao mesmo tempo em que marginaliza e sepulta a arte de erudição, a cultura em sua manifestação mais elevada, e os que dela se ocupam. Compare-se agora a alusão a Verdi e à *Traviata* na cena acima transcrita com a passagem de uma crônica de Eça, de dezembro de 1871, publicada no ano seguinte:

O teatro de S. Carlos o que é? Não é a criação de uma literatura dramática; bem ao contrário: é a popularização da velha escola italiana de música sensualista, a representação de uma arte e de um repertório de que nada fica no país, senão alguns duetos que as donzelas beliscam ao piano, ou os sinos que tilintam ao levantar da hóstia! Que educação, que exemplo, que critério, que elevação de espírito, que aumento de pensamento, que firmeza de crítica, se tira da *Traviata* expirante, ou do imbecil *Trovador* que *corre a salvá-la*?

As Farpas, 1872, p. 63.

Na prosa de confissão, o enunciado busca uma forma de comunicação direta com o leitor, que procura a mensagem na superfície do texto e a associa metonimicamente a um conjunto de valores políticos, culturais, éticos e/ou morais do enunciador. O modo prosaico confessional, em suma, enquadra em primeiro plano o locutor, que simula a figura do autor (ser inscrito no mundo físico) e constrói sua imagem histórica. No modo prosaico ficcional, o resultado, por assim dizer, último, é o mesmo: invenção do *ethos*[11] do autor; este, no entanto, é inferido não do conteúdo da enunciação, mas da forma como a enunciação é articulada. Essa forma, na prosa de ficção realista, estava vinculada ao enunciado irônico, que pressupõe um leitor sagaz, que ombro a ombro com o "autor", vê o que as personagens da narrativa não são capazes de ver. Neste esquema, a plateia mantém um pacto com o autor contra as personagens, incluído aí o narrador, se a narrativa se construir pela ótica da primeira pessoa do discurso.

No caso da cena de *O Primo Basílio*, o efeito irônico nasce do pressuposto cultural supostamente partilhado por leitor e autor sobre a narrativa sentimental francesa e a ópera italiana, ou mais especificamente sobre Dumas (filho) e Verdi. Ou seja, se a obra popular de Verdi, inspirada no romance de Dumas, é um espetáculo de futilidade com personagens imbecis, comover-se diante desse quadro de banalidade frívola,

---

11. Sirvo-me do conceito de *ethos* segundo concepção de Dominique Maingueneau, exposta em seu *Discurso Literário* (trad. Adail Cabral, São Paulo, Contexto, 2006, p. 268), segundo a qual *ethos* é o fenômeno de atribuição "a um locutor inscrito no mundo extradiscursivo [de] características que são na realidade intradiscursivas, porque estão associadas a um modo de dizer". Em outra definição, do mesmo autor e de Patrick Charadeau (*Dicionário de Análise do Discurso*, coord. de trad. Fabiana Komesu, São Paulo, Contexto, 2006, p. 220), "*ethos* designa a imagem de si que o locutor constrói em seu discurso para exercer uma influência sobre seu alocutário".

como o faz Luísa, equivale a um atestado de estupidez. Mas Luísa não se crê estúpida, e sim educada; e aqui, no descompasso de consciência ou "disparidade de compreensão" entre personagem e leitor, explode a ironia[12].

No tempo de Cesário, expandindo conceito acima proposto, a prosa de ficção realista constituía uma variante *irônica* da prosa de confissão. Por seu turno, a poesia lírica era lida como uma variante *sentimental* ou *sincera* da prosa de confissão. A sinceridade lírica foi um aspecto que os revolucionários de Coimbra defenderam contra o convencionalismo estafado do ultrarromantismo. Na nota que escreve para a 1ª edição de suas *Odes Modernas*, publicadas em 1865, Antero declara: "Este livro é uma tentativa, em muitos pontos imperfeita, seguramente, mas sempre sincera, para dar à poesia contemporânea a cor moral, a feição espiritual da sociedade moderna" ("Sobre a Missão", p. 208). No mesmo ano, Antero assina o prefácio de *Cantos na Solidão*, volume de poemas líricos de Manuel Ferreira da Portela; nesse texto, discorrendo sobre arte e ciência, assevera: "A ciência dá ao gênio a segurança, a firmeza que fazem a consistência e a exata proporção das obras. Mas a obra, essa sai toda da alma – para a alma não há senão uma lei: a sinceridade" ("Introdução", p. 229).

---

12. Para o conceito de ironia, trabalho com a definição de Robert Scholes & Robert Kellog, disposta em *The Nature of Narrative* (Oxford UP, 1968, p. 240): "A ironia é o resultado de uma disparidade de compreensão. Em qualquer situação em que uma pessoa sabe ou percebe mais – ou menos – que outra, a ironia está real ou potencialmente presente. Em qualquer exemplo de arte narrativa há, de modo geral, três pontos de vista – o das personagens, o do narrador e o da plateia. À medida que a narrativa vai se tornando mais sofisticada, um quarto ponto de vista deverá ser acrescido, decorrente da nítida distinção entre narrador e autor. A ironia narrativa é uma função de disparidade entre estas três ou quatro perspectivas. E os artistas da narração estão sempre atentos para provocar esta disparidade a fim de obter efeitos variados".

Embora tenham ensaiado um exercício de satanismo – a poesia de Fradique Mendes –, ou talvez por isso mesmo, os revolucionários perceberam que o lirismo satânico é tão convencional, e portanto artificial, quanto o praticado pelos ultrarromânticos. A ambos, em suma, faltaria a sinceridade revolucionária que – em tese – combate o artifício, educa a sensibilidade e, por conseguinte, auxilia na edificação de uma sociedade menos hipócrita e mais justa. Foi, digamos, essa hipocrisia, contra a qual se voltaram os novos de Coimbra, que Ramalho identificou em "Esplêndida" e por isso censurou o poema. Mas – e volte-se o problema outra vez – Cesário não pretendia ser hipócrita e sim revolucionário, ou ao menos afinar-se com os revolucionários, que admirava.

Para tanto, Cesário, por influência de Baudelaire, incorporou em "Esplêndida" recursos próprios da prosa de ficção realista. O principal deles é a "disparidade de compreensão" entre personagens, narrador, leitor e autor que provoca o efeito irônico. Nesse sentido, se pode dizer que Ramalho leu com agudeza os excessos de mau gosto que o poema descreve, mas não entendeu, ou recusou-se a entender, o viés irônico, pelo qual o autor (ou a consciência manipuladora dos recursos textuais) critica estes mesmos excessos. Tomem-se, por exemplo, as duas primeiras estrofes do poema. Nela, Ramalho repreende o fato de que "o poeta abusa um pouco dos adornos com que veste sua dama". Mas não haveria nesse abuso uma velada intenção de desmerecê-la? A comparação da esplêndida e sua carruagem com o palácio de Versalhes, ambos atravessando a então provinciana rua do Alecrim, afigura-se claramente carnavalizadora e expõe assim o sentido humorístico do texto. Pelo humor, se poderia chegar à ironia. Mas Ramalho não chegou, ou não quis chegar, e destacou negativamente o cetim azul-celeste do *landau* da formosa, "coisa que nunca ninguém teve e que a ninguém se permite", e a carruagem puxada por cavalos negros, "que nenhuma mulher elegante usa senão uma vez única – para se ir enterrar". Mas não seria o enterro da "formosa aristocrata", deslocada em um meio provinciano e pequeno-burguês, que o poema ambiguamente anuncia?

Veja-se agora um exemplo extraído de *Os Maias* (1888), de Eça de Queirós. Raquel Cohen é esposa do banqueiro Jacob Cohen. Na estória, ela se envolve amorosamente com João da Ega. O luxo dos Cohens confunde-se um pouco com a imoralidade do capitalismo: ela, bela e adúltera; ele, passivo e preocupado com lucros financeiros. Raquel Cohen era, na sociedade que frequentava, famosa e muito admirada por sua *finesse*: "Nos jornais, na seção do *High-life*, ela era 'uma das nossas primeiras elegantes': e toda a Lisboa a conhecia, e a sua luneta de ouro presa por um fio de ouro, *e a sua caleche azul com cavalos pretos*" (p. 130, grifo nosso).

A confiar nos comentários de Ramalho – que são, com efeito, bastante confiáveis –, deve-se ler, pois, a "caleche azul com cavalos pretos" de Raquel Cohen como uma notação irônica do gosto duvidoso e fúnebre da personagem, que, em oposição aos leitores e ao autor, vê nestes objetos índices de suprema elegância. Na prosa de ficção realista, a ironia acomoda-se naturalmente, e não faria sentido um crítico vir a público e dizer a Eça que a caleche azul e os cavalos pretos de Raquel Cohen depõem contra o texto e o autor. De fato, depõem contra a personagem e a favor do autor. Mas no caso da "esplêndida", faz sentido que Ramalho, como leitor de poesia, se melindre com o "mau gosto do amante, que em vez de lhe dar um *manchon* de marta zibelina ou de raposa-azul, lhe deu uma pele de tigre, que não serve senão para capachos, obrigando a altiva bela a *regalar* as mãos na mesma coisa que a gente embrulha os pés". Afinal, a aliança secreta entre leitor e autor contra narrador e personagens é processo típico da prosa de ficção do período, e não da poesia lírica.

Mas o que parece ter ofendido mais Ramalho foi o rebaixamento da figura do poeta. A "fingida perversão" de um "probo negociante" representar-se a si mesmo como um amante nevrótico e masoquista insultou a sensibilidade do cronista. Ramalho não considerou que a coerência narrativa do poema exigia um sujeito lírico psicologicamente perturbado para que se construísse o elogio irônico da mulher esplêndida. Uma voz lírica que proviesse de um narrador consciente e equilibrado deveria construir necessariamente um discurso moralista, e isso desfaria o ludismo irônico de fingir para ser sincero. Essa sinceridade, no poema, parece manifestar-se num único verso, o penúltimo, em que o narrador, em atitude ambígua, posiciona-se de costas para a "formosa aristocrata".

Em suma, se se ler "Esplêndida" em chave irônica, os elogios à musa do poema tornam-se insultos, e a apologia amorosa transforma-se em ataque político e moral contra os valores que a dama esplêndida representa: luxo, arrogância, frivolidade, lascívia. E é de se supor, segundo argumentos aqui expostos, que Cesário esperasse que o poema fosse lido em chave irônica, e assim ele poderia receber "aplausos do lado dos grandes revolucionários", mas isso não ocorreu. Em parte, como se vem tentando demonstrar, porque a tipologia de leitura irônica de poesia não estava difundida à época; em parte também porque o humor no poema, ainda que presente, não se manifesta de modo tão claro, o que lhe poderia servir de salvo-conduto. Poemas byroniano-irônicos de Álvares de Azevedo como "Namoro a Cavalo" ou "É Ela! É Ela! É Ela! É Ela!", por exemplo, possuem quase os mesmos ingredientes que "Esplêndida": prosaísmo (narratividade incluída), ficcionalização da voz lírica, rebaixamento do sujeito lírico, humor. No entanto, este último componente se manifesta de modo marcante, e na sátira vale o gesto carnavalizado de representar as instituições (não apenas civis, mas retóricas, sentimentais) às avessas. "Esplêndida" tem ares de poema sério, ou foi lido como poema sério, sem de fato o ser. Sob este aspecto, a composição é mais baudelairiana que byroniana. Baudelaire cultivou um tipo de enunciado poético que reclamava dois destinatários ou leitores ideais: um conservador e outro liberal (na acepção mais ampla desses termos). O efeito peculiar do verso baudelairiano consiste em ser lido de modo equivocado pelo primeiro e, ao mesmo tempo, forjar vínculos de afinidade com o segundo[13]. Em seu esforço para tornar-se moderno, Cesário leu Baudelaire com mais amplitude de compreensão que os revolucionários, de quem buscava aproximar-se. E por isso foi lido de modo equivocado por aqueles com quem procurava construir laços de simpatia. Hoje, com a nitidez da distância histórica, vê-se que a poesia da Geração de 70 possuía fundas raízes hugoanas. Dizer, pois, que "Esplêndida" foi lido de modo equivocado não equivale a afirmar que Ramalho e Teófilo não compreenderam o poema; simplesmente, eles leram com parâmetros hugoanos um poema que foi escrito para ser lido com critérios baudelairianos, os mesmos, aliás, utilizados pela crítica no século xx.

III. Breve Histórico do Prosaísmo na Crítica Cesárica

A poesia de Cesário assimila e manipula recursos típicos da prosa de ficção sobretudo realista: sujeito lírico ficcional, personagens, espaço e tempo demarcados, ação narrativa, estilização da linguagem coloquial, enunciado que reclama leitura irônica, motivos cotidianos, imanentismo imagético. Estes aspectos como um todo estão associados ao conceito de prosaísmo, termo crítico em geral reduzido a dimensões sintático-lexicais (coloquialismo). Não se deve confundir

---

13. Cf. Dolf Oehler, *Quadros Parisienses,* trad. José M. M. de Macedo & Samuel Titan Jr., São Paulo, Companhia das Letras, 1997, pp. 53 e ss.

prosaísmo lírico com poema narrativo, gênero largamente praticado no tempo de Cesário. O poema narrativo romântico deriva da epopeia clássica, que o novo modelo poético adapta ao gosto da época. O lirismo prosaico é um gênero híbrido, que busca produzir efeito de subjetivação sentimental por meio de recursos prosaicos, em particular a ação narrativa. Seus precursores imediatos no século XIX são sobretudo o Byron irônico de poemas narrativos como "Don Juan", e os poemas de *flânerie* de Baudelaire[14].

14. A justificação histórica para a assimilação da prosa pela poesia lírica, ou de processos prosaicos pelo discurso lírico, pode estar associada a alterações epistemológicas (de modos de cognição) derivadas de mudanças no modo de produção e de consumo de mercadorias durante o século XIX. Em sentido amplo, o triunfo da razão científica e da prosa de ficção parecem imbricados no processo histórico. Desde a Revolução Industrial, vive-se o que poderia ser chamado "era da prosa" ou da "consciência prosaica", que suplantou a "era da poesia" ou da "consciência poética". Esta, em suma, formula o conhecimento por meio do pensamento metafísico, e aquela prende-se à lógica materialista para o ato de construção do significado cultural. Desta, em tese, provém o fluxo racional da discursividade prosaica que se ajustou à nova sociedade e pôs em cheque a verticalidade místico-egótica do fenômeno lírico. Em sua *Estética* (1832-1845), Hegel faz um diagnóstico claro da questão: "Em épocas remotas, quando concepções do mundo, determinadas por crenças religiosas ou por quaisquer outras, não formavam ainda conjuntos de representações e de conhecimentos racionalmente sistemáticos e não estavam ainda em condições de regrar a atitude humana conformemente a estes conhecimentos, a poesia podia expandir-se com toda a liberdade. Não se encontrava então em frente da prosa como ante um domínio independente que devesse conquistar ou englobar, mas a sua tarefa consistia apenas em aprofundar as significações e esclarecer as produções de outra consciência, da consciência vulgar. Mas quando a prosa conseguiu atrair para a sua esfera o conjunto do conteúdo do espírito e imprimir o seu cunho em cada um dos seus elementos, a poesia passou a assumir a missão de se refundir completamente e, dada a rudeza do prosaico e a sua capacidade de resistência, encontrou-se rodeada de numerosas dificuldades" (*Estética / Poesia*, trad. Álvaro Ribeiro, Lisboa, Livraria Guimarães, 1980, pp. 36-37). Em síntese, em sua missão de refundir-se diante do triunfo da prosa e da consciência prosaica, a poesia, marginalizada, buscou para si novos caminhos, e um deles foi a assimilação de traços do triunfador.

Mal escaldados no lirismo baudelairiano e avessos ao satanismo romântico, ou ainda, munidos de critérios romântico-sentimentais que definiam a poesia lírica como expressão sincera de sentimentos nobres e humanitários, leitores contemporâneos de Cesário, em geral, rejeitaram sua obra. Morto o poeta, como já se referiu, amigos vão aos jornais fazer a apologia do homem, íntegro e trabalhador, mais que a do artista, excessivo em extravagância. Em 1887, em artigo no qual acusa o recebimento de um dos duzentos exemplares de *O Livro de Cesário Verde*, Henrique Lopes de Mendonça não altera o modelo necrológico-encomiástico. Depois de tecer elogios a Cesário, lamentar sua morte prematura etc., o dramaturgo português assim dispõe o sobre o poeta e sua obra:

> Não querendo dar lugar a interpretações equívocas do meu pensar, direi apenas a tal respeito que, na obra do poeta, me choca por vezes a procura intencional de originalidade, que destrói a espontânea e brilhante fatura dos versos; *a excêntrica invasão do prosaísmo, que perverte e corrói a poesia na sua própria essência*; a substituição das estafadas metáforas do lirismo romântico por outras, sem dúvida mais extravagantes, mas com certeza menos racionais e compreensíveis; a adjetivação imprevista e abstrusa, que frequentemente dirime, enquanto a mim, a poética singeleza do pensamento.
>
> *Apud* Rodrigues, p. 221, grifo nosso.

A "excêntrica invasão do prosaísmo" parece definir bem o sentido de originalidade da poesia cesárica à época de sua produção. Este aspecto, em particular, representa na recepção crítica de Cesário, ambiguamente, o pomo da discórdia e o da concórdia. Na já citada carta-prefácio de Fialho de Almeida, publicada em 1917, o cronista exalta essa singularidade do lirismo cesárico. Fialho afirma que a leitura de "Num Bairro Moderno", feita em certo momento posterior à sua publicação, lhe trouxe a revelação de um

[...] artista único no apercebimento das exterioridades pitorescas, com o simbolismo elísio dos infinitamente secretos da alma coletiva, amando os simples, buscando a locução com dor parturiente, traduzindo impressões diretas e pungitivas, como quem só é capaz de criar vocábulo para o que vê, sofre ou medita – *uma alma de verdade* enfim, como diz Shakespeare, uma alma estranha e *com a virgindade feroz de escrever poesia semelhando pela nitidez, à bela prosa.*

"Cesário Verde", p. 10, grifo final nosso.

Embora sem data, o texto de Fialho é anterior a 1901, ano da 2ª edição de *O Livro de Cesário Verde*, para a qual serviria de prefácio. O texto de Fialho, pois, é contemporâneo de *A Correspondência de Fradique Mendes* (1900), obra em que Eça de Queirós discute arte e literatura por meio de seu personagem central, e que pode ser considerada, em muitos sentidos, o testamento teórico e estético do romancista português e um dos maiores legados metalinguísticos do século XIX da literatura portuguesa. Em dado momento da narrativa, falando sobre Baudelaire, Fradique afirma ao narrador que a autêntica expressão da cultura francesa não era a poesia e sim a prosa, cujas potencialidades definiam, na França, o modo de avaliação do verso, que, quanto mais dotado de virtudes prosaicas, mais valorizado:

De resto em França (acrescentou o estranho homem) não havia poetas. A genuína expressão da clara inteligência francesa era a prosa. Os seus mais finos conhecedores prefeririam sempre os poetas cuja poesia se caracterizasse pela precisão, lucidez, sobriedade – que são qualidades da prosa; e um poeta tornava-se tanto mais popular quanto mais visivelmente possuía o gênio do prosador (pp. 30-31).

As qualidades da prosa que Fradique destaca, e que o verso pode assumir, são as mesmas que Fialho identifica em "Num Bairro Moderno". Fradique e Fialho encaram a "excêntrica invasão do prosaísmo" na poesia, que Lopes de Mendonça condenou no lirismo cesárico, como possibilidade de beleza e motivo de celebração. Ambos demonstram, enfim, uma mudança de critérios de avaliação crítica da poesia lírica, pelos quais Cesário e sua obra passarão a ser valorizados – e amanhã poderão perder valor, se estes mesmos critérios se alterarem novamente. O fato é que Cesário é um poeta que parece possuir o "gênio do prosador". O pioneiro ensaio de João Gaspar Simões sobre Cesário, de 1931, inicia-se com a seguinte afirmação: "Cesário Verde é o poeta mais extraordinariamente dotado de qualidades de prosador da literatura portuguesa". Isso produz efeito particularizador:

> É fácil encontrar na nossa história literária prosadores cujas características essenciais digam respeito à poesia (Raul Brandão ou Fialho de Almeida bastam para exemplificá-lo); outro tanto não acontece com poetas. Daí a singularidade do caso Cesário Verde.
>
> "Introdução a Cesário Verde", p. 63.

Pelas décadas que sucederam o estudo de Gaspar Simões, a "singularidade" de Cesário deixou de ser um "caso" para ser um *fato*, ou seja, pelo século XX adentro, como já se demonstrou na primeira parte desta introdução, sua obra será situada em um patamar dos mais altos da poesia portuguesa. Mas a questão do prosaísmo de seus versos ainda levantará dúvidas. Em 1976, Vergílio Ferreira escreve: "Cesário Verde, como a toda a gente, é-me um grande poeta". "Mas", acrescenta, "o porquê disso me intriga e tento esclarecer". E em busca de esclarecimento, afirma:

> O grande problema que tal poesia me levanta é o seu indefinível entrecruzamento com a prosa. E não apenas quanto a temas e voca-

bulário, mas à própria função discursiva. Quando Cesário nos diz que "para alguns são prosaico, são banais / estes versos de fibra suculenta" ("Nós"), enuncia o que ainda nós pomos como problema. O "prosaísmo" de tais versos teria que ver com a referência às frutas; mas a censura poderia estender-se ao mais da sua obra, fosse qual fosse aí o seu motivo (p. 185).

Em meio a uma série de restrições ideológicas à poesia de Cesário, e atônito diante da admiração que ela a contrapelo lhe provoca, Vergílio Ferreira por fim supõe que o sortilégio dessa poesia provém, entre outro fatores, do modo como o prosaísmo controla e abafa a manifestação dum sentimento de soberba, arrogância, orgulho, que Ferreira entrevê e censura nos versos cesáricos.

Em suma, ao adaptar à poesia processos típicos da prosa de ficção, Cesário ficcionalizou o discurso lírico numa época em que o lirismo estava firmemente atado à noção de sinceridade. O fingimento poético pessoano por certo bebeu na fonte cesárica – daí que Pessoa, como já dito, reverencie Cesário em alguns momentos de sua obra. O prestígio por fim alcançado pela poesia de Pessoa no século XX fez com que a ficcionalização lírica passasse à condição de recurso retórico potencial, disponível, presente no horizonte de expectativa do leitor da poesia moderna de língua portuguesa. Isso valorizou retroativamente a obra de Cesário.

Em outros termos, o valor da poesia cesárica consiste em ter manipulado com eficiência os recursos de que se vale. Alguns desses recursos, como a ficcionalização do discurso lírico, desprezados em dado momento, passaram a ser valorizados em outro. Com isso, a obra de Cesário valorizou-se. Mas, se suas virtudes e habilidades lhe são inerentes, ou se são, por assim dizer, insuspeitas, o modo de avaliá-las não lhe dá estabilidade na história literária. Cada época cria para si, a partir da matéria cultural de que dispõe, sua própria episteme[15], que define o modo de a consciência humana racionalizar e sentir a natureza. Hoje, enfim, a combinação desses fatores favorece a poesia cesárica.

IV. Depois de "Esplêndida": Hipótese de Trajetória da Poesia Cesárica

"Desastre"

Depois de "Esplêndida", e da reprimenda de Ramalho à sua "fingida perversão", Cesário tentou ser sincero ao menos uma vez, com o poema "Desastre", publicado em outubro de 1875. "Provincianas", último poema de *O Livro de Cesário Verde*, que ficou incompleto pela morte do poeta, apresenta pontos de afinidades com "Desastre" no que tange ao conceito de poesia social, segundo critérios românticos. Mas não se sabe que direção "Provincianas" iria tomar. Antes de "Provincianas" – supõe-se que imediatamente antes – Cesário compôs um poema autobiográfico e memorialista: "Nós". Nessa última fase de sua produção, a voz lírica dos poemas cesáricos buscou conciliar-se com a voz auto-

---

15. Uma definição concisa e eficaz do conceito de episteme, segundo o concebeu Michel Foucault, encontra-se em *Literary Criticism: An Introduction to Theory and Practice* (2nd. ed., Upper Saddle River, NJ, Prentice Hall, 1998, p. 242), de Charles E. Bressler: "Para Foucault, a História é uma complexa inter-relação de vários discursos ou modos discursivos – artístico, social, político – pelos quais as pessoas pensam ou expressam o mundo em que vivem. Não é ao acaso que estes discursos interagem num dado momento histórico, eles estão subordinados a um princípio unificador que Foulcault chama *episteme*: por meio da linguagem e do pensamento, cada período na História desenvolve sua própria percepção da natureza do real (ou o que se define por verdade) e cria suas próprias normas de comportamento aceitável ou não, além de seus critérios para julgar o que é bom ou mau, e como as pessoas exprimem, protegem e sustentam parâmetros pelos quais verdades, valores e ações são considerados aceitáveis".

50 ⌁ INTRODUÇÃO

ral. Mas "Nós", ainda que independente, é uma célula contígua e inseparável da obra de Cesário.

Em sua atipicidade, "Desastre" é talvez o único poema destacável do conjunto a que pertence. Nesta composição, Cesário ensaia um modo estilístico a que não mais voltará: o da sinceridade edificante, que busca efeito de intersubjetividade, ou comunhão sentimental entre sujeito lírico (porta-voz confiável dos sentimentos do autor) e leitor. É possível que a tentativa de tornar-se um poeta sincero tenha sido motivada pelas críticas de Ramalho e Teófilo. Falhado o projeto de aproximação dos revolucionários com "Esplêndida", Cesário tentaria aproximar-se deles através de "Desastre", poema em que se fundem sinceridade e modernidade.

A cena urbana, o acidente do operário da construção civil, as reações dos transeuntes, a notação ágil, a linguagem viva, tomada de estrangeirismos, tudo isso mostra um poeta que, em seu anseio por ser moderno, luta para incorporar o elemento social. Pois uma das questões centrais da época era como o artista poderia contribuir para a edificação de uma sociedade nova, mais justa e igualitária. Em tese, o poeta revolucionário deve, com sua obra, se não fazer, ao menos auxiliar a revolução liberal, de fato, em curso no tempo de Cesário. E cantar a Justiça para sensibilizar os leitores era uma alternativa disponível à época.

Mas ser revolucionário pelo caminho da sinceridade social não parece ter satisfeito o poeta, que depois da experiência de "Desastre" abandonou esse viés. No entanto, apesar de sua singular atipicidade, que empurrou o poema para a periferia da obra cesárica[16], "Desastre" desenvolve um aspecto formal que o integra, ainda que de modo tangencial, ao con-

---

16. Depois da primeira publicação, em em outubro de 1875, "Desastre" não será reimpresso integralmente até 1963, em *Cesário Verde e a "Cidade Heroica"* (Porto, Tipografia Modesta), de Alberto Moreira.

junto da obra cesárica: o prosaísmo decalcado da ficção realista. Com efeito, "Desastre" é uma espécie de conto realista versificado e rimado. O narrador impessoal, o fato trágico, o quadro social pintado em amplitude, o modo de organizar o tempo – com o impactante início *in medias res* e o *flashback* articulador de causa-efeito da narrativa (vv. 33-48) – e seu sentido analítico, bem como outros elementos do poema lhe emprestam caráter de prosa realista adaptada ao verso. Em suma, após o fiasco de "Esplêndida", em "Desastre" Cesário altera o modo discursivo (de irônico para sincero), o tom elocutório (de humorístico-amoroso para trágico-elegíaco, de uma fria e moderna elegia) e o ponto de vista (de pessoal para impessoal) mas mantém o aspecto prosaico e narrativo, além do espaço urbano.

"Nevroses-Contrariedades"

Tal como "Esplêndida", "Desastre" também não trouxe o reconhecimento de poeta moderno que Cesário perseguia. De fato, até 1875, a poesia cesárica é um laboratório de experiências em que o escritor luta para encontrar e definir seu estilo, e por ele se fazer notar. "Esplêndida" é publicado ao lado de "Caprichos-Responso" e "Arrojos", duas composições de estilos diferentes entre si e em relação a "Esplêndida". "Ironias do Desgosto", de setembro de 1875, um mês, pois, antes de "Desastre", ensaia um lirismo de tipo filosófico-decadentista.

Em carta sem data a Silva Pinto, Cesário escreve:

A poesia que eu hoje te mando é a minha última maneira. Vês por ela que eu não desprezo de modo algum o coração, que quando desprezado não deixa brotar *nenhuma* obra de arte. Mas o que eu desejo é aliar ao lirismo a ideia de justiça (*OC*, p. 216).

Não se sabe a que poema está se referindo Cesário. O fato de aludir à sua "última maneira" indica porventura esse tempo de experiência, indefinição, ensaio de estilos diversos. A "ideia de justiça" fez com que Alberto Moreira (p. 21) concluísse que a composição em causa fosse "Desastre", poema de fato *justiceiro*. No entanto, outra hipótese plausível é a de que o poema citado seja "Nevroses" (rebatizado "Contrariedades" em *O Livro de Cesário Verde*), publicado quatro meses e meio depois de "Desastre", e cujo assunto central é o modo *injusto* com que o mundo moderno e a nova cultura de massas tratam o artista estudioso, consciente da tradição e dedicado a seu ofício. Nesse caso, a "última maneira" possui sentido profético, pois a partir de "Nevroses", Cesário começa a definir sua maneira típica, pela qual será enfim reconhecido como poeta moderno, ou simplesmente poeta, se não por seus contemporâneos, pelas gerações que o sucederam.

Como já se afirmou, entre "Esplêndida" e "Desastre" há uma passagem bastante marcada da ironia para a sinceridade, do humorismo amoroso para a tragédia social, da subjetivação sentimental (*eu*) para a objetivação analítica (*outro*), como se "Desastre" fosse o reverso de "Esplêndida" – o que reforça a tese de que Cesário escreveu "Desastre" como uma resposta deferente aos conselhos de Ramalho e Teófilo, ou como uma espécie de *mea culpa* por "Esplêndida"[17]. Sob a luz destas

---

17. É possível também que Cesário ou Silva Pinto tenha excluído "Esplêndida" de *O Livro de Cesário Verde* por conta das críticas de Ramalho e Teófilo. No entanto, se Cesário negou "Esplêndida", ele não negou posteriormente sua tópica (a *femme fatale*) e, por asim dizer, seu modelo retórico-discursivo: o do elogio irônico, em que o conteúdo da mensagem é desfeito ou invertido quando alguns elementos textuais são acionados por um leitor agudo e malicioso. A tópica e o modelo retórico de "Esplêndida" serão resgatados e reelaborados em composições como "Deslumbramentos", "Frígida" e sobretudo "Humilhações". O fato de Cesário ter trabalhado com esses elementos depois de "Esplêndida" não invalida a tese de que

duas composições, enfim, "Nevroses-Contrariedades" ocupa lugar significativo na trajetória do lirismo cesário, pois neste poema fundem-se, sob certos aspectos, os outros dois.

"Contrariedades" (a partir de agora omite-se o título primitivo) estrutura-se em dois planos narrativos: um poeta em revolta porque um jornal lhe rejeitou "um folhetim de versos" e uma engomadeira que trabalha e é observada pelo poeta. O registro discursivo simula sinceridade, mas a ele mescla-se o efeito de ironia que provém do cruzamento de planos, em princípio, incongruentes: o do poeta e o da engomadeira. Ela representa o elemento social que a poesia, segundo normas e expectativas culturais da época, deveria abranger ou incorporar. Ele representa a consciência da arte superior, marginalizada pela cultura de massas. Ambos, enfim, irmanam-se pelo sentido de marginalidade social. No entanto, ele revolta-se, convicto de seu valor, lutando para afirmar sua arte, enquanto ela resigna-se, alienada, cantarolando "uma canção plangente / duma opereta nova" (vv. 61-62). Como pode então o poeta moderno cantar o povo se este, em sua alienação resignada, está surdo para as artes e se satisfaz, alegre, com manifestações de baixa cultura? Como revolucionar se os mesmos beneficiários da revolução não demonstram interesse pela representação de uma sociedade revolucionada? Ao mesmo tempo, conte-se o problema da imprensa, que alimenta a sociedade com lixo cultural e barra vozes lúcidas.

"Contrariedades" atualiza a tópica do *desconcerto do mundo*, correlacionando-a ao universo das artes na sociedade moderna. O poeta sofre com sua situação e com a da engo-

---

"Desastre" tenha sido escrito para que o poeta se redimisse diante de seus críticos, que admirava, e assim deles buscasse nova aproximação. A hipótese é a de que Cesário compôs "Desastre" sob o impacto das críticas que "Esplêndida" recebeu, ou seja, sob uma dada circunstância, que depois se lhe revelou transitória.

madeira, não propriamente pela pobreza desta mas por sua estupidez satisfeita e seu comodismo frívolo. Dessa forma, o poema articula dois eixos narrativos, o do poeta debruçado sobre si mesmo (vertical, febril como o narrador de "Esplêndida") e o do poeta voltado para a engomadeira (horizontal, frio como o narrador de "Desastre"). Na encruzilhada desses caminhos, o impasse da poesia: como revolucionar, instruir, sensibilizar quem não se interessa por revolução, educação, arte? E por que veículo, se todos estão fechados para o artista autêntico, comprometido com a tradição e com a modernidade? Há uma crise cultural localizada no canal da comunicação e no destinatário, que desacreditaram da poesia e preferem a prosa de entretenimento. Como responder, enfim, a esse impasse e seus obstáculos? Uma vez mais, para Cesário, "o obstáculo estimula". E a resposta parece vir através de "Num Bairro Moderno", escrito cerca de um ano depois de "Contrariedades".

"Num Bairro Moderno"

De modo sumário, no afã de reconhecimento, Cesário tentou com "Esplêndida" a musa rica, o sentimento ardente e fingido, o discurso elaborado e irônico, que busca significar às expensas do que diz, e falhou; com "Desastre", cantou o homem simples, do povo, com linguagem franca, objetiva e analítica, como um cientista, e falhou de novo; com "Contrariedades", entre o elitismo da poesia e do poeta, a mercantilização da arte pela imprensa e o plebeísmo do trabalho não especializado da engomadeira, Cesário questionou o papel da poesia. Ou seja, num mundo onde a imprensa é venal e o público estúpido, que significa ser poeta? Qual a tarefa da poesia?

"O obstáculo estimula" e, diante dele, o poeta-narrador de "Contrariedades" apura-se em "lançar originais e exatos" seus "alexandrinos". Em suma, a resposta para o impasse da poesia numa sociedade regida pela banalidade é a especialização do poeta, seu aperfeiçoamento técnico no lidar com a linguagem da poesia, que deve ser planejada em seus recursos e calculada em seus efeitos. Quanto mais a sociedade se banaliza ou se torna injusta, mais o poeta deve se especializar. Isso não implica isolamento da poesia, que continuará a chorar, sorrir, amar, instruir, consolar, emocionar, sensibilizar, enfim. A especialização da poesia significa um ato de resistência à vulgaridade ou vulgarização da cultura. Diante do canto da sereia moderna, da fama fácil e efêmera, o poeta deve resistir e polir seus "alexandrinos originais e exatos".

"Num Bairro Moderno", pode-se dizer, ilustra narrativamente a teoria lançada em "Contrariedades". Ao mesmo tempo, "Num Bairro Moderno" consolida o estilo cesárico. É o primeiro grande poema de Cesário, escrito aos 22 anos. Nele, o narrador caminha por ruas de um bairro nobre, com casas ricas, dirigindo-se para o trabalho. Trata-se de *flânerie* atípica, pois o caminhante, embora sem pressa, segue rota específica em direção a um ponto de chegada definido: o lugar onde trabalha. Em dado momento da caminhada, o narrador lírico se depara com uma cena que lhe chama a atenção: uma pobre regateira vende produtos hortifrutícolas na soleira de uma mansão. O criado que negocia preços de alguns itens em nome do patrão a destrata, atirando-lhe com arrogância uma moeda como proposta de pagamento, falando-lhe com desprezo. A humilhação da hortaliceira por um intermediário do poder econômico cria uma tensão entre as personagens da cena, que inclui o narrador-observador. Que fazer diante de tal impasse? Como o sujeito lírico passeante deve reagir frente a um ato de iniquidade social?

Do ponto de vista narrativo, a cena constitui uma *complicação* que demanda uma *resolução*. Ao testemunhar um conflito de violência moral, o narrador, assumindo sua condição implícita de poeta, decide enfim intervir e, para tanto, age de modo o mais justo (no duplo sentido de *justiça* e *precisão*) a seu alcance: como artista.

> Subitamente, – que visão de artista! –
> Se eu transformasse os simples vegetais,
> À luz do sol, o intenso colorista,
> Num ser humano que se mova e exista
> Cheio de belas proporções carnais?!

O poema, enfim, cria um espaço narrativo que pressupõe, segundo padrões de expectativa da época, ser preenchido por um discurso de conteúdo moralizante; no entanto, tal expectativa é quebrada pela intervenção de um golpe de imaginação, como se este, com sua força e frescor, equivalesse à Moral na arte, como se a Beleza fosse capaz de moralizar[18]. A respos-

---

18. O conceito que associa Beleza e educação sentimental provém de Platão, para quem o homem se aperfeiçoa moralmente em contato com o belo. Nesse caso, Beleza é um valor abstrato que estaria contido em um objeto capaz de provocar efeito de estesia em seu contemplador. Por estesia, enfim, entenda-se uma espécie de excitação intelectual que deflagra sensações de prazer. Estas noções sumárias e incompletas talvez sirvam para compreender as relações entre Beleza e Bem ou Beleza e Moral. Um exemplo dessa conexão no século XIX encontra-se na *Correspondência de Fradique Mendes*, de Eça de Queirós. Numa de suas cartas, dirigindo-se a Clara, sua amada, Fradique descreve o impacto que a imagem dela lhe causou. Por influxo da beleza da mulher, a consciência observante passa a moldar-se a partir das virtudes contempladas. Diz Fradique a Clara: "Fiz então sobre mim um áspero exame de consciência. Investiguei com inquietação se o meu pensar era condigno da pureza do seu pensar; se no meu gosto não haveria desconcertos que pudessem ferir a disciplina do seu gosto; se a minha ideia da vida era tão alta e séria como aquela que eu pressentira na espiritualidade do seu olhar, do seu sorrir; e se o meu coração não se dispersara e enfraquecera demais para poder palpitar com paralelo vigor junto do seu coração". E completa: "De sorte que a minha amiga, sem saber, se tornou a minha educadora. E tão dependente fiquei logo desta direção, que já não posso conceber os movimentos do meu ser senão governados por ela e por

ta do poema ao conflito presenciado é artística. Após assistir ao aviltamento da regateira, o narrador entra em estado de digressão poética e passa a prestar solidariedade à camponesa estetizando os produtos que ela vende. A metamorfose antropomórfica dos vegetais, que ocupa cinco das vinte estrofes do poema, constitui um esforço de fantasia criadora que o narrador empreende para valorizar as frutas e os legumes cujos preços o criado da mansão regateia com altivez. É enfim como artista, e não como moralista, que o sujeito lírico defende a humilde vendedeira vilipendiada. Em "Num Bairro Moderno", no entanto, o artista não nega o homem comum, imbuído de espírito solidário comum. Findo o discurso digressivo de apoio à hortaliceira, o narrador dela se acerca para, num gesto de esforço agora físico, ajudá-la a erguer seu cesto agrícola. O poeta cumpre seu papel de artista, e o homem, de cidadão honrado.

A cena da metamorfose dos vegetais pode ser considerada chave na formação e amadurecimento da lírica cesárica. Nela, Cesário logra dar uma resposta pessoal ao impasse da poesia, seu papel moralizador, edificante, engajado, na *era da prosa*, num mundo dominado pela razão ou consciência prosaica[19]. Nascido da confluência de forças em antagonis-

---

ela enobrecidos. Perfeitamente sei que tudo o que hoje surge em mim de algum valor, ideia ou sentimento, é obra dessa educação que a sua alma dá à minha, de longe, só com existir e ser compreendida" (*A Correspondência de Fradique Mendes*, 2ª ed., Porto, Livraria Chardron, 1902, p. 187). No âmbito da arte, o escopo do artista é a produção de Beleza, cujos efeitos no homem se dão como consequência de seu trabalho.

19. Em 1881, Antero questiona: "E o que é hoje poesia? O que é hoje poeta? Que diz ele ao mundo, que valha a pena ao mundo parar para o escutar? Uma experiência de Berthelot ou de Virchow, uma descoberta de Darwin ou Haeckel, uma página histórica de Ranke ou Renan valem mais, dizem mais ao espírito do século, do que toda a Babel sonora das estrofes de Victor Hugo" (*A Poesia na Actualidade*, Lisboa, Fenda, 1988, pp. 28-29). Em 1889, numa carta a Antonio Molarinho, Antero anota: "A poesia tem embalado,

mo (hortalicerira *vs.* criado; campo *vs.* cidade; natureza *vs.* artifício; submissão *vs.* poder econômico; trabalho *vs.* benefício), o ser vegetal confirma o conceito romântico de que os conflitos sociais são uma fonte de matéria estética, como as batalhas para os antigos.

Estes cantavam a guerra porque viam nela beleza (*belo* e *bélico* possuem mesma raiz etimológica). Os românticos, por sua vez, tomavam a face escura da civilização (pobreza, materialismo, decadência dos costumes) para criar beleza através de discursos de efeito moral e lenitivo: moralizar e consolar. O satanismo, de modo particular, buscou beleza no mal e na imoralidade ("O imoral pode ser belo", diz o Conde Lopo, de Álvares de Azevedo). Cesário enveredou por sendas satanistas na série de poemas que desenvolve a tópica da dama recalcitrante. Tentou combinar Romantismo e Realismo em "Desastre" e em poemas satíricos de juventude. Em "Num Bairro Moderno", por fim, a *persona* vegetal "recomposta por anatomia" (v. 41) reproduz tensões paralelas às da cena que lhe serviu de fonte; o ente antropomórfico é natural e artifi-

---

com sua divina melopeia, as dores da humanidade, tem atormentado o sentimento acerbo das suas inenarráveis misérias: mas essas dores, essas misérias não as pode ela suprimir" (Ana Maria Almeida Martins (org.), *Obras Completas: Cartas II*, vol. VII, Lisboa, Universidade dos Açores/Comunicação, 1989, p. 953). De certo modo, Cesário responde ao ceticismo anteriano com a ideia de especialização técnica do poeta frente ao avanço da ciência e aos problemas gerados pela civilização. No século XX, Pessoa irá afirmar, em consonância com Cesário: "O artista ... não tem senão que exercer a sua arte, curando de a exercer tão bem quanto possa. Todas as outras considerações lhe devem ser alheias: e assim cumpre o princípio da divisão do trabalho social, e cumpre-o tanto melhor quanto menos deixar entrar para a sua arte elementos de preocupação com tudo quanto a não seja". E conclui: "Será, assim, impossível o tipo de *uomo universale*? Será impossível o indivíduo que seja poeta, homem de ciência e político, por exemplo? Não; isso pode ser, logo que ele seja poeta quando é poeta, político quando é político e homem de ciência quando homem de ciência" (*Páginas Íntimas e de Auto-Interpretação*, Lisboa, Ática, 1966, p. 200).

cial, humano e bizarro, masculino e feminino, moderno e tradicional[20]. Além disso, a imagem participa da consolidação do estilo mesclado do lirismo cesárico maduro, que se manifesta sob várias formas. Em sua condição de ser irônico – pelo brusco desvio narrativo e pela excessividade da imagem – e sincero – no sentimento de solidariedade à pobre camponesa –, fantasioso e realista, subjetivado e objetivado, sedutor e grotesco, mítico e historicizado, o nume hortifrutícola concentra em si traços que definem, se não de todo, em amplitude, a poética cesárica.

De modo marcante, a partir de "Contrariedades", Cesário forja um estilo irregular, mesclado, que escapa a todo momento a definições estáveis, que preso a um centro pende a diversas direções, sem nunca se fixar. Isso tornou a leitura de sua obra instável. Seu efeito último no leitor é o de insegurança, ou de segurança provisória. Uma vez identificado um aspecto na poesia cesárica, ele é logo contestado dentro de seus próprios limites textuais. O que desponta de início como *verdade* ou *realidade*, alguns passos adiante mostra-se insustentável. E a irredutibilidade faz-se regra. E o desafio perpetua-se. Não é difícil pois concluir que a crítica positivista visse nessa maleabilidade multiforme uma fragilidade, uma incapacidade criadora. Ou que visse expostas a própria fragilidade e incapacidade analítica frente a objeto tão fugidiamente vulnerável. Passado, enfim, o prestígio do Positivismo, a poesia de Cesário ganha evidência em sua artesania verbal, em sua dúvida assediante, que, em última (ou primeira?) instância, encena o princípio da precariedade incontornável.

20. Sobre as relações entre o ser vegetal, o Maneirismo barroco e, em particular, a série de "retratos naturais" de Giuseppe Arcimboldo, ver ensaio de Andrée Crabbé Rocha, "Cesário Verde, Poeta Barroco?", *Colóquio-Letras* 1, 1971, pp. 31-33.

❧ Cronologia ❧

1855 – José Joaquim Cesário Verde nasce em Lisboa a 25 de feverei-
ro, dia de São Cesário, confessor. Segundo filho de cinco (ou seis,
não se sabe ao certo) do casal José Anastácio Verde, próspero co-
merciante de ferragens e tecidos, e Maria da Piedade dos Santos
Verde. Entre 1855 e 57, a capital portuguesa é vítima de duas graves
epidemias, primeiro a de cólera-morbo e depois a de febre amare-
la, que juntas mataram cerca de 10.000 pessoas. Por esses anos, so-
bretudo nos meses de verão, os Verdes fixam-se no campo, numa
quinta da família em Linda-a-Pastora, arredores da capital. Passa-
do o risco epidêmico, a família continua a passar temporadas em
Linda-a-Pastora; assim a infância de Cesário e de seus irmãos se
divide entre a cidade e o campo.

1859 – Morre Adelaide Eugênia, irmã de Cesário, aos três anos.

1864 – Eduardo Coelho, ex-caixeiro da loja de José Anastácio Verde,
funda com Tomás Quintino Antunes, o *Diário de Notícias*, jornal
que fez – e vem fazendo – história na imprensa portuguesa.

1865 – Em agosto, Antero de Quental publica *Odes Modernas*. Em
outubro, eclode a Questão Coimbrã, polêmica que opõe jovens de
Coimbra liderados por Antero e adeptos do Ultrarromantismo,
cujo representante mais ilustre é Antônio Feliciano de Castilho.

1871 – De maio a junho, realizam-se as Conferências do Cassino Lis-
bonense, organizadas por um grupo de jovens do qual fazem par-
te Antero de Quental e Eça de Queirós. Das dez anunciadas, cinco
são proferidas. Consideradas atentatórias à manutenção da or-
dem pública, as palestras são censuradas por ato governamental.
Cesário tem então dezesseis anos. É provável que não tenha com-
parecido a nenhuma das conferências, mas por certo tomou co-
nhecimento delas.

D. Maria da Piedade dos Santos Verde, mãe de Cesário.

Maria Júlia, irmã de Cesário.

1872 – Morre de Maria Júlia, irmã de Cesário, aos dezenove anos, de tuberculose.

1873 – Com apoio de Eduardo Coelho, Cesário estreia como poeta em páginas do *Diário de Notícias*. Por esse tempo, além de Coelho, Cesário deve ter contado com auxílio de João de Sousa Araújo, escritor de poucos recursos mas bem relacionado, que foi noivo de Maria Júlia. O jovem Cesário, funcionário na loja de seu pai, começa então a se dividir entre comércio e literatura. Por essa época também, talvez um pouco antes, José Anastácio Verde, que em partilha de família havia herdado sozinho a quinta de Linda-a-Pastora, inicia negócios com exportação de frutas. Por conta disso, Cesário passa temporadas no campo, administrando a produção agrícola da propriedade rural familiar. Ao lado de Sousa Araújo, e como aluno voluntário, Cesário frequenta o Curso Superior de Letras em Lisboa, no ano letivo 1873-1874. Logo, porém, o abandona. Lá trava conhecimento com Silva Pinto, seu amigo para toda a vida. Passa a frequentar rodas literárias e a publicar poemas. Ainda em 1873, o *Diário Ilustrado* anuncia para breve *Cânticos do Realismo*, livro de poemas de Cesário, que nunca foi publicado.

1874 – "Farpa" de Ramalho Ortigão contra "Esplêndida". Guerra Junqueiro publica *A Morte de D. João*, poema narrativo sobre o mito de D. Juan, que gera grande polêmica em Portugal. Publicação de "Singularidades de uma Rapariga Loura", de Eça de Queirós, texto considerado marco introdutório do Realismo nas letras portuguesas. Desse ano devem ser dois poemas perdidos de Cesário: "Voto Negro" e "Subindo".

1875 – Morte de Antônio Feliciano de Castilho. Gomes Leal lança *Claridades do Sul*, sua obra de estreia. Um dos poemas, o soneto "O Canibal", é dedicado a Cesário. Em carta a Silva Pinto, Cesário diz que está lendo *O Mistério de Edwin Drood*, de Charles Dickens. Em outra carta do mesmo ano, ao mesmo destinatário, escreve: "Escrevo-te sobre uma secretária comercial, cheia de papéis, de livros, de notas, de trinta mil coisas que me tornam muito

Cesário Verde (à esquerda) aos dezesseis anos, ao lado de João de Sousa Araújo, então noivo da irmã do poeta, Maria Júlia, com quem se casaria não fosse a morte prematura da jovem. A morte de Maria Júlia é o motivo central do poema autobiográfico "Nós".

positivo e prático. // Eu não sou como muitos que estão no meio dum grande ajuntamento de gente e completamente isolados e abstratos. A mim o que me rodeia é o que me preocupa". Apesar do tom pessoal, muitos leram esta passagem pelo viés metalinguístico, como uma involuntária arte poética.

1876 – Com a anuência do rei D. Luís, é fundado o Partido Republicano. O evento atrai a simpatia da juventude idealista que acompanha a trajetória do republicanismo na França. Política e literatura mesclam seus discursos: o político fala como literato; o literato, como político. A poesia de Cesário, no entanto, toma rumo independente. Sempre dividido entre a vida comercial e a literária, Cesário continua enviando poemas para publicação e cuidando dos negócios familiares. A quinta de Linda-a-Pastora mantém relações comerciais com firmas da França, Inglaterra, Alemanha, Estados Unidos e Brasil. Cesário à frente destes contatos.

1877 – Dois acontecimentos "modernos": Cesário escreve "Num Bairro Moderno" – publicado no ano seguinte –, e Teófilo Braga dá a lume seu *Parnaso Português Moderno*, coletânea do mais significativo da poesia portuguesa, brasileira e galega do século XIX, até o ano de publicação do volume, segundo critérios do organizador. Cesário está ausente da antologia. Morre Alexandre Herculano, e nasce Teixeira de Pascoaes.

1878 – Eça de Queirós publica *O Primo Basílio*. Cesário o leu, e cita uma de suas personagens – o visconde Reinaldo – em carta de 1879. "Num Bairro Moderno" recebe críticas que censuram sua originalidade. Neste mesmo ano, Cesário escreve "Em Petiz", poema publicado no ano seguinte.

1879 – A publicação de "Em Petiz" provoca violenta reação do *Diário Ilustrado*. Cesário polemiza com o jornal e chega a desafiar seu diretor, Pedro Correia, para um duelo, que não ocorre. Em carta a Bettencourt Rodrigues, Cesário expressa desejo de conhecer Paris. No mesmo texto, fala da leitura de *Les Rois en Exil*, de Alphonse Daudet, romance que contém a descrição do bairro parisiense onde morava o amigo.

Cesario Verde, não vendo
Nas suas idéas furo,
Resolve uma bella noite
Ser um Cesario Maduro.

Charge de Cesário publicada no periódico O Diário Ilustrado, *em 29 de fevereiro de 1876. O texto da legenda diz: "Cesário Verde, não vendo / Nas suas ideias furo, / Resolve uma bela noite / Ser um Cesário Maduro".*

1880 – Cesário publica "O Sentimento dum Ocidental" em *Portugal a Camões*, separata do periódico portuense *Jornal de Viagens*, lançada para comemorar o terceiro centenário de Camões. Ao lado de "Nós", "O Sentimento dum Ocidental" é considerado o mais notável poema de Cesário. Não para os leitores contemporâneos do poeta, que silenciaram diante da composição. Cesário queixa-se da indiferença do público em carta a Antônio de Macedo Papança: "Uma poesia minha, recente, publicada numa folha bem impressa, limpa, comemorativa de Camões, não obteve um olhar, um sorriso, um desdém, uma observação! Ninguém escreveu, ninguém falou, nem num noticiário, nem numa conversa comigo; ninguém disse bem, ninguém disse mal! // Apenas um crítico espanhol chamava às chatezas dos seus patrícios e dos meus colegas – pérolas – e afirmava – fanfarrão! – que os meus versos 'hacen malísima figura en aquellas páginas impregnadas de noble espíritu nacional'". Data provavelmente de 1880, um texto de Guerra Junqueiro sobre Cesário. Descrevendo em tom reprobatório a tendência abstraizante do lirismo português diante da natureza, Junqueiro releva o traço firme, de pintura realista, da lírica bucólica de Cesário: "Por isso, entre os modernos poetas, destaca, com um relevo brilhante e juvenil, pela nota campesina, Cesário Verde. Ele reproduz a paisagem do natural com um lance de olhos instantâneo, um pincel por vezes maravilhoso e uma alma sempre adorável e sonhadora, ao mesmo tempo graciosa e melancólica, altiva e feminina, cândida e sorridente..."

1881 – Cesário frequenta o recém-formado "Grupo do Leão", tertúlia de pintores e literatos que se reúne regularmente na cervejaria Leão de Ouro, em Lisboa, para discutir arte moderna. Os encontros eram liderados por Silva Porto, pintor português, que havia chegado há pouco de Paris, onde estudara belas-artes com Charles-François Daubigny. Além de Cesário e Silva Porto, participam das reuniões, entre outros, José Malhoa, Rafael e Columbano Bordalo Pinheiro – este, autor do retrato de Cesário, feito de memória, para a primeira edição de *O Livro de Cesário Verde*

– Abel Botelho, Fialho de Almeida e Alberto de Oliveira (diretor da revista *Boémia Nova* e amigo de Antônio Nobre).

1882 – Morre Joaquim Tomás, irmão de Cesário, com 24 anos, de tuberculose. Desse ano é o projeto, nunca concluído, de fundação de um jornal republicano, que se chamaria *O Mercantil*, e cujos redatores seriam Cesário, Teófilo Braga e João de Deus.

1883 – Cesário parte para Paris em viagem comercial a fim expandir os negócios familiares que, nos últimos anos, só faziam crescer. Passa cerca de um mês entre a capital francesa e Bordéus, e se encontra com amigos portugueses que viviam na França.

1884 – Publica "Nós", seu mais pessoal e autobiográfico poema. Desse ano devem ser ainda "De Tarde" e "De Verão", que o poeta possivelmente terá publicado em *A Folha da Tarde*, periódico de sobrevivência efêmera, cujos números – à exceção do primeiro, que traz colaboração de Cesário – todos se perderam.

1885 – Morte de Victor Hugo. Segundo depoimento de Henrique Lopes de Mendonça, no dia em que se divulgou em Portugal a notícia, Cesário teria comentado: "era o avozinho de nós todos". Por essa época, a tuberculose, que matará Cesário, já havia se manifestado.

1886 – Durante o Carnaval, Cesário discute com Silva Pinto e vai para casa sob forte chuva. Resfria-se e seus pulmões começam a se complicar. Em maio, o médico da família desengana os parentes do poeta. Cesário, no entanto, em carta de 16 de junho, escreve a Macedo Papança com esperanças de cura. A 19 de julho, no Paço do Lumiar, para onde fora em busca de recuperação, Cesário morre. Suas últimas palavras, ao irmão Jorge, único sobrevivente dos filhos de José Anastácio, foram: "Não quero nada, deixa-me dormir". Em *A Ilustração*, Mariano Pina termina sua crônica sobre a morte prematura de Cesário com as seguintes palavras: "Não foi um grande artista que morreu. Morreu o embrião dum grande artista, cujo talento estava destinado a marcar uma época, a triunfar ruidosamente de tudo e de todos!"

1887 – Em abril, com edição de Silva Pinto, saem do prelo duzentos exemplares de *O Livro de Cesário Verde*.

1901 – Publicação da 2ª edição, primeira comercial, de *O Livro de Cesário Verde*. O editor é Manuel Gomes, mas o volume traz nota que diz "Reimpressão textual da primeira edição feita pelo amigo do poeta – Silva Pinto".

1911 – Publicação da 3ª edição de *O Livro de Cesário Verde*. Os editores são José Antonio Rodrigues & Cª, mas, tal como a segunda edição, esta também leva a nota "Reimpressão textual da primeira edição feita pelo amigo do poeta – Silva Pinto". Morte de Silva Pinto e de Fialho de Almeida.

1912 – O *Almanach de Lembranças Luso-Brasileiro* publica o poema "Loira" e o atribui a Cesário através da seguinte nota: "Teve a rara felicidade de encontrar uma poesia de Cesário Verde, inteiramente desconhecida, o Sr. José do Nascimento Monteiro Guimarães no álbum de uma senhora cujo nome não pode revelar, e o generoso bom gosto de a comunicar ao *Dia*, que a inseriu em seu número de 19 de setembro de 1910, onde fomos buscar estes preciosos versos". Joel Serrão estudou o caso e concluiu que o apócrifo é de autoria de João Meira, professor universitário, especialista em parodiar poetas.

1919 – Um incêndio destrói parte da quinta de Linda-a-Pastora. A biblioteca do casarão é atiginda. Acredita-se que muitos originais de Cesário, entre poemas, correspondência ativa e passiva, e anotações diversas, lá se encontravam. Sai a 4ª edição de *O Livro de Cesário Verde*, por José Antonio Rodrigues & Cª, com a nota "Reimpressão textual da primeira edição feita pelo amigo do poeta – Silva Pinto". Apesar desta advertência, a 4ª edição é a que contém mais gralhas. "O Sentimento dum Ocidental", por exemplo, surge renomeado como "O Sentimentalismo dum Ocidental".

ᘏ Critérios de Organização ᘏ
e Estabelecimento dos Textos

Há dois modos básicos de apresentar ao público a obra poética de Cesário: por cronologia de publicação avulsa dos poemas, considerando a versão pela qual estes foram publicados, ou dividindo-a em dois blocos: *O Livro de Cesário Verde*, cujo texto de algumas composições apresenta variantes em relação a suas versões primitivas, e poemas dispersos. Ambos os modos apresentam problemas, que não cabem aqui discutir, pois isso demandaria um estudo à parte sobre um tema já largamente tratado – mas nunca pacificado – pela crítica. O que importa aqui afirmar é que ambos os modos são legítimos, ainda que produzam diferentes efeitos, que não chegam a comprometer a compreensão geral da obra cesária. Ambos os modos são legítimos, enfim, desde que justificados com argumentos razoáveis. A presente edição optou pela divisão *O Livro de Cesário Verde* e poemas dispersos. A intenção foi manter o conjunto pelo qual Cesário se impôs aos leitores do século XX e agregar a este a parte preterida (pelo poeta ou por Silva Pinto) da obra cesária. No entanto, nas notas aos poemas registram-se, sempre que conhecidas, as datas de fatura e de publicação avulsa de todas as composições, bem como as principais variantes entre as versões primitivas, as da edição de 1887 e emendas posteriores.

O texto-base de *O Livro de Cesário Verde* é o da primeira edição (Lisboa, Typographia Elzeviriana, 1887), preparada por Silva Pinto. Não se sabe se a organização e as variantes aos textos tal como eles se apresentam na edição de 1887 são de autoria do poeta, do editor ou de ambos. Daí a polêmica em torno da edições da poesia de Cesário. A fonte textual dos poemas dispersos é a edição da *Obra Completa de Cesário Verde* (5ª ed., s.l., [Lisboa], Livros Horizonte, 1988), organizada por Joel Serrão. Outras fontes e edições consultadas foram: "Num Bairro Moderno", *Brinde aos Senhores Assignantes do Diario de Noticias em 1877*, Lisboa, Typografia Universal, 1878; *O Livro de Cesario Verde*, 2ª ed., Lisboa, Manuel Gomes, 1901, na qual Silva Pinto corrigiu algumas gralhas da edição de 1887; *O Livro de Cesario Verde*, 3ª ed., Lisboa, J. A. Rodrigues & Cª, 1911; *O Livro de Cesario Verde*, 4ª ed., Lisboa, J. Rodrigues, & Cª, 1919; *O Livro de Cesario Verde*, 5ª ed., Edição definitiva, Lisboa, J. Rodrigues & Cª, 1926; *O Livro de Cesário Verde*, 7ª ed., Lisboa, Ática, 1945; *O Livro de Cesário Verde*, 9ª ed., Cabral do Nascimento (revista por), Lisboa, Minerva, 1952. Das edições modernas, foram compulsadas *O Livro de Cesário Verde*, Lisboa-São Paulo, Verbo, 1983, edição de Maria Ema Tarracha Ferreira; *O Livro de Cesário Verde*, Lisboa, Assírio & Alvim, 2004, edição de António Barahona; e *Cânticos do Realismo e Outros Poemas / 32 Cartas*, Lisboa, Relógio D'Água, 2006, edição de Teresa Sobral Cunha. A ortografia foi atualizada segundo as normas do acordo ortográfico dos países de língua portuguesa.

O LIVRO

DE

CESARIO VERDE

1873-1886

LISBOA
TYPOGRAPHIA ELZEVIRIANA
Rua do Instituto Industrial, 23 a 31
1887

Folha de rosto da 1ª edição de O Livro de Cesário Verde, *publicada postumamente em 1887, por Silva Pinto, amigo do poeta. Trata-se de uma edição não-comercial da qual foram feitos apenas duzentos exemplares.*

O LIVRO

DE

CESARIO VERDE

1873-1886

*Reimpressão textual da primeira edição feita
pelo amigo do poeta — S*ILVA PINTO

LISBOA
MANUEL GOMES, EDITOR
Livreiro de Suas Magestades e Altezas
61 — RUA GARRETT (CHIADO) — 61
M DCCCC I

Folha de rosto da 2ª edição de O Livro de Cesário Verde, *publicada em 1901. Trata-se da primeira edição comercial do livro, da qual foram feitos setecentos exemplares.*

O LIVRO

DE

CESARIO VERDE

1873 - 1876

*Reimpressão textual da primeira edição feita
pelo amigo do poeta — SILVA PINTO*

TERCEIRA EDIÇÃO

LISBOA
J. A. RODRIGUES & C.ª, EDITORES
186 — RUA AUREA — 188
1911

Folha de rosto da 3ª edição de O Livro de Cesário Verde, *publicada em 1911. O colofão, no entanto, informa que o livro foi impresso em outubro de 1910. Na foto, um autógrafo do poeta Alfredo Pedro Guisado, a quem o volume deve ter pertencido.*

O LIVRO
DE
CESARIO VERDE

1873-1876

*Reimpressão textual da primeira edição feita
pelo amigo do poeta — SILVA PINTO*

QUARTA EDIÇÃO

LISBOA
J. RODRIGUES & C.ª, EDITORES
186 — RUA DO OURO — 188
1919

Folha de rosto da 4ª edição de O Livro de Cesário Verde, publicada em 1919. Trata-se da edição que mais gralhas apresenta em relação às anteriores. O poema "O Sentimento dum Ocidental", por exemplo, traz o título "O Sentimentalismo dum Ocidental". Uma curiosidade: João Gaspar Simões, em seu ensaio "Introdução a Cesário Verde", de 1931, se vale desta edição, e, ao aludir ao referido poema, repete o erro.

Parte I

O Livro de Cesário Verde
1873-1886

❧ Dedicatória ❧

A Jorge Verde

Aqui deponho em suas mãos e debaixo dos seus lábios o livro de seu irmão. A minha "obra" terminou no dia em que ele saiu da nossa doce amizade para a nossa terrível amargura: morri, meu querido Jorge – deixe-me chamar assim ao irmão do meu querido Cesário; – morri para as alegrias do trabalho, para as esperanças dos enganos doces! O desmoronamento fez-se, a um tempo, no espírito e no coração! Dos restos do passado deixe-me oferecer-lhe a dedicação extremada: peça-me o sacrifício; e, quando no decorrer da vida, se lembrar de nós, tenha este pensamento consolador: – A grande alma de meu irmão soube impor-se a um coração endurecido; e tenha este outro pensamento: – Mas não estava de todo endurecido o coração que soube amá-la.

Adeus, meu querido Jorge!

S. P.

❧ Prefácio ❧

20 de julho de 1886.

Encontramo-nos pela primeira vez no Curso Superior de Letras. Foi em 1873. Cesário Verde matriculara-se no Curso em homenagem às Letras, como se as Letras lá estivessem – no Curso. Eu matriculara-me, com a esperança de habilitar-me um dia à conquista de uma cadeira disponível. Encontramo-nos e ficamos amigos – para a vida e para a morte.

Para a vida e para a morte.

Tenho de falar de mim, se eu pretendo falar de Cesário Verde. Ele não teve, desde aquele dia – há treze anos – maior amigo do que eu fui; e sobre esta mesa onde eu estou escrevendo, às 10 horas da noite deste formidável dia glacial – 20 de julho de 1886, *dia do seu enterro*, – sobre esta mesa onde eu estou escrevendo tenho estas palavras suas de há poucos dias: – "E como se dê o caso de tu seres o mais delicado dos meus amigos..." Tenho aqui essas palavras: elas constituem a justificação dos meus soluços de há poucas horas, ali, no cemitério vizinho onde ele dorme – o Cesário! – a sua primeira noite redimida...

Eu fui, pois, a lutar nas grandes batalhas da Desgraça, naquele ano para mim terrível de 1874. Fui-me, a dezenas de léguas de Lisboa. Ele ficou. E no dia em que eu medi forças com as avançadas do meu destino, a inquietação invadiu o espírito e o coração de Cesário Verde, por modo que já eu assoberbara com o meu desprezo a desventura pertinaz e ainda ele não vingara libertar-se do peso de seus cuidados e aflições. Durante anos escreveu-me centenares de páginas –

comentários sobre os meus infortúnios, conselhos do seu espírito lucidíssimo, sobressaltos do seu coração fraternal. Um dia, trocamos estas palavras: – "Como tu tens tempo, meu amigo, para sofrer tanto!" – "Como tu tens tempo, meu amigo, para me acompanhar no sofrimento!"

É indispensável ter conhecido intimamente Cesário Verde para conhecê-lo um pouco. Os que apenas lhe ouviram a frase rápida, imperiosa, dogmática, mal podem imaginar o fundo de tolerância *expectante* daquele belo e poderoso espírito. Ele tinha o furor da discussão – a toda a hora. Eu careço de preparar-me durante horas para a simples compreensão. As exigências do meu caro polemista irritavam-me. Eu respondia *ao acaso*; mas acontecia por vezes que o sorriso ligeiramente irônico do perseguidor expandia-se num bom e largo sorriso de concencido; e então – meu querido amigo! meu santo poeta! – ele saudava com um entusiasmo de criança amorável o que ele chamava o meu triunfo! Não hesitava em confessar-se *vencido*; e congratulava-se comigo – porque eu o vencera inconscientemente. A generosa alma chamava aquilo a minha *superioridade*!

Os campos, a verdura dos prados e dos montes, a liberdade do homem em meio da natureza livre: os seus sonhos amados, as suas realidades amadas! Quando aquele artista delicado, quando aquele poeta de primeira grandeza julgava em raros momentos sacrificar a Arte aos seus gostos de lavrador e de homem prático, sucedia que as coisas do campo, da vida prática assimilavam a fecundante seiva artística do poeta: e então dos frutos alevantavam-se aromas que disputavam foros de *poesia* aos aromas das flores. O mesmo sopro bondoso e potente agitava e fecundava os milharais e as violetas e os trigais e as rosas! A bondade suma está no poeta, – mais visível, pelo menos, do que em Deus.

Artista – e de alta plana! Eu pude vê-lo cioso de seus direitos e reivindicando-os com tanto de ingenuidade quanto de vigor.

E pois que um ligeiro esboço, precedendo mais detido trabalho, estou elaborando sobre os traços mais salientes daquela individualidade, não me dispensarei desta indiscrição:

Há dois meses escrevia-me Cesário Verde: "O doutor Sousa Martins perguntou-me qual era a minha ocupação habitual. Eu respondi-lhe naturalmente: Empregado no comércio. Depois, ele referiu-se à minha vida trabalhosa que me distraía etc. Ora, meu querido amigo, o que eu te peço é que, conversando com o dr. Sousa Martins, lhe dês a perceber que eu não sou o *sr. Verde, empregado no comércio.* Eu não posso bem explicar-te; mas a tua muita amizade compreende os meus escrúpulos: sim?..."

E eu fui à beira de Sousa Martins e perguntei-lhe se o poeta Cesário Verde podia ser salvo. O grande e ilustre médico tranquilizou-me – e apunhalou-me em pleno peito: – Que o poeta Cesário Verde estava irremediavelmente perdido!

Meu poeta! Meu amigo! Tu estavas condenado no tribunal superior, quando eu te mentia e ao público e a mim próprio: estavas condenado, meu santo! Mas podia viver tranquilo o teu orgulho de artista: o teu médico sabia que o *poeta Cesário Verde* eras tu próprio, meu pálido agonizante iludido!

A estesia, o processo artístico e a individualidade deste admirável e originalíssimo poeta merecem à Crítica independente uma atenção desvelada. Eu não hesito em vincular o meu nome à promessa de um tributo que a *obra* de Cesário Verde está reclamando.

. . . .

E todavia, não pode o meu espírito evadir-se à ideia consoladora de que é um sonho isto que o entenebrece! Não podes evadir-te, ó meu espírito amargurado! mas eu vou libertar-te para a dor!

Foi às cinco horas a tarde – ainda agora. Caía o sol a prumo sobre a estrada do Lumiar e nós vínhamos arrastando a nossa miséria, – nós os vivos; o morto arrastava a sua indiferença. Chegamos, com duas horas de amargura, ali ao porto de abrigo e de descanço. Veio o cerimonial trágico, o latim, o encerramento. Caso de uma eloquência terrível: Entre algumas dezenas de homens não houve uma frase indiferente – e em dado momento explodiram soluços num enternecimento que ajeitava a loira cabeça do cadáver lá adentro do caixão – como as mãos da mãe lha ajeitaram infantil, no travesseiro, há vinte e quatros anos, e moribunda há vinte e quatro horas!

Eram sete horas da tarde, ó minha alma triste! Eu fui-me a chorar velhas lágrimas de gelo, avocadas por lágrimas de fogo recém-nascidas. Fui-me por entre os túmulos, a pedir ao meu Deus de há trinta anos que me desse força, que me desse força nova, – pois que se prolonga o cativeiro! E a sós, caminhando por entre os túmulos, ao cair da noite, pareceu-me *compreender* que nós recebemos força nova em cada nova dor, para sofrermos de novo – do mesmo modo que o alcatruz de uma nora se despeja para encher-se, para despejar-se – sem saber porque...

· · ·

20 de agosto.

· ·

A morada nova do Cesário é de pedra e tem uma porta de ferro, com um respiradouro em cruz; – rua nº 6 do cemitério dos Prazeres. À porta está um arbusto da família dos ciprestes – um brinde ao meu querido morto. Eu oferecera uma palmeira que o vento esgarçou ao terceiro dia, e tive de escolher uma espécie resistente, cá da minha raça – fúnebre e resistente. Está verdejante e vigorosa a pequenina árvore, e de longe é uma sentinela perdida da minha doce amizade religiosa. De longe vou já perguntando à nossa árvore: – Está bom o nosso amigo?... E ela inclina os pequeninos troncos, com a gravidade do cipreste: – Bem; não houve novidade em toda a noite...

É que eu vou pelas tardes visitá-lo; e saber como ele passou é todo um meu cuidado, como é toda a minha alegria o bem-estar daquela hora em que não há risos. Não fomos risonhos – o Cesário e eu. As nossas horas de convivência foram tristes e severas. Depois da morte do Cesário eu deixei de viver nos domínios onde ele sentira consolações, alentos, esperanças, onde ele imaginara renascimentos, horizontes, claridades novas. Nunca mais publiquei uma palavra que se lhe não consagrasse – ao meu querido morto. Em face daquele cadáver eu senti alastrar-se no meu pobre ser fatigado o bem-amado desprezo da vida. O meu santo está ali, – está resignado: é tudo. Vós todos, que amastes, sabei que ele está resignado – o nosso querido morto impassível!

E numa dessas tardes, alguns dias depois da sua morte, eu aproximei da porta de ferro a minha pobre cabeça esbraseada e olhei para dentro do jazigo, involuntariamente; e então, como quer que eu visse lá adentro do jazigo alguns caixões arrumados, e como acertasse em descobrir o caixão do Cesário, os soluços despedaçaram-se contra minha garganta, numa aflição imensa e cruel. E foi então que a voz rouca e enfraquecida do Cesário – lembram-se da voz dele? – pronunciou distintamente lá adentro do caixão: – "Sê natural, meu amigo; sê natural!"

Era a voz do Cesário; era a sua voz tremente e doce, ó meu sagrado horror inconsciente! Debrucei-me contra a porta do jazigo e supliquei numa angústia: – "Fala! Dize! Fala, outra vez, meu amigo!" Não se reproduziu o doloroso encanto. Apenas uma espécie de marulho brando, uma arrastar de folhagem ressequida – e o morto na paz da Morte!

Vão já decorridos dez anos sobre um período de alguns meses serenos da minha vida dolorosa. Eu viera a conquistar a certeza de que não havia luz misericordiosa para a noite que me vem acompanhando e torturando os olhos ávidos, desde o berço à sepultura redentora. Cheguei aqui, à cidade maldita da minha primeira hora e trazia o sonho de uma aurora pacífica de vida nova no meu pobre espírito iludido. A aurora fez-se com um desabamento de esperanças: a crueldade bestial que se debruçara sobre o meu primeiro dia não estava arrependida, nem fatigada: a perseguição renasceu. E quando eu, no singular desespero dos esmagados em sua crença, pensei na Morte como no abrigo antecipado – querido abrigo inevitável! – A voz do Cesário foi a voz evocadora para a continuação do sofrimento – do sofrimento amparado e protegido...

Protegido! A *proteção* foi a maior da grande alma serena para a pobre alma abatida: foi de lágrimas que se confundiram com as minhas lágrimas; foi aquele sorriso triste de resignação, consagrado às minhas amarguras, – que para o Cesário não foram misteriosas; foi o aperto de mão robusto, na vertigem do combate; foi a voz firme e severa na hora dos desfalecimentos; foi o *reflexo* permanente que a minha angústia encontrou na sua.

Ah, santo! Ah, meu santo! Ah, meu puro e meu grande! Ah, meu forte! Vai-se na corrente, desfalecido, se nos não troveja nos ouvidos a voz reanimadora! Vai-se na corrente, – que o sei eu! Mas tu, depois do grito salvador, tinhas um aplauso vibrante lá do fundo da tua grandeza e da tua generosidade. E tu sabias que me salvara a tua mão, a tua palavra, a tua alma de justo, a tua face que eu não quisera ver, contraída e severa, retraindo-se perante o quadro da minha fraqueza! Tu bem o sabias, – forte, bom, generoso, nobre, sempre bom – e todavia sempre justo!

A *crise* mais feroz atravessei-a, pois, abrigado, – abrigado pela sua voz amiga. Eu tive de lutar com a *lenda* de rebelião, com a desconfiança dos homens práticos, com o ódio dos pequeninos malvados ofendidos em seus orgulhos e desmascarados em suas hipocrisias: conseguintemente, com a supressão do trabalho, – do pão, – com a calúnia, com a intriga, com todas as armadilhas à minha cólera, com todas as ciladas à minha fé... Ah, perdidos em país de Cafres! Mal conceberíeis o horror de uma luta como aquela, de todos os dias de dez anos, em país de conta aberta no bazar da Civilização!

Hoje, o meu santo amigo está ali embaixo, na sua morada nova, esperando... Espera que eu vá dizer-lhe dos horizontes novos abertos à consciência dos justos; espera que eu vá dizer-lhe as vitórias da Justiça absoluta – da Justiça iluminada e serena; – espera que eu vá dizer-lhe as vitórias do Trabalho, da Razão, da Ciência, da Sinceridade, do Amor: os homens reconciliados, esclarecidos, a Natureza convertida em Progresso, Deus explicado, o Futuro iluminado, a Vida possível, a Mulher fortalecida, o Homem abrandado, as lutas suprimidas, o concerto da Terra desentranhando-se em harmonias reconhecidas, a Bondade convertida em norma, os Direitos e Deveres suprimidos pela Igualdade: os seus sonhos, a sua fé, o seu horizonte, o seu amor!

Está ali embaixo esperando... Eu, mensageiro triste, não saberei dizer-lhe o ascender dos espíritos, e só poderei levar-lhe no meu abatimento a demonstração da minha pouca fé, agravada pela espantosa amargura destes últimos dias, – destas últimas horas. As visões do poeta hão de emurchecer confundidas com as últimas rosas que a minha pobre mão tremente e desfalecida lhe deporá no túmulo, e os restos da minha fé hão de misturar-se com o pó acumulado à entrada do seu túmulo pelo Nordeste – menos frio que a minha alma sucumbida!

. . . .

Silva Pinto

❧ Crise Romanesca ❧

❦ *Deslumbramentos* ❧

Milady, é perigoso contemplá-la,
Quando passa aromática e normal,
Com seu tipo tão nobre e tão de sala,
Com seus gestos de neve e de metal.

5 Sem que nisso a desgoste ou desenfade,
Quantas vezes, seguindo-lhe as passadas,
Eu vejo-a, com real solenidade,
Ir impondo *toilettes* complicadas!...

Em si tudo me atrai como um tesoiro:
10 O seu ar pensativo e senhoril,
A sua voz que tem um timbre de oiro
E o seu nevado e lúcido perfil!

Ah! Como me estonteia e me fascina...
E é, na graça distinta do seu porte,
15 Como a Moda supérflua e feminina,
E tão alta e serena como a Morte!...

Eu ontem encontrei-a, quando vinha,
Britânica, e fazendo-me assombrar;
Grande dama fatal, sempre sozinha,
20 E com firmeza e música no andar!

O seu olhar possui, num jogo ardente,
Um arcanjo e um demônio a iluminá-lo;

Como um florete, fere agudamente,
E afaga como o pelo dum regalo!

25   Pois bem. Conserve o gelo por esposo,
E mostre, se eu beijar-lhe as brancas mãos,
O modo diplomático e orgulhoso
Que Ana d'Áustria mostrava aos cortesãos.

E enfim prossiga altiva como a Fama,
30   Sem sorrisos, dramática, cortante;
Que eu procuro fundir na minha chama
Seu ermo coração, como um brilhante.

Mas cuidado, milady, não se afoite,
Que hão de acabar os bárbaros reais;
35   E os povos humilhados, pela noite,
Para a vingança aguçam os punhais.

E um dia, ó flor do Luxo, nas estradas,
Sob o cetim do Azul e as andorinhas,
Eu hei de ver errar, alucinadas,
40   E arrastando farrapos – as rainhas!

Primeira publicação: revista coimbrã *Mosaico*, n⁰ 6, fevereiro de 1875.

Cesário (*OC*, p. 221) enviou "Deslumbramentos" a Macedo Papança, editor de *Mosaico*, em janeiro de 1875. Na carta que acompanhava o manuscrito, alude ao poema: "Aí te mando eu uma [composição] que acho tão maricas que não te peço que a publiques no *Mosaico*. Dá-lhe o destino que quiseres".

"Deslumbramentos" desenvolve a tópica da mulher fatal, recorrente na obra de Cesário, e de grande repercussão na arte finissecular, sobretudo decadentista. A tópica, no entanto, é antiga. Uma de suas principais fontes encontra-se no episódio bíblico que narra a estória da linda e perversa Salomé, que dança para Herodes Antipas, e depois, instruída por sua mãe Herodias, se vale da influência sobre o Tetrarca para lhe pedir a morte de João Batista (cf. Mateus 14: 1-11 e Marcos 6: 17-28). Em 1819, John Keats publicou "La Belle Dame sans Merci", título que o poeta inglês tomou de um poema de Alain Chartier, escritor francês do século xv. O poema de Keats tornou-se paradigmático na literatura moderna. Flaubert, Baudelaire, Balzac, Mallarmé, Oscar Wilde, Rubén Dario, Menotti del Picchia e Guilherme de Almeida estão entre os que reescreveram o mito de Salomé ou retrataram damas hipnóticas, predadoras e insensíveis em suas obras. Em Portugal, a beldade cruel ganhou versão modelar no conto "Onfália Benoiton", de Eça de Queirós, publicado na *Gazeta de Portugal*, em 1867. Depois, além de Cesário, Gomes Leal e Eugênio de Castro trataram a tópica em seus textos. Na poesia cesárica, a *femme fatale* vem em geral associada à imagem da cidade e às sociedades avançadas do Norte da Europa, como a britânica *milady*. Macedo (*Nós*, p. 84) faz uma leitura sociológica da figura da mulher fatal na obra de Cesário. Especificamente sobre "Deslumbramentos", anota:

A oligarquia portuguesa da segunda metade do século xix via a Inglaterra como símbolo do progresso industrial e do triunfo de todos os ideais burgueses representados pela cidade. A humilhação do narrador perante a "Milady" inglesa pode ser entendida, assim, como um paralelo individual dos sentimentos de inferioridade da burguesia portuguesa em relação às raças "civilizadas" do Norte.

V. 2 – *Normal*: com naturalidade. A *milady* é natural em sua extravagância, ou naturalmente extravagante. A conduta feminina que funde de modo paradoxal natureza e convenção produz efeito provocativo, pois estabiliza, ou procura estabilizar, uma incongruência entre a descrição da musa e sua percepção pelo narrador.

V. 3 – *De sala*: convencional. A sala de uma residência é espaço destinado ao exercício de relações sociais, daí ser ambiente próprio para práticas de formalidades ou convencionalismos. Sob este prisma, "tipo nobre, de sala" guarda oposição implícita a *tipo vulgar, de alcova.*

V. 4 – A sinestesia é recurso estilístico recorrente em poemas que retratam damas fatais na obra de Cesário. Os "gestos de neve e de metal" da "aromática" (v. 2) "milady" servem para lhe traçar, figuradamente, perfil de elegância fria e sedutora. A "voz que tem um timbre de ouro" (v. 11) e o "andar" que contém "música" (v. 20) também são notações sinestésico-descritivas da musa do poema.

V. 8 – *Toilettes* (fr.): vestuário em sentido amplo, que inclui, além de roupa, penteado, maquilagem e objetos de adorno pessoal. // O sintagma "*toilettes* complicadas" auxilia na definição do retrato de tipo urbano e aristocrático da "milady". Por sua vez, o verbo *impor* denota atitude autoritária e arrogante da personagem. // Em oposição ao purismo linguístico professado pela geração anterior, os escritores da chamada "Escola Nova" esforçaram-se por incorporar ao discurso literário vocábulos estrangeiros, em especial, os que participavam do léxico ativo do português culto da época. Cesário faz largo, mas racional, uso de palavras estrangeiras em seus poemas.

V. 9 – *Em si.* O uso não-reflexivo dos pronomes *si* e *consigo* – equivalentes no português brasileiro a *ti* e *contigo* – é comum e autorizado pela norma gramatical no português lusitano.

Vv. 15-16 – *Moda / Morte.* A maiusculização de termos abstratos (ideias, conceitos, sentimentos) é recurso próprio da tradição literária. Seu efeito mais comum é o de personificação mítico-alegórica da abstração. No poema, tal procedimento serve para figurar a moda como alegoria moderna da vida civilizada que, como a fama (v. 29) e o luxo (v. 37), estão associados à morte, por sua natureza efêmera e precária. No entanto, considerando sentidos de *fulgor* e *extinção* – associados, aliás, à "milady" –, "Moda" e "Morte" formam par antitético mas, sob aspecto sonoro, paronímico e aliterativo. Formação similar possui o par "fere/afaga" (vv. 23-24). Nestes pares, o antagonismo semântico se harmoniza pela liga eufônica do ritmo e do som das palavras. Poder-se-ia incluir neste grupo ainda o par semianagramático "aromática/normal" (ver nota ao v. 2) (cf. Martins, pp. 59-60).

V. 17 – O verso introduz a segunda parte do poema. Depois do retrato inicial da "milady", o narrador alude a evento ocorrido em passado próximo ao presente do enunciado: "Eu ontem encontrei-a". O presente do enunciado, por sua vez, confunde-se com o tempo histórico da produção do poema. Nesse sentido, o marcador temporal "ontem" historiciza a musa e, como consequência, a torna deslocada dentro do contexto histórico no qual ela é inserida: a "milady" tem aparência e atitude de aristocrata do Antigo Regime em pleno século XIX burguês e industrial.

V. 18 – *Assombrar.* O verbo abarca sentidos associados a *terror* e *maravilha*, que bem resumem a ambiguidade de sentimentos do sujeito lírico, dividido entre o medo e a atração pela "milady". Além disso, o vocábulo também possui sentido visual de *produzir sombras*, que sustenta e reforça a posição de inferioridade do narrador diante da musa deslumbrante, caprichosa, sedutora e perigosa.

Vv. 21-24 – A estrofe finda a segunda parte do poema. Nela o erotismo, disseminado pelo texto, atinge temperaturas as mais altas.

V. 24 – *Regalo*: agasalho para as mãos, em geral feito de pele, muito utilizado em países de clima frio.

V. 25 – *Pois bem*. A prosaica expressão introduz a terceira e última parte do poema.

V. 28 – *Ana de Áustria*: filha de Filipe iii, da Espanha, e de Margarida de Áustria. Esposa de Luís xiii, rei da França. Foi regente desse país depois da morte do marido, ocorrida em 1643, e durante a menoridade de seu filho, Luís xiv. Viveu entre 1601 e 1666. No poema, figura como representante modelar da aristocracia do Antigo Regime, caracterizada pela ostentação material e pelo comportamento libertino.

V. 33 – *Mas cuidado, milady*. A apóstrofe adversativa e preventiva à interlocutora indicia a mudança de tom que ocorre nos versos seguintes.

Vv. 34-35 – *Bárbaros reais / povos humilhados*. No final do poema, o elogio amoroso transforma-se em advertência ameaçadora à "milady". O sujeito lírico, amante humilde, passa a se identificar com a coletividade dos "povos humilhados", e a musa, nobre em sua altivez, com os "bárbaros reais". A fascinação do narrador converte-se em desejo de vingança contra valores associados à "milady" e aos "bárbaros reais", grupo que ela representa.

V. 36 – Se o olhar da dama "fere" como um "florete" (v. 23), os "povos humilhados" (v. 35), em contrapartida, "Para a vingança aguçam os punhais".

❧ *Setentrional* ❧

Talvez já te esquecesses, ó bonina,
Que viveste no campo só comigo,
Que te osculei a boca purpurina,
E que fui o teu sol e o teu abrigo.

5   Que fugiste comigo da Babel,
Mulher como não há nem na Circássia,
Que bebemos, nós dois, do mesmo fel,
E regamos com prantos uma acácia.

Talvez já te não lembres com desgosto
10   Daquelas brancas noites de mistério,
Em que a lua sorria no teu rosto
E nas lajes que estão no cemitério.

Quando, à brisa outoniça, como um manto,
Os teus cabelos d'âmbar desmanchados,
15   Se prendiam nas folhas dum acanto,
Ou nos bicos agrestes dos silvados,

E eu ia desprendê-los, como um pajem
Que a cauda solevasse aos teus vestidos;
E ouvia murmurar à doce aragem
20   Uns delírios d'amor, entristecidos;

Quando eu via, invejoso, mas sem queixas,
Pousarem borboletas doudejantes

Nas tuas formosíssimas madeixas,
Daquela cor das messes lourejantes,

25 E no pomar, nós dois, ombro com ombro,
Caminhávamos sós e de mãos dadas,
Beijando os nossos rostos sem assombro,
E colorindo as faces desbotadas;

Quando ao nascer d'aurora, unidos ambos
30 Num amor grande como um mar sem praias,
Ouvíamos os meigos ditirambos,
Que os rouxinóis teciam nas olaias,

E, afastados da aldeia e dos casais,
Eu contigo, abraçado como as heras,
35 Escondidos nas ondas dos trigais,
Devolvia-te os beijos que me deras;

Quando, se havia lama no caminho,
Eu te levava ao colo sobre a greda,
E o teu corpo nevado como arminho
40 Pesava menos que um papel de seda...

E foste sepultar-te, ó serafim,
No claustro das Fiéis emparedadas,
Escondeste o teu rosto de marfim
No véu negro das freiras resignadas.

45 E eu passo, tão calado como a Morte,
Nesta velha cidade tão sombria,
Chorando aflitamente minha sorte
E prelibando o cálix da agonia.

E, tristíssima Helena, com verdade,
50 Se pudera na terra achar suplícios,
Eu também me faria gordo frade
E cobriria a carne de cilícios.

Primeira publicação: 14 de fevereiro de 1874, no portuense *Diário da Tarde*, com o título "Cantos da Tristeza". Esta versão possui 22 estrofes, ou seja, nove a mais que "Setentrional". O curioso é que a primeira aparição da versão amputada, que depois será impressa em *O Livro de Cesário Verde*, se dá pouco mais de um mês da primeira publicação de "Cantos da Tristeza", no mesmo periódico, para ilustrar artigo sobre Cesário, escrito por Silva Pinto. Retomando e ampliando: em 14 de fevereiro de 1874, Cesário publica no *Diário da Tarde* "Cantos da Tristeza", composição de 22 estrofes. Em 20 de março do mesmo ano, no mesmo jornal, Silva Pinto assina artigo intitulado "Cesário Verde", e, para demonstrar o poeta, faz reproduzir o poema, em versão mutilada de nove estrofes, sem nenhuma nota sobre a expunção. Treze anos depois, em *O Livro de Cesário Verde*, Silva Pinto estampa a versão cortada, que ganha então com o título "Setentrional". Abaixo, transcrevem-se as estrofes renegadas e o lugar que elas ocupavam no poema em sua versão primitiva.

1ª   Talvez já te não lembres, triste Helena,
       Dos passeios que dávamos sozinhos,
       À tardinha, naquela terra amena,
       No tempo da colheita dos bons vinhos.

2ª   Talvez já te não lembres, pesarosa,
       Da casinha caiada em que moramos,
       Nem do adro da ermida silenciosa,
       Onde nós tantas vezes conversamos.

6ª   Talvez já se apagassem as miragens
       Do tempo em que eu vivia nos teus seios,
       Quando as aves cantando entre as ramagens
       O teu nome diziam nos gorjeios.

11ª   Quando, Helena, bebíamos, curvados,
       As águas nos ribeiros remansosos,
       E, nas sombras, olhando os céus amados,
       Contávamos os astros luminosos.

12ª   Quando, uma noite, em êxtases caímos
       Ao sentir o chorar dalgumas fontes,
       E os cânticos das rãs que sobre os limos
       Quebravam a soidão dos altos montes.

13ª   E assentados nos rudes escabelos,
       Sob os arcos de murta e sobre as relvas,
       Longamente sonhamos sonhos belos,
       Sentindo a fresquidão das verdes selvas.

17ª   Talvez já te esquecesses dos poemetos,
       Revoltos como os bailes do Casino,
       E daqueles byrônicos sonetos
       Que eu gravei no teu peito alabastrino.

18ª   De tudo certamente te esqueceste,
       Porque tudo no mundo morre e muda,
       E agora és triste e só como um cipreste,
       E como a campa jazes fria e muda.

19ª   Esqueceste sim, meu sonho querido,
       Que o nosso belo e lúcido passado
       Foi um único abraço comprimido,
       Foi um beijo, por meses, prolongado.

"Setentrional" é o primeiro poema de Cesário a estabelecer oposição espacial e cultural entre campo e cidade, motivo que se tornará recorrente e central na obra do poeta.

O título do poema é uma referência ao hemisfério Norte, de onde se pode ver o setentrião, conjunto de sete estrelas que formam as constelações de Ursa Maior e Ursa Menor.

V. 1 – *Bonina*: flor semelhante à margarida. Na Idade Média, a bonina era oferecida à memória da Virgem Maria. Por isso, a flor tornou-se símbolo de redenção e vida eterna. Por outro lado, devido à semelhança com a margarida, a bonina também conota sentidos como dor, lágrima, martírio. Na literatura, a bonina é convenção floral usada para referir-se à amada e sua pureza.

V. 3 – Apesar do tom romântico predominante, o poema contém algumas referências à cultura clássica, como o verbo *oscular* e a imagem da "boca purpurina". Além destas, podem-se contar outras, como a fuga da Babel (ver nota ao v. 5), o "nascer da aurora" (v. 29), os "meigos ditirambos" (ver nota ao v. 31), as homéricas imagens das "messes lourejantes" (v. 24) e "ondas dos trigais" (v. 35), o "rosto de marfim" da musa (v. 43), o nome Helena (v. 49). Nas estrofes expurgadas, há ainda outras alusões clássicas. No todo, elas parecem conter o fluxo sentimental que sustenta o discurso lírico e ameaça a toda hora transbordá-lo.

V. 5 – *Babel*: ou Babilônia, reino antigo citado em livros da Bíblia. No Apocalipse, a Babilônia é descrita como espaço em que imperam valores como soberba, idolatria e libertinagem. No século XIX, grandes centros urbanos europeus eram muitas vezes associados ao mito babilônico da decadência moral, ética e religiosa. No poema de Cesário, Babel equivale ao espaço urbano degradado de uma metrópole. Em "A Débil", o narrador lírico alude à cidade como "Babel tão velha e corruptora" (v. 7).

V. 6 – *Circássia*: região do Cáucaso, próxima ao Mar Negro. Em *A Relíquia* (1887), de Eça de Queirós (p. 117), as circassianas são referidas como símbolo de beleza e sensualidade exóticas. Camilo Castelo Branco (p. 94), em *A Mulher Fatal* (1870?), alude à beleza circassiana como equiparada à grega, romana ou peninsular, "tipo de formosura para toda a terra civilizada".

V. 12 – Na publicação avulsa, o verso é: "E nas lajes campais do cemitério". As edições de Nascimento, Tarracha Ferreira e Barahona, preferem-no ao da edição de Silva Pinto.

V. 14 – *Âmbar*: resina fóssil de cor amarelada, usada como gema, embora não seja um mineral. No poema, o termo alude ao cabelo loiro da amada.

V. 15 – *Acanto*: planta espinhosa e ornamental, semelhante ao cardo, própria de países de clima quente.

V. 24 – *Messes*: terrenos dominados pelo trigo crescido, seara. Devido à coloração amarelada do trigo, as messes são em geral associadas, por operação visual-metafórica, a mulheres loiras.

V. 30 – *Mar sem praias*. Imagem metafórica sugestiva da ideia de infinitude, de ausência de limites, com que, segundo o poema, se caracteriza a experiência amorosa no campo, distante da cidade cerceadora. João de Deus (p. 226) empregou mesma imagem em seu poema "Virgínia", incluído em *Flores do Campo*, volume publicado em 1868 (na coletânea *Campo de Flores*, de 1893, organizada por Teófilo Braga, o poema aparece renomeado "Atriz").

O sentido no entanto difere. O eu lírico a evoca para descrever o mundo abandonado pelo sol, "um mar sem praias de silêncio e morte". O espanhol Gustavo Bécquer (p. 58), poeta cuja dicção natural muito se assemelha ao estilo praticado por seu contemporâneo João de Deus, em sua rima xv, publicada avulsa em 1860 e em volume em 1871, vale-se de idêntica imagem como metáfora do sujeito lírico amorosamente ansioso e agoniado: "En mar sin playas, onda sonante".

V. 31 – *Ditirambos*: cantos praticados na Antiguidade em louvor ao deus grego Dioniso (Baco, entre os romanos). Com o tempo e as mudanças ocorridas na forma e no conteúdo do ditirambo, o vocábulo passou a indicar, dentre outros sentidos, poema lírico de temática variada que exprime entusiasmo, delírio, ardor. No poema, o vocábulo metaforiza o canto alegre e vibrante dos rouxinóis.

V. 32 – *Olaias*: árvores de origem asiática, cujas folhas e flores são admiradas por sua beleza. O principal uso da olaia é ornamental.

V. 33 – *Casais*: pequenas habitações rurais.

V. 35 – As "ondas dos trigais" recuperam a imagem do "mar sem praias" (v. 30). Ambas imagens fundem natureza e infinito para representar o campo como espaço propício à experiência da plenitude amorosa, cuja manifestação mostra-se inviável no meio urbano sufocador.

V. 38 – *Greda*: variedade de argila. No poema, greda refere-se a pedaço de argila aplainado e redondo, colocado em terreno arenoso para servir de caminho seco e seguro a pedestres.

V. 39 – *Arminho*: mamífero de regiões polares, cuja pele é macia e alvíssima.

Vv. 41-48 – Estas duas estrofes se constroem por paralelismo. A amada sepultou-se na clausura do convento e o narrador passa "como a Morte" pelos intramuros da cidade. A amada escondeu seu "rosto de marfim / No véu negro das freiras resignadas" e o narrador tem sua imagem obscurecida pela "cidade tão sombria". Por fim, o martírio religioso a que se impôs a amada corresponde ao "cálix da agonia" prelibado pelo narrador.

Vv. 49-52 – A última estrofe, apostrófica como a inicial, desenha imagem caricato-masoquista do sujeito lírico, que redimensiona todo o discurso poemático. Após a leitura dessa quadra, a expressão sentimental dominante até então relativiza-se ou mesmo inverte-se. A mudança de tom produz efeito de revelação farsesca, torna o enunciado, construído à base de clichês românticos, mero exercício erigido para ser ao fim desmontado, denegado. Esta forma de desfecho, comum em poemas da fase juvenil de Cesário, mostra influência de João Penha (1838-1919), poeta português de prestígio à época.

V. 52 – *Cilícios*: pequenas peças vestuárias (túnica, cinto ou cordão) compostas de lã áspera, às vezes com farpas de madeira, utilizadas por religiosos como forma de penitência, de autoflagelação.

❧ *Meridional* ❧

Cabelos

Ó vagas de cabelo esparsas longamente,
Que sois o vasto espelho onde eu me vou mirar,
E tendes o cristal dum lago refulgente
E a rude escuridão dum largo e negro mar;

5   Cabelos torrenciais daquela que m'enleva,
Deixai-me mergulhar as mãos e os braços nus
No báratro febril da vossa grande treva,
Que tem cintilações e meigos céus de luz.

Deixai-me navegar, morosamente, a remos,
10   Quando ele estiver brando e livre de tufões,
E, ao plácido luar, ó vagas, marulhemos
E enchamos de harmonia as amplas solidões.

Deixai-me naufragar no cimo dos cachopos
Ocultos nesse abismo ebânico e tão bom
15   Como um licor renano a fermentar nos copos,
Abismo que s'espraia em rendas de Alençon!

E ó mágica mulher, ó minha Inigualável,
Que tens o imenso bem de ter cabelos tais,
E os pisas desdenhosa, altiva, imperturbável,
20   Entre o rumor banal dos hinos triunfais;

Consente que eu aspire esse perfume raro,
Que exalas da cabeça erguida com fulgor,

Perfume que estonteia um milionário avaro
E faz morrer de febre um louco sonhador.

25 Eu sei que tu possuis balsâmicos desejos,
    E vais na direção constante do querer,
    Mas ouço, ao ver-te andar, melódicos harpejos,
    Que fazem mansamente amar e elanguescer.

    E a tua cabeleira, errante pelas costas,
30 Suponho que te serve, em noites de verão,
    De flácido espaldar aonde te recostas
    Se sentes o abandono e a morna prostração.

    E ela há de, ela há de, um dia, em turbilhões insanos
    Nos rolos envolver-me e armar-me do vigor
35 Que antigamente deu, nos circos dos romanos,
    Um óleo para ungir o corpo ao gladiador.

    . . . .
    . . . .

    Ó mantos de veludo esplêndido e sombrio,
    Na vossa vastidão posso talvez morrer!
    Mas vinde-me aquecer, que eu tenho muito frio
40 E quero asfixiar-me em ondas de prazer.

Primeira publicação: 18 de outubro de 1874, na revista lisbonense *A Tribuna*, com título "Flores Venenosas – i Cabelos". Da numeração disposta no original nada se sabe. Supõe-se que o poema tenha sido composto para fazer parte de sequência não desenvolvida.

"Meridional – Cabelos" mantém relações intertextuais com os poemas "La Chevelure", em versos, e "Un Hémisphère dans Une Chevelure", em prosa, ambos de Charles Baudelaire. O título original, "Flores Venenosas", já fazia alusão à obra *Les Fleurs du Mal*, do poeta francês.

O termo *meridional* refere-se ao hemisfério Sul. Em princípio, pelo título e por sua posição em *O Livro de Cesário Verde*, "Meridional" poderia ser entendido como contraponto do poema "Setentrional". Não há, no entanto, explícita relação entre os textos, embora algumas oposições possam ser identificadas.

V. 1 – *Vagas*: ondas do mar.

V. 2 – O verso alude ao mito de Narciso. O narrador lírico busca sua própria imagem-identidade no "vasto espelho" que são os cabelos da amada. Estes, por sua vez, são uma representação metonímica da musa e metafórica de seu apelo sensual. O erotismo no poema implica, narcisicamente, auto-identificação e perda de identidade a um só tempo. Daí o cabelo da amada fundir, em unidade paradoxal, as imagens do "lago refulgente" (v. 3) e "largo e negro mar" (v. 4). Na estrofe seguinte, a "grande treva, / Que tem cintilações e meigos céus de luz" (vv. 7-8), retoma o recurso da metáfora coligativa, síntese de contrários, que funde em si prazer e morte, Eros e Tânatos.

V. 5 – *Cabelos torrenciais*. O adjetivo deriva de *torrente*, curso abundante de água. Associadas ao cabelo da musa, as metáforas aquáticas, ou mais precisamente marítimas, são recorrentes no poema, desde a apóstrofe inicial: "Ó vagas de cabelo..." (v. 1), até a imagem com que o texto se fecha: "ondas de prazer" (v. 40).

V. 7 – *Báratro*: abismo, precipício. Em sentido figurado, inferno.

V. 11 – A edição de Nascimento e a de Barahona retiram a vírgula após a copulativa inicial por a entenderem como gralha.

V. 13 – *Cachopos*: rochedos à flor d'água, recife.

V. 15 – *Renano*. Provavelmente relativo ao estado alemão Renânia-Palatinado. Há na Alemanha dois Estados chamados Renânia: Palatinado e do Norte-Vestfália. O primeiro abriga importante centro de vinicultura da Alemanha.

V. 16 – *Alençon*. Cidade francesa, conhecida por sua produção de rendas.

V. 19 – A musa "desdenhosa, altiva, imperturbável", agressivamente sensual, é descrita segundo convenções literárias da tópica da *femme fatale*. Sob este aspecto, ela se opõe à singela e loira "bonina" de "Setentrional". Também o erotismo quente de "Meridional" o afasta do idílio ameno de "Setentrional".

V. 22 – O "fulgor" do gesto da musa associado a seu "perfume raro" (v. 21) e ao "rumor banal dos hinos triunfais" (v. 20) constroem quadro sinestésico pelo qual a musa é descrita. Em versos seguintes, a tendência à descrição sensorial se matém com a "febre" do "louco sonhador" (v. 24), os "desejos balsâmicos" da musa (v. 25) e seu "andar" que faz com que o narrador ouça "melódicos harpejos" (v. 27).

V. 25 – *Balsâmicos*. O bálsamo possui duas propriedades básicas: aromática e medicinal. O fato de a musa possuir "balsâmicos desejos", além de reforçar o recurso da sinestesia presente na passagem, serve para relativizar sua frieza de dama fatal "desdenhosa, altiva, imperturbável" (v. 19). O verso do original de 1874 e sua sequência mantinham e acentuavam esse perfil da musa: "Eu sei que não possuis balsâmicos desejos, / Que és fria e não trilhaste a senda do prazer" (*OC*, p. 79).

V. 28 – *Elanguescer*: debilitar, fragilizar. Derivado de *languidez*, o verbo convoca também sentido sensual, erótico. Do ponto de vista sonoro, o verso é imantado pela expressiva presença de nasais: "que fazeM MaNsaMeNte aMar e elaNguescer".

V. 32 – *Morna prostração*. Há proximidade semântica entre a "morna prostração" da musa e o "elanguescer" do narrador (v. 28). Ambos são formados por semas comuns tais como *cansaço* e *desejo sensual*. No poema, a similaridade serve para criar identificação entre o sujeito lírico e a musa do poema.

V. 38 – *Morrer*. Verbo empregado com conotação erótica. Segundo Macedo (*Nós*, p. 60), "como em muita poesia quinhentista", "morrer" é usado no poema como "sinônimo de orgasmo e, ao mesmo tempo, como uma descrição da sensação momentânea da perda da identidade que o acompanha".

❧ *Ironias do Desgosto* ❧

"Onde é que te nasceu" – dizia-me ela às vezes –
"O horror calado e triste às coisas sepulcrais?
"Por que é que não possuis a verve dos Franceses
"E aspiras, em silêncio, os frascos dos meus sais?

5   "Por que é que tens no olhar, moroso e persistente,
"As sombras dum jazigo e as fundas abstrações,
"E abrigas tanto fel no peito, que não sente
"O abalo feminil das minhas expansões?

"Há quem te julgue um velho. O teu sorriso é falso;
10   "Mas quando tentas rir parece então, meu bem,
"Que estão edificando um negro cadafalso
"E ou vai alguém morrer ou vão matar alguém!

"Eu vim – não sabes tu – para gozar em maio,
"No campo, a quietação banhada de prazer!
15   "Não vês, ó descorado, as vestes com que saio,
"E os júbilos, que abril acaba de trazer?

"Não vês como a campina é toda embalsamada
"E como nos alegra em cada nova flor?
"E então por que é que tens na fronte consternada
20   "Um não sei quê tocante e enternecedor?

E eu só lhe respondia: – "Escuta-me. Conforme
"Tu vibras os cristais da boca musical,

"Vai-nos minando o tempo, o tempo – o cancro
[enorme
"Que te há de corromper o corpo de vestal.

25 "E eu calmamente sei, na dor que me amortalha,
"Que a tua cabecinha ornada à Rabagas,
"A pouco e pouco há de ir tornando-se grisalha
"E em breve ao quente sol e ao gás alvejará!

"E eu que daria um rei por cada teu suspiro,
30 "Eu que amo a mocidade e as modas fúteis, vãs,
"Eu morro de pesar, talvez, porque prefiro
"O teu cabelo escuro às veneráveis cãs!"

Primeira publicação: 26 de setembro de 1875, em *A Tribuna*. No original, há nota indicativa de lugar e data de composição do poema: Lisboa, 1874.

Há em "Ironias do Desgosto" um discurso filosofante que destoa do conjunto da obra cesárica. A ironia do poema, anunciada no título, é de tipo abstrato ou intelectual. O eu lírico busca racionalizar o tempo, que deseja desfrutar. Seu exercício especulativo, no entanto, antes o paralisa que o habilita ao gozo da dimensão temporal. Em outros termos, a obsessão racionalista pelo tempo impede o narrador de desfrutar existência temporalizada. Assim é que ele rejeita a mulher que o seduz. Nesse sentido, "Ironias do Desgosto" atualiza a tópica antiga do *carpe diem*, invertendo-a. Em sentido estrito, o poema trata da impossibilidade de se gozar o tempo por quem o racionaliza. Em sentido conceitual, o texto tematiza a noção de limite ou impasse da razão.

O conto "Loucura...", de Mário de Sá-Carneiro, baseia-se em "Ironias do Desgosto" para desenvolver o tema do tempo racionalizado. Inserto em *Princípio*, volume publicado em 1912, o conto narra a estória de um escultor, homem excêntrico, que vive atormentado pela consciência da atuação corrosiva do tempo sobre as coisas, mas inquieta-se ainda mais ao supor uma realidade destemporalizada. Por isso, aflige-se com a sensação de contínuo transcorrer temporal que destrói sua vida e horroriza-se com a ideia da própria morte, sentida como dimensão privada de temporalidade. O conto de Sá-Carneiro e o poema de Cesário irmanam-se pelo estilo decadentista que desenvolvem. Nessas obras, o tédio abúlico das personagens não deriva de enigma não resolvido ou de vazio existencial injustificado, como ocorre com a melancolia byroniana; antes, a abulia deriva de consciência culta desgastada no exercício de decifração racional de enigmas existenciais. Trata-se, em suma, de tédio intelectualizado.

V. 3 – *Verve* (fr.): capacidade de discursar e produzir efeitos de integridade, ímpeto, charme, persuasão. Considera-se, segundo certa tradição, que a *verve* é característica da cultura francesa. Apesar de estrangeirismo, na edição de Silva Pinto, o termo não é grafado em itálico.

V. 4 – *Sais*: na forma pluralizada, a palavra *sal* designa substância – os sais voláteis – utilizada para fins terapêuticos. Quando inalados por pessoas desacordadas, os sais funcionam como reanimadores. No poema, a mulher resume a abulia do sujeito lírico na imagem da aspiração silenciosa e sem reação de frascos de sais. Ou seja, nem os sais estimulantes são capazes de retirar o eu lírico do estado de prostração em que se encontra.

V. 12 – A partir da 2ª até a 5ª edição, o verso recebe uma vírgula entre "morrer" e "ou": "E ou vai alguém morrer, ou vão matar alguém!".

V. 13 – *Para gozar em maio*. Março, "abril" (v. 16) e "maio" são meses de primavera no hemisfério Norte.

V. 16 – O verso determina o tempo da enunciação: começo de abril.

V. 17 – *Embalsamada*: o verbo *embalsamar* possui duas acepções básicas, *perfumar* e *tratar cadáver com técnicas de conservação*. A mulher emprega o termo com a primeira acepção. Mas a segunda ambiguamente ressoa devido ao motivo da morte desenvolvido no poema. Assim, "campina embalsamada" equivale a *campina perfumada* na concepção da mulher, mas o sujeito lírico, pode-se supor, apreende o sentido da expressão como *campina mortuária*.

V. 19 – *Consternada*: triste, desolada.

Vv. 21-32 – A resposta do narrador, apesar da gravidade de que se reveste, apresenta no plano linguístico cruzamentos de níveis e registros que emprestam à sua fala tom sutilmente irônico. O discurso mescla preciosismo – "vibras os cristais da boca musical" –, coloquialismo –"cabecinha" –, metáfora joco-séria – "daria um rei por cada teu suspiro" –, vocabulário sublime – "vestal" –, disfemismo "cancro" – e sentimentalismo algo piegas – "Eu morro de pesar". O estilo mesclado relativiza a aparência de seriedade do enunciado.

V. 26 – *Rabagas*. Comédia teatral de Victorien Sardou (1831-1908), dramaturgo francês. Nas indicações de texto da peça não há nenhuma referência a qualquer tipo especial de penteado para as personagens. Assim, supõe-se que a expressão aluda a alguma particularidade da encenação portuguesa.

V. 29 – *Por cada*. Locução por vezes citada como exemplo de cacófato. Na época de Cesário, não parece ser expressão "condenada". Eça de Queirós (p. 52), por exemplo, dela se vale em *A Relíquia* (1887): "E por cada rua me acompanharam sempre, flutuantes e transparentes, duas figuras..."

❧ *Humilhações* ❧

(De todo o coração – a Silva Pinto)

Esta aborrece quem é pobre. Eu, quase Job,
Aceito os seus desdéns, seus ódios idolatro-os;
E espero-a nos salões dos principais teatros,
  Todas as noites, ignorado e só.

5 Lá cansa-me o ranger da seda, a orquestra, o gás;
As damas, ao chegar, gemem nos espartilhos,
E enquanto vão passando as *cortesãs* e os brilhos,
  Eu analiso as peças no cartaz.

Na representação dum drama de Feuillet,
10 Eu aguardava, junto à porta, na penumbra,
Quando a mulher nervosa e vã que me deslumbra
  Saltou soberba o estribo do coupé.

Como ela marcha! Lembra um magnetizador.
Roçavam no veludo as guarnições das rendas;
15 E, muito embora tu, burguês, me não entendas,
  Fiquei batendo os dentes de terror.

Sim! Porque não podia abandoná-la em paz!
Ó minha pobre bolsa, amortalhou-se a ideia
De vê-la aproximar, sentado na plateia,
20 De tê-la num binóculo mordaz!

Eu ocultava o fraque usado nos botões;
Cada contratador dizia em voz rouquenha:

>   – Quem compra algum bilhete ou vende alguma
>   [senha?
>   E ouviam-se cá fora as ovações.

25   Que desvanecimento! A pérola do Tom!
>   As outras ao pé dela imitam de bonecas;
>   Têm menos melodia as harpas e as rabecas,
>   Nos grandes espetáculos do Som.

>   Ao mesmo tempo, eu não deixava de a abranger;
30   Via-a subir, direita, a larga escadaria
>   E entrar no camarote. Antes estimaria
>   Que o chão se abrisse para me abater.

>   Saí; mas ao sair senti-me atropelar.
>   Era um municipal sobre um cavalo. A guarda
35   Espanca o povo. Irei-me; e eu, que detesto a farda,
>   Cresci com raiva contra o militar.

>   De súbito, fanhosa, infecta, rota, má,
>   Pôs-se na minha frente uma velhinha suja,
>   E disse-me, piscando os olhos de coruja:
40   – Meu bom senhor! Dá-me um cigarro? Dá?...

Primeira publicação: 1887, em *O Livro de Cesário Verde*. Não se conhece versão anterior. Silva Pinto no entanto cita Cesário como autor de "Humilhações" em ensaio de 1878. Logo, conclui-se que o ano de composição do poema não é posterior a 1878, e que a composição deve ter sido publicada em algum periódico por esse tempo.

V. 1 – A musa do poema detesta pobres e frequenta "salões dos principais teatros" (v. 3). Sob aspectos socioculturais da época, o sentimento de indisposição com pobres e o hábito de frequentar teatros podem ser entendidos como complementares. No século XIX, os teatros lisbonenses constituíam espaço próprio e restrito da alta sociedade. Tornou-se célebre episódio o de

1863, em que uma família de classe média baixa foi expulsa do teatro D. Maria II por parte da plateia que gritava "fora!". O pai era um modesto funcionário público e a reação do auditório se deu quando sua posição social foi reconhecida (cf. F. A. Almeida, *Operários*, p. 223 e ss.) // Na época de Cesário, o teatro como instituição cultural estava decadente. Eça de Queirós (p. 31) expõe essa situação na crônica de abertura de *As Farpas* (maio de 1871): "O teatro perdeu a sua ideia, a sua significação; perdeu até o seu fim. Vai-se ao teatro passar um pouco a noite, ver uma mulher que nos interessa, combinar um juro com o agiota, acompanhar uma senhora, ou – quando há um drama bem dramático, bem pungente – para rir, como se lê um necrológio para ficar de bom humor. Não se vai assitir ao desenvolvimento de uma ideia; não se vai sequer assistir à ação de um sentimento. Não se vai pelo que se passa na cena: isso sabe-se de antemão que é trivial, insignificante e inútil. Vai-se como ao Passeio em noites de calor, *para estar*. No entanto como é necessário que quando se ergue o pano, se movam algumas figuras e se troquem alguns diálogos – é esse o único motivo por que em Portugal pretendem que existe [*sic*] uma literatura dramática". Em *O Primo Basílio* (1878), Eça fará de Ernesto Ledesma não só uma encarnação do ultrarromantismo estertorante mas também da decadente dramaturgia portuguesa. // Job ou Jó é personagem bíblica cuja paciência e fé diante de adversidades tornaram-se emblemáticas. Em um dia, Job perdeu sete filhos e três filhas, além de todos seus rebanhos. Só e miserável, perseverou em sua crença. Na comparação estabelecida entre Job e o narrador – "quase Job" –, este põe em relevo não apenas sua pobreza material mas também sua capacidade de resistir a sofrimentos.

V. 2 – O erotismo masoquista associado ao sujeito lírico ocorre com frequência em poemas que desenvolvem a tópica da mulher fatal.

V. 5 – *O gás*: a iluminação a gás. Ver nota ao v. 4 de "Noites Gélidas – Merina".

V. 9 – Octave Feuillet (1821-1890) foi escritor francês de muita popularidade no tempo de Cesário. Em Portugal, suas obras foram traduzidas, entre outros, por Pinheiro Chagas; no Brasil, por Machado de Assis. Seus dramas e novelas sentimentais, repletos de heróis e heroínas formosos, solenes e endinheirados, eram consumidos por público menos exigente, ávido por entretenimento fácil. Para a Geração de 70, Feuillet representava de modo exemplar a mediania artística. E é com esse viés que o poema o incorpora. O fato de a dama encaminhar-se ao teatro para assistir à peça de Feuillet expõe sua sensibilidade medíocre e de circunstância. Além disso, sua postura arrogante e preconceituosa faz dela uma espécie de personagem antecipada do drama a que irá assistir. // Para a educada Maria Eduarda, de *Os Maias* (1888), de Eça de Queirós (p. 367), Feuillet soa falso, pois cobre tudo com "pó de arroz, mesmo as feridas do coração". // Na crônica que escreveu sobre *O Primo Basílio* (1878), de Eça de Queirós, Ramalho Ortigão (*As Farpas*, 1878, p. 56) debita à nefasta leitura de Feuillet o "secreto ideal de grande elegância, de alta distinção decorativa, o que quer que seja de supérfluo, de requintado, de exótico", nas mulheres lisboetas de educação burguesa. // Nas palavras de Arnold Hauser (pp. 815-816), "Feuillet não vê diferença alguma entre elegância e cultura, entre boas maneiras e bom caráter; em seu entender, a boa educação é sinônimo de uma nobre disposição, e uma atitude de lealdade às classes superiores é prova de que a pessoa é, em si, 'algo melhor'".

V. 10 – *Penumbra*. Em meio ao esplendor da noite artificial, iluminada pelo "gás" (v. 5) e pelos "brilhos" (v. 7) que emanam de vestidos de "damas" (v. 6) e "cortesãs" (v. 7), o narrador se posiciona estrategicamente na "penumbra". De lá, ele vê, ansioso, a chegada da "mulher nervosa e vã" (v. 11) que o "deslumbra" (v. 11) – verbo que etimologicamente significa *retirar das sombras*.

V. 12 – *Coupé* (fr.): carruagem fechada de quatro rodas, em geral para duas pessoas, além do cocheiro. Na edição de Silva Pinto, o termo não é grafado em itálico.

V. 14 – *Guarnições*: ornatos, enfeites, adornos.

V. 15 – O recurso apostrófico de o narrador dirigir-se ao leitor de modo provocativo ocorre em obras de ficção em prosa do período realista. Em geral, a apóstrofe do narrador romanesco é motivada pelo desencontro entre critérios de composição da narrativa realista e horizonte de expectativas do leitor médio, acostumado a romances de folhetim românticos. Nestes, o mesmo recurso era muitas vezes utilizado mas com propósito oposto, o de criar elo simpático entre narrador, narrativa e leitor. Na poesia lírica, o procedimento retórico, tal como ocorre no poema de Cesário, é raro. // Cunha (p. 261) afirma que o verso, bem como o título do poema, afiguram-se uma resposta "aos termos com que Ramalho assinalara, nas *Farpas*, o aparecimento de 'Esplêndida'".

V. 16 – A oposição entre narrador e musa se estabelece não só no plano social mas também no psicológico. Ela salta "soberba" do "coupé" (v. 12), enquanto ele bate "os dentes de terror".

V. 20 – *Binóculo mordaz*. Construída por hipálage, a expressão resume o modo – mordaz, sarcástico – como pessoas abastadas veem o mundo.

V. 27 – *As harpas e as rabecas*. Insólita combinação. A nobreza da harpa destoa da vulgaridade da rabeca, prima pobre do violino, e cujas cordas são feitas a partir de tripa animal. O par assim disposto produz efeito irônico e algo expressionista pelo cruzamento de valores díspares usados na caracterização do perfil da musa. Com seu som roufenho, a rabeca é contínua à "voz rouquenha" (v. 22) do contratador que negocia bilhetes na porta do teatro. Mais adiante, o *estridente concerto* ganha nova participação: a voz "fanhosa" (v. 37) da velha pedinte. // Na edição de Silva Pinto, o *ter* encontra-se no singular.

V. 35 – *E eu, que detesto a farda.* A profissão de fé antimilitarista do narrador estabelece certo paralelismo ideológico entre "Humilhações" e "Deslumbramentos". Ambos poemas, em suas estrofes finais, opõem opressores e oprimidos. Em ambos, os enunciadores identificam-se com os oprimidos, enquanto as musas são identificadas com os opressores. Todavia, no caso de "Humilhações", a derradeira estrofe do poema não confirma ou mantém essa estrutura, mas a problematiza (ver nota ao v. 38).

V. 38 – *Uma velhinha suja.* O final introduz novo tipo social no poema: o miserável. Ignorado pela amada rica e atropelado pela guarda, o narrador poderia, em princípio, identificar-se com a velha pedinte. No plano social, ela se aproxima dele. A narrativa do poema, no entanto, quebra essa expectativa. O retrato da anciã pelo sujeito lírico é desolador. Ela é "suja", doente, "fanhosa", com olhos funestos e "má". Não há, enfim, compaixão. Com isso, o posicionamento do narrador lírico torna-se ambíguo ou intervalar: socialmente ele se acerca dos pobres, que rejeita; psicologicamente ele aspira à elite, que o despreza.

❧ *Responso* ❧

I

Num castelo deserto e solitário,
Toda de preto, às horas silenciosas,
Envolve-se nas pregas dum sudário
E chora como as grandes criminosas.

5   Pudesse eu ser o lenço de Bruxelas
Em que ela esconde as lágrimas singelas.

II

É loura como as doces escocesas,
Duma beleza ideal, quase indecisa;
Circunda-se de luto e de tristezas
10   E excede a melancólica Artemisa.

Fosse eu os seus vestidos afogados
E havia de escutar-lhe os seus pecados.

III

Alta noite, os planetas argentados
Deslizam um olhar macio e vago
15   Nos seus olhos de pranto marejados
E nas águas mansíssimas do lago.

Pudesse eu ser a lua, a lua terna,
E faria qua a noite fosse eterna.

IV

E os abutres e os corvos fazem giros
20 De roda das ameias e dos pegos,
E nas salas ressoam uns supiros
Dolentes como as súplicas dos cegos.

Fosse eu aquelas aves de pilhagem,
E cercara-lhe a fronte, em homenagem.

V

25 E ela vaga nas praias rumorosas,
Triste como as rainhas destronadas,
A contemplar as gôndolas airosas,
Que passam, *a giorno* iluminadas.

Pudesse eu ser o rude gondoleiro
30 E ali é que fizera o meu cruzeiro.

VI

De dia, entre os veludos e entre as sedas,
Murmurando palavras aflitivas,
Vagueia nas umbrosas alamendas
E acarinha, de leve, as sensitivas.

35 Fosse eu aquelas árvores frondosas
E prendera-lhe as roupas vaporosas.

VII

Ou domina, a rezar, no pavimento
Da capela onde outrora se ouviu missa,
A música dulcíssima do vento
40 E o sussurro do mar, que s'espreguiça.

Pudesse eu ser o mar e os meus desejos
Eram ir borrifar-lhe os pés, com beijos.

VIII

E às horas do crepúsculo saudosas,
Nos parques com tapetes cultivados,
45   Quando ela passa curvam-se amorosas
As estátuas dos seus antepassados.

Fosse eu também granito, e a minha vida
Era vê-la a chorar arrependida.

IX

No palácio isolado como um monge,
50   Erram as velhas almas dos precitos,
E nas noites de inverno ouvem-se ao longe
Os lamentos dos náufragos aflitos.

Pudesse eu ser também uma procela
E as lentas agonias ao pé dela!

X

55   E às lajes, no silêncio dos mosteiros,
Ela conta o seu drama negregado,
E o vasto carmesim dos reposteiros
Ondula como um mar ensanguentado.

Fossem aquelas mil tapeçarias
60   Nossas mortalhas quentes e sombrias.

XI

E assim passa, chorando, as noites belas,
Sonhando uns tristes sonhos doloridos,
E a refletir nas góticas janelas
As estrelas dos céus desconhecidos.

65   Pudesse eu ir sonhar também contigo
E ter as mesmas pedras no jazigo!

. . . .

XII

Mergulha-se em angústias lacrimosas
Nos ermos dum castelo abandonado,
E as próximas florestas tenebrosas
70   Repercutem um choro amargurado.

Uníssemos, nós dois, as nossas covas,
Ó doce castelã das minhas trovas!

Primeira publicação: 22 de março de 1874, no *Diário de Notícias*, com o título "Caprichos". Na mesma edição, foram publicados também "Esplêndida" e "Arrojos". Os três poemas formavam série intitulada "Fantasias do Impossível".

Em cada uma das doze seções do poema, as quadras são dedicadas ao retrato da musa, enquanto os dísticos afirmam anseios amorosos do eu lírico. O intervalo gráfico entre quadras e dísticos marca, além de alteração do conteúdo discursivo, a separação física do sujeito lírico e sua amada, que no poema não se encontram.

"Responso" manipula convenções do estilo gótico-medieval, bem ao gosto do Ultrarromantismo. Sob este aspecto, o poema ocupa posição singular dentro de *O Livro de Cesário Verde*, e da obra do poeta, ao lado de "Ironias do Desgosto" (ver nota introdutória). Com base nestas singularidades, Sacramento (p. 99) considera que estas duas composições são as únicas que de fato deveriam pertencer à seção intitulada "Crise Romanesca".

Na liturgia católica, *responso* designa versículos pronunciados ou cantados alternadamente por uma ou mais pessoas, de uma parte, e por um coro, de outra. A divisão das seções do poema em duas partes corresponde, em tese, à alternância de vozes do responso católico.

V. 1 – Desde o início, o ambiente e a atmosfera do poema revelam-se de feição gótico-medieval.

V. 3 – *Sudário*: lençol usado para cobrir ou envolver cadáveres, mortalha.

V. 10 – Artemisa ou Artemísia II de Cária. Esposa, irmã e sucessora de Mausolo, rei de Cária, antiga cidade da Ásia Menor, atual sudoeste da Turquia. Famosa pela tristeza que a abateu após a morte do marido em 353 a.c. Reza a lenda que Artemisa misturou as cinzas de Mausolo em líquidos que ela bebia um pouco cada dia. Rainha de Cária, Artemisa mandou construir para Mausolo um túmulo de grande suntuosidade, que é considerado uma das sete maravilhas do Mundo Antigo. Desse monumento deriva o termo *mausoléu*, usado para designar um sepulcro vasto e luxuoso. O que resta desse edifício fúnebre encontra-se atualmente no Museu Britânico em Londres.

V. 11 – *Vestidos afogados*: vestidos pesados, abafados, fechados até o pescoço.

V. 13 – *Planetas argentados*: estrelas brilhantes, luminosas.

V. 14 – *Deslizar*. O verbo *deslizar* associado a "planetas argentados" (v. 13) sugere o movimento de rotação de astros no céu em torno à "doce castelã" (v. 72), além da emanação de luz, metaforizada em "olhar macio e vago", que *desliza* das alturas e ilumina a musa.

V. 20 – *Ameias*: pequenas frestas ou vãos dispostos em intervalos regulares em muralhas de castelos, por entre pequenas elevações. Na Idade Média, os atiradores apoiavam suas armas para o ataque em ameias, enquanto se protegiam atrás das elevações. No poema, a imagem da ameia é usada como metonímia de castelo. *Pegos*: abismos.

V. 28 – *A giorno* (it.): à plena luz do dia.

V. 33 – *Umbrosas alamedas*: o significado de *umbroso* é escuro, sombrio. O termo deriva do latim *umbra* que equivale a *sombra* em português. *Alameda* significa etimologicamente *caminho marginado por álamos*. A palavra conota sentidos de tristeza, melancolia, amargura, pois a simbologia do álamo está ligada à lamentação, ao pranto. As folhas pequenas do álamo tremem e caem ao vento mais brando, como se a árvore "chorasse" a cada brisa.

V. 34 – *Sensitivas*: plantas ornamentais.

V. 36 – *Roupas vaporosas*. O fluir do tempo condiciona a vestimenta da musa. "Às horas silenciosas" (v. 2), à "alta noite" (v. 13), ela traja "vestidos afogados" (v. 11). "De dia" (v. 31), ela veste "roupas vaporosas". Apesar das mudanças do tempo e do figurino, e também do espaço – "castelo" (v. 1), "praias" (v. 25), "umbrosas alamedas" (v. 33) –, o que se mantém inalterado é o sentimento de luto e melancolia que a castelã carrega consigo.

V. 44 – *Tapetes cultivados*: vegetação rasteira podada.

V. 47 – Na primeira edição, o verso não apresenta vírgula. Silva Pinto inclui a pontuação na segunda edição. As 3ª, 4ª e 5ª edições conservam--na. As demais omitem-na. A emenda desfaz o paralelismo sintático, que de fato não existe, entre "granito" e "minha vida", como complementos do verbo "fosse".

V. 50 – *Precitos*: condenados, malditos, réprobos.

V. 53 – *Procela*: tempestade, borrasca.

V. 56 – *Negregado*: infeliz, desgraçado.

V. 57 – *Carmesim*: cor vermelho vivo, magenta. *Reposteiros*: cortina, cortinado.

V. 58 – *Mar ensanguentado*. Pela violência do conteúdo, imagem coerente com o estilo gótico. Como metáfora hiperbólica, tende para estilo entre barroco e expressionista.

V. 60 – *Mortalhas quentes*. A frialdade da morte, conceito associado à "mortalha", é negada pelo adjetivo. Ao gosto romântico, a imagem funde amor e morte, Eros e Tânatos, e sugere uma forma de relação amorosa entre os amantes mortos. As "mortalhas quentes" seriam assim lençóis para o amor entre cadáveres.

V. 61 – Ao final, o tempo dá um giro completo, desde as "horas silenciosas" (v. 2) da "alta noite" (v. 13), passando pelo "dia" (v. 31) e pelas "horas do crepúsculo" (v. 43), até regressar às "noites belas". Acompanha a circularidade do tempo, o "deslizar" de "planetas argentados" (vv. 13-14, ver nota ao v. 14) no céu e o voo de "abutres" e "corvos" em volta do castelo.

❧ Naturais ❧

❧ *Contrariedades* ❧

Eu hoje estou cruel, frenético, exigente;
Nem posso tolerar os livros mais bizarros.
Incrível! Já fumei três maços de cigarros
    Consecutivamente.

5   Dói-me a cabeça. Abafo uns desesperos mudos:
Tanta depravação nos usos, nos costumes!
Amo, insensatamente, os ácidos, os gumes
    E os ângulos agudos.

Sentei-me à secretária. Ali defronte mora
10   Uma infeliz, sem peito, os dois pulmões doentes;
Sofre de faltas d'ar, morreram-lhe os parentes
    E engoma para fora.

Pobre esqueleto branco entre as nevadas roupas!
Tão lívida! O doutor deixou-a. Mortifica.
15   Lidando sempre! E deve a conta na botica!
    Mal ganha para sopas...

O obstáculo estimula, torna-nos perversos;
Agora sinto-me eu cheio de raivas frias,
Por causa dum jornal me rejeitar, há dias,
20   Um folhetim de versos.

Que mau humor! Rasguei uma epopeia morta
No fundo da gaveta. O que produz o estudo?

Mais duma redação, das que elogiam tudo,
Me tem fechado a porta.

25 A crítica segundo o método de Taine
Ignoram-na. Juntei numa fogueira imensa
Muitíssimos papéis inéditos. A imprensa
Vale um desdém solene.

Com raras exceções, merece-me o epigrama.
30 Deu meia-noite; e em paz pela calçada abaixo,
Soluça um sol-e-dó. Chuvisca. O populacho
Diverte-se na lama.

Eu nunca dediquei poemas às fortunas,
Mas sim, por deferência, a amigos ou a artistas.
35 Independente! Só por isso os jornalistas
Me negam as colunas.

Receiam que o assinante ingênuo os abandone,
Se forem publicar tais cousas, tais autores.
Arte? Não lhes convém, visto que os seus leitores
40 Deliram por Zaccone.

Um prosador qualquer desfruta fama honrosa,
Obtém dinheiro, arranja a sua "coterie";
E a mim, não há questão que mais me contrarie
Do que escrever em prosa.

45 A adulação repugna aos sentimentos finos;
Eu raramente falo aos nossos literatos,
E apuro-me em lançar originais e exatos,
Os meus alexandrinos...

E a tísica? Fechada, e com o ferro aceso!
50 Ignora que a asfixia a combustão das brasas,
Não foge do estendal que lhe umedece as casas,
E fina-se ao desprezo!

Mantém-se a chá e pão! Antes entrar na cova.
Esvai-se; e todavia, à tarde, francamente,
55 Oiço-a cantarolar uma canção plangente
Duma opereta nova!

Perfeitamente. Vou findar sem azedume.
Quem sabe se depois, eu rico e noutros climas,
Conseguirei reler essas antigas rimas,
60 Impressas em volume?

Nas letras eu conheço um campo de manobras;
Emprega-se a réclame, a intriga, o anúncio, a blague,
E esta poesia pede um editor que pague
Todas as minhas obras...

65 E estou melhor; passou-me a cólera. E a vizinha?
A pobre engomadeira ir-se-á deitar sem ceia?
Vejo-lhe luz no quarto. Inda trabalha. É feia...
Que mundo! Coitadinha!

Primeira publicação: 18 de março de 1876, no jornal *O Porto*, com o título "Nevroses". Além do título, "Contrariedades" é um dos poemas que mais variantes possui em relação à sua versão original.

Vv. 1-16 – As quatro primeiras estrofes apresentam em paralelo as duas personagens centrais do poema: o poeta e a engomadeira. "Contrariedades" se constrói a partir desse paralelismo, em princípio, insólito. O narrador, um poeta ressentido pela má recepção de sua obra junto a redações de jornais, discorre sobre literatura enquanto observa a engomaderia. Apesar da diferença inicial das personagens, o poema tende aproximá-las a partir de um jogo de associações: o poeta trabalha curvado sobre a "secretária", a engomadeira trabalha curvada sobre a tábua de engomar; ele fuma cigarros "consecutivamente", ela engoma com ferro a carvão que produz fumaça asfixiante (nos vv. 49-50, o narrador alude à "combustão das brasas"); ele sofre com dor de cabeça, talvez ocasionada ou agravada pelo fumo, ela sofre dos pulmões, provavelmente pela constante ingestão de fumaça do ferro a carvão; ele "abafa uns desesperos mudos", ela sente "faltas de ar" (cf. Macedo, *Nós*, p. 109).

V. 6 – Segundo se depreende do contexto narrativo do poema, a "depravação" dos "usos" e "costumes" a que se refere o narrador não é de ordem moral mas, sim, cultural.

Vv. 7-8 – Os "ácidos", "gumes" e "ângulos agudos" podem ser entendidos como metáforas da arte moderna, de cujos princípios partilha o sujeito lírico. // Ao declarar opção de compromisso com a arte em seu sentido superior, e não com o público "ingênuo" (v. 37), ávido por entretenimento fácil, o eu lírico posiciona-se como artista independente. Tal posicionamento denuncia dois tipos de literatura vigentes na época: a produzida para consumo popular, que popularizava seus autores, e a comprometida com o "estudo" (v. 22) e a ciência (v. 25, que alude a Taine), que marginalizava quem dela se ocupasse. Essa contradição aponta para a tópica central do poema: o clássico *desconcerto do mundo* aplicado ao mundo da arte moderna. Em "Contrariedades", o sujeito lírico, poeta consciente de sua práxis, aflige-se com desajuste de valores pelo qual o medíocre prevalecia sobre o intelectual. O poema assim descreve a crise do artista moderno, dividido entre o canto da sereia da fama e o canto da coruja do reconhecimento restrito ou nenhum. Sob este aspecto, o contraponto entre poeta e engomadeira mostra-se emblemático. Ela é representante do "populacho" (v. 31) que "se diverte na lama" (v. 32), ela entoa a "canção plangente / duma opereta nova" (vv. 55-56) com a mesma alienação com que populares cantam o "sol-e-dó" (v. 31). Logo, o narrador, ressentido, mantém-se distante dela por conta do universo cultural com o qual ela se relaciona e que ele rejeita. Por outro lado, ele se identifica com o estado de marginalidade social da engomadeira e por ela se apieda como se sentisse piedade de si mesmo.

V. 9 – *Sentei-me à secretária*. O apontamento empresta certa teatralidade à narrativa. Por ele, vemos um cenário e uma personagem ocupando-o em pé, talvez em movimento, demonstrando inquietação. Sentar-se à secretária indicia assim mudança no plano narrativo. A ação exterior vai dar lugar à expressão de interioridade, de pensamentos da personagem, que o ato de escritura anuncia. Neste momento, o narrador divisa a engomadeira, e o plano narrativo do poema se bifurca. Interioridade e exterioridade formam dois polos sobre os quais assenta-se a estrutura do poema. Eles são independentes mas ao mesmo tempo se cruzam, em jogo dialético, no qual um ilumina o outro. Há neste cruzamento de planos autônomos interrelacionados algo do conceito interseccionista, tal como preconizado mais tarde por Fernando Pessoa (cf. Rodrigues, p. 136).

Vv. 13-16 – A estrofe centra-se na figura da engomadeira magra, doente, miserável. Seu retrato é dramático. Um recurso formal, no entanto, procura conter o conteúdo sentimental da descrição: o uso de frases curtas e nervosas que criam ritmo *staccato*, seco, e assim barram a fluência de leitura. De modo geral, o poema se vale desse recurso ao longo da narrativa, sempre buscando neutralizar ou amenizar a expressão sentimental.

V. 15 – A escansão do verso é: li / dan / do / sem/ pre e / de / ve a / con / ta / à / bo / ti (ca). Para evitar elisão das vogais "aa" na passagem "conta à", que encurtaria a métrica do verso alexandrino, Nascimento (p. 11) propõe a seguinte emenda: "... e deve a conta *na* botica".

V. 17 – Na versão primitiva, o verso é "O obstáculo ou depura ou torna-nos perveos". A reformulação melhor condiz com o sentido geral do poema. "O obstáculo estimula" remete ao conceito darwinista segundo o qual dificuldades promovem o aperfeiçoamento dos que buscam superá-las. No poema, o estímulo do sujeito lírico para aperfeiçoar sua arte provém da resistência que os periódicos demonstram a seus versos. No entanto, enquanto o narrador é estimulado pelo obstáculo, a engomadeira canta alienada durante os serões estafantes de trabalho mal remunerado. O título "Contrariedades" alude não só ao ressentimento do eu lírico em relação à imprensa que rejeita seus versos, mas também ao conformismo das classes populares, satisfeitas e contentes com sua mediocridade.

V. 25 – Hipollyte Taine (1828-1893), filósofo francês, cujos postulados, de base materialista, influenciaram a cultura da segunda metade do século XIX. O método crítico de Taine pode ser sumariamente definido como um modo de análise racional que procura decompor, descrever e compreender o mecanismo de funcionamento de fenômenos sociais e naturais. Ao estabelecer relações de causa e efeito, o método analítico, em tese, otimizaria o controle desses fenômenos. Na literatura, o método analítico de Taine influenciou decisivamente a prosa realista. É curiosa, pois, a passagem disposta em um poema. No caso de Cesário, no entanto, a alusão é sintomática, pois a obra cesárica possui conexões com a prosa realista, não apenas no nível lexical, como em geral se supõe, mas também e sobretudo no modo narrativo e ficcional de muitos poemas.

V. 29 – *Epigrama*: poema curto, em geral de tom satírico e conteúdo mordaz. Seu grande cultor em língua portuguesa foi Manuel Bocage (1765-1805).

V. 31 – Na edição de Silva Pinto, o verso está cortado, certamente por gralha, de duas sílabas: "Um sol-e-dó. Chuvisca. O populacho". Para adequá-lo ao alexandrino, Barahona (p. 36) propõe que se retome o verso da versão avulsa do poema, que é o que a presente edição adota. *Sol-e-dó*: gênero musical da tradição popular portuguesa. Os versos a seguir, retirados do cancioneiro português, contextualizam o sol-e-dó: "Juntaram-se os dois na esquina / E tocaram concertina / E dançaram o sol-e-dó".

Vv. 31-32 – *O populacho / Diverte-se na lama*. O comodismo cultural dos pobres, com seu gosto mediano pouco ou nada exigente, irrita o narrador, que no poema defende uma visão elitista da arte. Nesse sentido, a "lama" na qual o "populacho" se diverte é metáfora de arte massificada, de qualidade ordinária.

V. 40 – Pierre Zaccone (1817-1895) foi escritor popular francês, autor de açucarados e aventurescos romances de folhetim.

V. 42 – *"Coterie"* (fr.): grupo de pessoas que se apoiam e se ajudam mutuamente, panelinha. O termo alude a grupos literários que então rivalizavam entre si. Do ponto de vista da política literária, Fialho de Almeida ("Cesário Verde", p. 12) refere-se ao tempo de Cesário como o das *"coteries* vivendo de se injuriar umas às outras"*. A histórica Questão Coimbrã, deflagrada em 1865, se faz em torno de polêmica travada entre grupos que partilhavam ideias estéticas divergentes.

V. 44 – *Prosa*. Prosa folhetinesca, a que diverte o "populacho" (v. 31).

V. 48 – *Alexandrinos*. No século xix, os versos alexandrinos possuíam *glamour*, valor elevado; constituíam, em certo sentido, a *medida nova* da poesia moderna.

V. 51 – *Estendal*: varal, lugar onde se estende roupa lavada ou qualquer objeto para secar.

Casas. O sentido parece ser o de *casas de botão*. Assim, o termo funcionaria como metonímia de roupa. Ou seja, embora tísica, a engomadeira permanece muito tempo próxima ao varal e com isso sofre a umidade que dele vem através da roupa que seca.

Vv. 55-56 – O paralelo entre poeta e engomadeira impõe-se uma vez mais. Há equivalência entre o canto da engomadeira e a atividade do poeta que também é cantar através de seus versos. No entanto, ela, tocada pela moda, cantarola uma ária de sucesso. Dessa forma, aproxima-se do "populacho" (v. 31), com seu "sol-e-dó" (v. 31). Já ele recusa-se a ceder a apelos do gosto vulgar e luta por manter-se, como artista, independente.

Vv. 57-64 – Nas estrofes finais do poema, como ocorre com frequência em composições da primeira fase de Cesário, ocorre uma mudança de tom. O modo ressentido e revoltado dá lugar ao irônico e sarcástico.

V. 62 – *Réclame* (fr.): tipo particular de publicidade. Nascida na França, na primeira metade do século xix, a *réclame* consistia em nota jornalística escrita para promover certo livro anunciado em número anterior ou, às vezes, no mesmo número em que a *réclame* era veiculada. De aparência autônoma, a *réclame* era de fato paga por um editor. Tratava-se, pois, de "manobra" (v. 67) publicitária. *Blague* (fr.): farsa jocosa, pilhéria. Usada, no caso, para promoção de uma obra e seu autor.

Vv. 63-64 – Apesar do sentido autoirônico, a declaração pode ser entendida como síntese da crise por que passa o narrador e poeta: seu desejo é ser publicado e reconhecido. No entanto, ele tem consciência da inviabilidade desse projeto. Há, pois, ironia e sinceridade melancólica na afirmação.

V. 67 – *É feia*. Há mais que simples julgamento estético na passagem. Há ironia subjacente ao tema do escritor venal. Ou seja, se o sujeito lírico, como poeta, conta com a possibilidade de alcançar sucesso "prostituindo-se", algo similar não pode ocorrer à "coitadinha" (v. 68) da engomadeira.

❧ *A Débil* ❧

Eu, que sou feio, sólido, leal,
A ti, que és bela, frágil, assustada,
Quero estimar-te, sempre, recatada
Numa existência honesta, de cristal.

5   Sentado à mesa dum café devasso,
Ao avistar-te, há pouco, fraca e loura,
Nesta Babel tão velha e corruptora,
Tive tenções de oferecer-te o braço.

E, quando socorreste um miserável,
10   Eu, que bebia cálices d'absinto,
Mandei ir a garrafa, porque sinto
Que me tornas prestante, bom, saudável.

"Ela aí vem!" disse eu para os demais;
E pus-me a olhar, vexado e suspirando,
15   O teu corpo que pulsa, alegre e brando,
Na frescura dos linhos matinais.

Via-te pela porta envidraçada;
E invejava, – talvez que o não suspeites! –
Esse vestido simples, sem enfeites,
20   Nessa cintura tenra, imaculada.

Ia passando, a quatro, o patriarca.
Triste eu saí. Doía-me a cabeça;

Uma turba ruidosa, negra, espessa,
Voltava das exéquias dum monarca.

25 Adorável! Tu muito natural
Seguias a pensar no teu bordado;
Avultava, num largo arborizado,
Uma estátua de rei num pedestal.

Sorriam nos seus trens os titulares;
30 E ao claro sol, guardava-te, no entanto,
A tua boa mãe, que te ama tanto,
Que não te morrerá sem te casares!

Soberbo dia! Impunha-me respeito
A limpidez do teu semblante grego;
35 E uma família, um ninho de sossego,
Desejava beijar sobre o teu peito.

Com elegância e sem ostentação,
Atravessava branca, esvelta e fina,
Uma chusma de padres de batina,
40 E d'altos funcionários da nação.

"Mas se a atropela o povo turbulento!
Se fosse, por acaso, ali pisada!"
De repente, paraste embaraçada
Ao pé dum numeroso ajuntamento.

45 E eu, que urdia estes fáceis esbocetos,
Julguei ver, com a vista de poeta,
Uma pombinha tímida e quieta
Num bando ameaçador de corvos pretos.

E foi, então, que eu, homem varonil,
50 Quis dedicar-te a minha pobre vida,
A ti, que és tênue, dócil, recolhida,
Eu, que sou hábil, prático, viril.

Primeira publicação: novembro de 1876, no nº 1 de *A Evolução*, revista coimbrã. "A Débil" e "Nós" são os únicos poemas de Cesário de que restam manuscritos. Pelo autógrafo do primeiro, sabe-se que o local e ano de sua composição é Lisboa, 1875, e que seu título primitivo era "Na Cidade". De fato, em "A Débil", diferente de poemas anteriores, os polos *sujeito enunciador* e *musa enunciada* ganha um terceiro elemento: o espaço urbano, que medeia o discurso amoroso e lhe serve de contraponto. No entanto, Cesário optou por manter certo padrão de títulos adjetivadores da musa poética, como "Lúbrica...", "Esplêndida", "Vaidosa", "Frígida".

V. 1 – O assíndeto ou enumeração assindética é recurso característico da poesia considerada madura de Cesário. A justaposição de termos, em geral de valor adjetivo ou nominal, sem copulativas, produz uma relação de equilíbrio semântico na qual os vocábulos se contaminam ao mesmo tempo em que se resguardam. De modo prático, Macedo (*Nós*, p. 19) assim comenta o verso de abertura do poema: quando o "narrador diz em 'A Débil', 'Eu que sou feio, sólido, leal', a sua solidez só poderia ser física se relacionada exclusivamente com a sua fealdade, e apenas moral se relacionada exclusivamente com a sua lealdade. Mas, no contexto, é física e moral ao mesmo tempo, porque ao mesmo tempo relacionada com ambas, o que não aconteceria se o narrador se estivesse descrito como 'feio e sólido', ou 'sólido e leal'". Vergílio Ferreira (p. 192) associa o assíndeto à técnica pontilhista de pintura, em que a imagem "só de longe se unifica e esclarece". O surgimento do pontilhismo na pintura é, aliás, contemporâneo de Cesário. E como o poeta, os pontilhistas também foram ridicularizados pela crítica especializada da época.

V. 2 – A musa do poema possui beleza "frágil", sensível ("assustada"), "natural" (v. 25), "dócil" e discreta ("recolhida", v. 52). Trata-se da tópica da *femme fragile*, tipo literário oposto à *femme fatale*. Nos poemas cesáricos, a dama fatal se identifica com aspectos da cultura urbana; a dama frágil, por sua vez, em sua naturalidade, se opõe a estes aspectos. Ambas musas, pois, se ajustam à dicotomia espacial campo *versus* cidade, que caracteriza a obra de Cesário.

V. 5 – O espaço ou ambiente descrito no poema é de feição decadente. O narrador observa a paisagem urbana e a mulher de um "café devasso". A cidade é referida como "Babel tão velha e corruptora" (v. 7). A decadência do espaço contagia o sujeito lírico, cujo discurso adota, de forma predominante, o registro irônico e sarcástico. Nesse sentido, a musa frágil, doce e natural funciona como uma espécie de antídoto para o estado de deliquescência do eu poemático: "sinto / Que me tornas prestante, bom, saudável" (vv. 11-12). No entanto, assim como o espaço contagia o estado de espírito e, por conseguinte, o modo de enunciação do narrador, a ironia também contamina e relativiza o discurso amoroso. Assim que asserções como "E foi, então, que eu homem varonil, / Quis dedicar-te a minha pobre vida" (vv. 49-50), oscilam entre a paixão sincera e a farsa irônica.

V. 7 – *Babel*. Ver nota ao v. 5 do poema "Setentrional".

V. 10 – *Absinto*: erva aromática com a qual se prepara bebida alcoólica amarga.

V. 14 – *E pus-me a olhar*. O discurso lírico de "A Débil" provém de um *voyeur* citadino e decadente que contempla uma mulher que passa e o ambiente urbano por onde ela passa. O poema "A Une Passante", de Charles Baudelaire, possui estrutura semelhante e pode ter servido de fonte para Cesário compor "A Débil".

V. 21 – *A quatro*: a quatro rodas, ou seja, de carruagem. *Patriarca*: título com que se designavam certas autoridades religiosas, como o bispo de uma cidade ou região.

V. 23 – *Uma turba ... negra*. O poema pinta com cores escuras as aglomerações urbanas, cromatismo que conota sentido negativo. Outra passagem: "Uma chusma de padres de batina / E de altos funcionários da nação" (vv. 39-40), estes últimos implicitamente vestindo negro, já que seguiam um funeral. Mais um exemplo: "Num bando ameaçador de corvos pretos" (v. 48). A musa do poema, em sua espontaneidade singular e brancura (v. 38), opõe-se a esses grupos.

V. 24 – *Exéquias*: funeral, cerimônia fúnebre. No poema, as exéquias são as de um monarca. Trata-se, portanto, de evento de grande importância social. No entanto, segundo a perspectiva do narrador lírico, a aparição da "débil" sobressai e inverte a ordem social ao deslocar para segundo plano as "exéquias dum monarca". O uso do indefinido – "d*um* monarca" – reforça o caráter secundário do evento fúnebre, referido com ironia.

V. 28 – A "estátua de rei num pedestal", disposta "num largo arborizado", recupera a imagem das "exéquias dum monarca" (v. 24). Também contribui para a formação do rol de *personagens ilustres* – "patriarca" (v. 21), "titulares" (v. 29), "padres de batina" (v. 39), "altos funcionários da nação" (v. 40) – que rondam a musa "débil" na cidade. A estátua aludida é provavelmente a de D. Pedro IV (D. Pedro I do Brasil), que se encontra no largo do Rossio, em Lisboa.

V. 29 – *Trens*: carros particulares ou de aluguel puxados por cavalos. Os vagões levados por locomotiva eram chamados "comboios" no século XIX. *Titulares*: pessoas portadoras de títulos nobiliárquicos ou simplesmente consideradas de vulto social.

Vv. 35-36 – Soa irônica a afirmação, dado o caráter decadente do eu lírico. O poema mistura paródia de Romantismo – "pombinha tímida" (v. 47),

134 ⁖ CESÁRIO VERDE

"Quis dedicar-te a minha pobre vida" (v. 50), "...família, um ninho de sossego" – e Realismo ácido, anticlerical e antimonárquico. O efeito final é de estilo mesclado ou ambiguidade estilística. Através desse modo ambíguo, o poema erige a figura do narrador lírico suspeito, muito comum, aliás, na obra de Cesário.

V. 37 – *Com elegância e sem ostentação*. As locuções qualificativas atribuídas à musa podem ser também lidas como referência metalinguística. Os atributos da mulher frágil – elegância e simplicidade, ou elegância simples, natural, espontânea – são os mesmos que, no plano estilístico, busca a escritura do poema.

V. 38 – *Esvelta*: variante de *esbelta*, por contaminação do italiano *svelto*, do qual proveio o vocábulo português. Essa variante era comum à época. Camilo Castelo Branco, entre outros, fez largo uso literário do termo. Esse fato pode ser considerado um indício de que as alterações constantes em *O Livro de Cesário Verde* são da lavra de Silva Pinto, amigo de Camilo e devoto admirador de sua obra. No manuscrito existente do poema, o vocábulo utilizado é "esbelta", que reaparece nas 4ª e 5ª edições.

V. 39 – *Chusma*: multidão de indivíduos, "numeroso ajuntamento" (v. 44) de pessoas. Possui conotação pejorativa.

V. 49 – Na edição de Silva Pinto, no original avulso e no autógrafo, não há vírgula depois de "eu". Edições modernas adotam a pontuação.

❧ *Num Bairro Moderno* ❧

A Manuel Ribeiro

Dez horas da manhã; os transparentes
Matizam uma casa apalaçada;
Pelos jardins estancam-se os nascentes,
E fere a vista, com brancuras quentes,
5   A larga rua macadamizada.

Rez-de-chaussée repousam sossegados,
Abriram-se, nalguns, as persianas,
E dum ou doutro, em quartos estucados,
Ou entre a rama dos papéis pintados,
10 Reluzem, num almoço, as porcelanas.

Como é saudável ter o seu conchego,
E a sua vida fácil! Eu descia,
Sem muita pressa, para o meu emprego,
Aonde agora quase sempre chego
15 Com as tonturas duma apoplexia.

E rota, pequenina, azafamada,
Notei de costas uma rapariga,
Que no xadrez marmóreo duma escada,
Como um retalho de horta aglomerada,
20 Pousara, ajoelhando, a sua giga.

E eu, apesar do sol, examinei-a:
Pôs-se de pé: ressoam-lhe os tamancos;

E abre-se-lhe o algodão azul da meia,
Se ela se curva, esguedelhada, feia,
25 E pendurando os seus bracinhos brancos.

Do patamar responde-lhe um criado:
"Se te convém, despacha; não converses.
Eu não dou mais." E muito descansado,
Atira um cobre lívido, oxidado,
30 Que vem bater nas faces duns alperces.

Subitamente, – que visão de artista! –
Se eu transformasse os simples vegetais,
À luz do sol, o intenso colorista,
Num ser humano que se mova e exista
35 Cheio de belas proporções carnais?!

Boiam aromas, fumos de cozinha;
Com o cabaz às costas, e vergando,
Sobem padeiros, claros de farinha;
E às portas, uma ou outra campainha
40 Toca, frenética, de vez em quando.

E eu recompunha, por anatomia,
Um novo corpo orgânico, aos bocados.
Achava os tons e as formas. Descobria
Uma cabeça numa melancia,
45 E nuns repolhos seios injetados.

As azeitonas, que nos dão o azeite,
Negras e unidas, entre verdes folhos,
São tranças dum cabelo que se ajeite;
E os nabos – ossos nus, da cor do leite,
50 E os cachos d'uvas – os rosários d'olhos.

Há colos, ombros, bocas, um semblante
Nas posições de certos frutos. E entre

As hortaliças, túmido, fragrante,
Como d'alguém que tudo aquilo jante,
55   Surge um melão, que me lembrou um ventre.

E, como um feto, enfim, que se dilate,
Vi nos legumes carnes tentadoras,
Sangue na ginja vívida, escarlate,
Bons corações pulsando no tomate
60   E dedos hirtos, rubros, nas cenouras.

O sol dourava o céu. E a regateira,
Como vendera a sua fresca alface
E dera o ramo de hortelã que cheira,
Voltando-se, gritou-me prazenteira:
65   "Não passa mais ninguém!... Se me ajudasse?!..."

Eu acerquei-me dela, sem desprezo;
E, pelas duas asas a quebrar,
Nós levantamos todo aquele peso
Que ao chão de pedra resistia preso,
70   Com um enorme esforço muscular.

"Muito obrigada! Deus lhe dê saúde!"
E recebi, naquela despedida,
As forças, a alegria, a plenitude,
Que brotam dum excesso de virtude
75   Ou duma digestão desconhecida.

E enquanto sigo para o lado oposto,
E ao longe rodam umas carruagens,
A pobre afasta-se, ao calor de agosto,
Descolorida nas maçãs do rosto,
80   E sem quadris na saia de ramagens.

Um pequerrucho rega a trepadeira
Duma janela azul; e, com o ralo

POEMAS REUNIDOS ~ 139

Do regador, parece que joeira
Ou que borrifa estrelas; e a poeira
85 Que eleva nuvens alvas a incensá-lo.

Chegam do gigo emanações sadias,
Oiço um canário – que infantil chilrada! –
Lidam *ménages* entre as gelosias,
E o sol estende, pelas frontarias,
90 Seus raios de laranja destilada.

E pitoresca e audaz, na sua chita,
O peito erguido, os pulsos nas ilhargas,
Duma desgraça alegre que me incita,
Ela apregoa, magra, enfezadita,
95 As suas couves repolhudas, largas.

E como as grossas pernas dum gigante,
Sem tronco, mas atléticas, inteiras,
Carregam sobre a pobre caminhante,
Sobre a verdura rústica, abundante,
100 Duas frugais abóboras carneiras.

Primeira publicação: janeiro de 1878, no *Brinde aos Se-
nhores Assinantes do Diário de Notícias em 1877*. Sobre local
e data de composição do poema, a edição avulsa registra a
seguinte nota: "Lisboa, verão de 1877".

Além do poema de Cesário, o *Brinde* do *Diário de Notí-
cias* continha textos de ficção – todos em prosa – de Guerra
Junqueiro, Eduardo Coelho, Cristóvão Aires, João de Sou-
sa Araújo, Teotônio de Oliveira, Osório de Vasconcelos e
Leite Barros.

Em fevereiro de 1878, o *Diário de Portugal* e a *Correspon-
dência de Coimbra* publicaram críticas ao poemas de Cesário.
No primeiro, o comentarista, que não assina o texto, afirma
que "Num Bairro Moderno" é uma "tradução infelicíssima

de um falso poeta realista". E agrega: "Todos os poetas devem ter uma gaveta profunda, ampla, extradordinária, consagrada às deusas da modéstia e do bom senso, a que se devem sacrificar as composições como esta, em lugar de se apresentarem à luz pública" (*apud* Rodrigues, p. 205). No segundo, também à sombra do anonimato, o articulista escreve: "É um destempero poético de um moço de bom talento, o sr. Cesário Verde. // Tudo ali é falso, malcriado, sensaborão. As originalidades são *parvoíces*. As comparações fazem rir. // Não é romantismo nem realismo; é uma coisa medonha, informe, caprichada com requinte, ridícula no *ensemble*, disparatada nas minudências. // É uma aberração numa preocupação de originalidade! // Porque é necessário não confrontar os arrojos de Guerra Junqueiro, verdadeiros no fundo, de uma originalidade que satisfaz, com qualquer coisa que venha à cabeça, que rime, que feche um verso por uma palavra pouco usada nos noticiários" (*apud* Silveira, p. 16).

Depois dos ataques proferidos contra "Num Bairro Moderno", Silva Pinto (*apud* Rodrigues, p. 197) sai em defesa do amigo. Rebate as críticas e destaca alguns aspectos que já demarcam para o lirismo cesárico um lugar dentro da cultura literária da época: originalidade polêmica, estilo parnasiano e isolamento.

Cesário Verde [diz], possui, como poucos, entre nós, o condão de despertar a irritação burguesa com as sonoras vibrações da sua lira. Um cortejo de insultos truanescos, aparentemente infames e, no fundo, profundamente lógicos, segue de há muito, com tenacidade dos lebréus, cada uma das composições novas daquele original e delicado artista. Enquanto lá fora os Parnasianos, aquele nobre e elevado grupo de cultores da Arte pela Arte, lutam com vigor contra o prurido utilitário, o mais notável representante desse grupo na geração portuguesa de hoje recebe por igual o seu quinhão de injúrias, como tributo ao seu digno isolamento.

Em texto inconcluso, que serviria de carta-prefácio a 2ª edição de *O Livro de Cesário Verde* (1901), Fialho de Almeida ("Cesário Verde", p. 12) declara que, na época da publicação de "Num Bairro Moderno", os comentários sobre Cesário saíam sempre em tom de mofa, escárnio, desprezo. Seguindo a corrente, Fialho confessa ter cometido "parvoíces" e "lérias" contra o jovem poeta. No entanto, no mesmo ensaio, o autor de *Os Gatos* penitencia-se e afirma: "a fantasia *Num Bairro Moderno* excedia tudo o que eu lera em poesia impressionista".

Fialho ("Cesário Verde", p. 11) identifica o bairro não nomeado do poema: "O bairro moderno, o bairro luxuoso da colônia estrangeira e dalguns indígenas de gosto, era pois Buenos Aires; esse que inspira os versos trás citados, e por onde Cesário, como mais longe direi, cruzava muita vez". Já Castro (p. 100) supõe ser Estrela o bairro moderno lisbonense descrito no poema.

"Num Bairro Moderno" é um dos poemas mais aclamados e comentados de Cesário. Para muitos, por motivos vários, trata-se do poema que inicia sua fase madura, a primeira grande composição do poeta, superada sua fase juvenil. Simões ("A 'Naturalidade' de Cesário Verde", p. 206) alude à composição como "uma das poesias mais singulares da nossa literatura poética". E João de Figueiredo (*A Vida de Cesário Verde*, pp. 106-107) afirma que na "literatura portuguesa, em matéria de conto e de poesia, as obras mais brilhantes, mais inovadoras, publicadas durante a década de 70, são indubitavelmente *Singularidades Duma Rapariga Loira* e *Num Bairro Moderno*, ambas aparecidas, por ironia do destino, no mesmo vazadouro das letras" – o conto de Eça foi publicado no volume *Brinde aos Assinantes do Diário de Notícias em 1873*, distribuído no início de 1874.

Não se sabe ao certo quem é Manuel Ribeiro, a quem o poema é dedicado. Há notícia de um Manuel Ribeiro, professor, de quem Cesário talvez tenha sido aluno. Há notícia também de outro Manuel Ribeiro, que teria participado de uma encenação estudantil de *Os Três Mosqueteiros*, ao lado de Cesário. Presume-se que esse "ator" juvenil, companheiro de escola de Cesário, seja o homenageado na dedicatória. De seguro, apenas o fato de que o poema é dedicado a alguém alheio ao meio literário conhecido e frequentado pelo poeta.

V. 1 – *Dez horas da manhã*. O poema se abre com uma notação temporal precisa. Tal recurso, aliado ao título, que faz referência a um espaço urbano, dão suporte à dimensão narrativa, de estilo realista, que será desenvolvida ao longo da composição. Em fevereiro de 1878, pouco depois da publicação avulsa de "Num Bairro Moderno", Eça de Queirós publica o romance realista-naturalista *O Primo Basílio* (1878), cuja célebre frase de abertura é: "Tinham dado onze horas no cuco da sala de jantar". *Transparentes*: telas de plástico ou papel dispostas nas janelas das casas para atenuar a entrada de luz solar.

V. 2 – *Apalaçada*: semelhante a um palácio. O bairro descrito no poema é moderno no sentido social, ou seja, a modernidade do bairro deriva da elevada condição financeira de seus moradores, que residem em ricos casarões.

V. 3 – *Os nascentes*. Com o sentido de *origem de corrente de água*, o termo *nascente* podia ser usado como do gênero masculino. O dicionário de Cândido de Figueiredo, filólogo contemporâneo de Cesário, abona tal uso.

V. 4 – *Brancuras quentes*. O poema estabelece relações com a pintura e, especificamente, com a de estilo impressionista. A expressão sinestésica, de que "brancuras quentes" é um exemplo, constituirá recurso decisivo na construção da narrativa poemática. À luz algo oblíqua das "dez horas da manhã", captam-se as cores dos objetos, às quais se misturam cheiros, texturas e sons, que criam um ambiente de formas difusas e cambiantes.

V. 5 – *Macadamizada*: pavimentada, asfaltada. O termo deriva do sobrenome do engenheiro inglês John London Mac Adam (1758-1836), que idealizou o processo de revestimento de vias públicas à base de pedra britada comprimida com breu e areia. Comparadas às de terra batida, não eram muitas as ruas macadamizadas na Lisboa em que Cesário viveu. A capital portuguesa, no entanto, passava por processo de reurbanização, que incluía a aplicação de macadame em logradouros não-macadamizados.

V. 6 – *Rez-de-chaussée* (fr.): rés do chão, o andar térreo de uma casa. O substantivo composto é masculino e invariável – em francês como em português. No poema, está empregado em sentido plural.

V. 8 – *Estucados*: revestidos com estuque, massa preparada com gesso, água e cola. Estucar paredes internas de uma casa era prática higiênica não muito comum na época de Cesário. Em geral, era recurso utilizado por famílias abastadas e educadas.

Vv. 11-15 – A dimensão social do narrador contrasta com o espaço que ele percorre. O sujeito lírico é um assalariado que se encaminha para o trabalho, onde chega "quase sempre" com "tonturas duma apoplexia". No caminho, vai registrando com ironia a "vida fácil" dos que vivem em casarões do bairro moderno. Esse olhar irônico que observa a boa vida dos ricos com admiração e desdém parece provir, dentre outros fatores, da distância social que existe entre observador e observados.

Vv. 12-13 – *Eu descia, / Sem muita pressa*. O narrador assume identidade de *flâneur*, tipo *sui generis* de pedestre moderno, presente em outros poemas de Cesário. Em "Num Bairro Moderno", no entanto, o assalariado que se dirige ao trabalho não encarna o *flâneur* típico mas de circunstância. A *flânerie* que a tradição oitocentista consagrou é praticada por deambulante lento e sem rumo definido, fleumático e cético, que assiste com distanciamento psicológico e proximidade física ao frenético movimento da cidade. Rejeita o dinamismo pragmático da era industrial embora dele se alimente em sua caminhada. Ao se deslocar por entre a multidão nervosa das ruas, este observador de andar ocioso transforma o espetáculo da agitação coletiva, que ele despreza, em objeto estético e de especulação intelectual.

V. 15 – *Apoplexia*: mal súbito, em geral causado por acidente vascular cerebral, que provoca privação de sentidos e movimentos. // O narrador não tem pressa de chegar a seu trabalho, que é visto como uma doença: causa "apoplexia".

V. 16 – *Azafamada*: apressada, atarefada, sobrecarregada de trabalho.

V. 19 – *Horta aglomerada*. As críticas que "Num Bairro Moderno" recebeu, logo após ser publicado (ver nota introdutória), mostram que a percepção artística dos leitores da época era guiada por parâmetros sobretudo românticos ou romântico-sentimentais. O autor anônimo (*apud* Rodrigues, pp. 203-205) da nota estampada no *Diário de Portugal*, por exemplo, se vale da imagem da "horta aglomerada" para desdenhar o poema. Escreve: "Esta imagem é, parece-nos, arrojada, uma horta aglomerada, numa giga... é caso". Depois zomba da "aproximação de virtudes e digestões" (vv. 74-75) e da "recomposição por anatomia", que arranja frutas e legumes de modo a compor uma imagem antropomórfica (vv. 41-60). Desta, por fim, despreza os "dedos de cenoura" (v. 60): "entre dedos de rosa e dedos de cenoura, escolhemos a afetação da primeira frase e repelimos a vulgaridade da segunda".

V. 20 – *Giga*: cesta larga e um pouco alta, feita, em geral, de filetes de material flexível entrelaçados.

V. 24 – *Esguedelhada*: com os cabelos em desalinho, despenteada.

Vv. 29-30 – Na cena, há um contraste entre convenção e natureza, metaforizadas respectivamente por "cobre" e "alperce" (damasco). O primeiro é metonímia de moeda, cujo valor é convencionado para operações de troca. A valia da moeda não está nela, não lhe é intrínseca, mas instituída por acordo coletivo. Daí ser o cobre "lívido" e "oxidado", qualificativos que expressam ideia de precariedade. O segundo é metonímia de horta, cujo valor é inerente e inalienável. Daí ser o alperce humanizado. A agressão do cobre ao alperce é metonímico-alegórica, descreve a supremacia momentânea do poder econômico tirânico, violento e explorador, sobre a natureza, incluída aí a vendedora, seus produtos e sua força de trabalho (cf. Gomes, p. 148).

V. 37 – *Cabaz*: cesto de vime, de tamanho variado, em geral dotado de tampa e asa.

V. 41 – O verbo *recompor* empresta à figura do ser vegetal um sentido arquetípico, mais do que puramente simbólico ou alegórico. *Recomposição* pressupõe uma matriz abstrata e ideal, no caso, ligada à ideia de Natureza. A recuperação desta matriz por meio de imagem ordenada e concreta equivale, em sentido platônico, à composição de arquétipo do mundo natural. Assim, a *persona* mítica que emerge da cesta da regateira é uma espécie de deusa-mãe, deusa-primordial (cf. Macedo, *Nós*, p. 119).

Vv. 41-60 – O pintor italiano Giuseppe Arcimboldo (1527-1593) compôs uma série de "retratos naturais" em que a figura humana surge do arranjo de vegetais (frutas, verduras, flores, raízes secas), consideradas suas semelhanças latentes com partes do corpo humano. O resultado estilístico é uma forma de Maneirismo que oscila entre grotesco e grandioso, dependendo do manancial teórico que o avalia. Os séculos XX e XXI discutiram (e vem discutindo) o valor dos "retratos naturais" de Arcimboldo (sua obra convencional não tem despertado interesse crítico). Imaginação ou alucinação? Arte ou excesso? O ser vegetal do poema de Cesário pode estar associado por motivação direta à arte antropomórfico-agrícola de Arcimboldo ou à seu método. Sabe-se que a obra do pintor italiano, original ou reprodução, não circulava em Portugal na época de Cesário. No entanto, sabe-se também que o Solar de Mateus, em Vila Real, e o museu João de Castilho, em Tomar, dois lugares que Cesário talvez tenha visitado, possuíam gravuras anônimas, de originais provavelmente do século XVI, que utilizavam o método consagrado por Arcimboldo. De certo, apenas o fato de que as discussões modernas em torno da pintura de Arcimboldo repetem termos da reação provocada pela poesia de Cesário. Ambas obras enfim problematizam o conceito de originalidade e põe em questão seus limites na arte (cf. Rocha, "Cesário Verde, Poeta Barroco?"; Reckert, "O Mistério") // O motivo narrativo que deflagra a composição ou "recomposição" (v. 41) do ser vegetal pelo eu lírico é um conflito de ordem social: o modo áspero e insultante com que o criado do casarão trata a hortaliceira. Após presenciar a cena, o narrador intervém no conflito com um gesto artístico: ele estetiza os produtos oferecidos pela vendedora e menosprezados pelo criado, representante e intermediário das elites. Com isso, o sujeito lírico marca posição em favor da rústica camponesa. A reconstrução estética e antropomórfica dos vegetais equivale à uma resposta sentimental (mas não sentimentalista) do eu lírico diante de impasse que, em geral, provocava discursos de conteúdo político com intenções moralizantes e humanitárias. O resgate artístico da natureza arquetípica em "Num Bairro Moderno" encena um tipo de pragmatismo alternativo e original, o pragmatismo estético, valorizador da imaginação transfiguradora sobre o discurso político nos domínios do enunciado poético. Os conflitos sociais, portanto, segundo propõe o poema, não estão ausentes da obra de arte, pois dela funcionam como motivadores, mas a ela devem estar subordinados. // O processo de "recomposição" do ser vegetal, em seu aspecto social e imoderado, ressoa em dois versos posteriores de Cesário, insertos em "O Sentimento dum Ocidental". Neles, o eu lírico, em rasgo metalinguístico e programático, afirma: "E eu que medito um livro que exacerbe / Quisera que o real e a análise mo dessem" (III, vv. 17-18). // Do ponto de vista narrativo, a cena da metamorfose antropomórfica dos vegetais funciona como desvio digressivo. Dessa forma, seu afastamento da estória central é apenas aparente, cabendo ao leitor estabelecer possíveis elos de ligação textual entre a ação principal e a digressão narrativa.

V. 45 – *Seios injetados*: seios corados e protuberantes, que podem ser associados à ideia de feminilidade maternal – mais, talvez, que sensual, embora a sensualidade das frutas e dos legumes seja um traço presente na descrição do ser vegetal.

V. 53 – *Túmido*: dilatado, saliente.

V. 58 – *Ginja*: espécie de cereja cuja coloração vermelha é mais intensa que a da cereja comum. No original avulso e em Silva Pinto, o verso é "Sangue na ginja vívida, escarlate". A pertinente emenda para "vívida", que clarifica o sentido e regula a cesura, é proposta por Nascimento (p. 11).

V. 66 – O modo solidário, "sem desprezo", com que o narrador se acerca da hortaliceira contrasta com o do criado. Embora o poema proponha, diante de um conflito social, uma intervenção poética, mais que política ou moral, a presença de um discurso de conteúdo humanitário não está ausente. A solidariedade do narrador, sobretudo quando auxilia a regateira a erguer o cesto (v. 68), atesta isso. (Para uma interpretação divergente, cf. Ferreira.)

V. 70 – Depois de vigoroso esforço imaginativo, utilizado para recompor o ser vegetal, o narrador emprega "enorme esforço muscular" para ajudar a camponesa.

Vv. 74-75 – Os versos equiparam no plano semântico "virtude" e "digestão". Ambos são capazes de provocar no eu lírico "forças", "alegria", "plenitude" (v. 73). A equiparação de um conceito moral e uma operação fisiológica produz efeito de ironia. Na poesia de Cesário, o recurso irônico funciona muitas vezes como travamento ou correção sentimental. Daí que, em "Num Bairro Moderno", a ironia moral-digestiva ocorra na estrofe posterior à cena da aproximação simpática e da comunhão de esforços do narrador e da regateira. // Os termos "digestão" e "apoplexia" (v. 15) são próprios do vocabulário fisiológico e médico, respectivamente. Em sentido amplo, pertencem ao léxico científico, cujo uso era comum na prosa realista-naturalista. A utilização destes vocábulos, e de outros afins, em poemas como "Num Bairro Moderno" era considerado extravagância de originalidade no tempo de Cesário. Uma cena de *Os Maias* (1888), de Eça de Queirós (p. 608), atesta a reação do público frente a uma poesia "científica". O poeta Tomás Alencar recita para uma plateia um poema social de sua autoria, em que se comparam, por contraste, "fome" (dos pobres) e "indigestão" (dos ricos). Um dos ouvintes, caracterizado pelo narrador como "um jocoso", ao ouvir o último termo, "lembrou que para indigestões já havia o bicarbonato de potassa".

V. 78 – Agosto é mês de verão em Portugal.

V. 79 – A metáfora morta ou catacrese "maçãs do rosto" tem seu sentido revigorado ao se associar implicitamente aos produtos da cesta da regateira.

V. 80 – A "saia de ramagens" da vendedora recupera a imagem da "rama dos papéis pintados" (v. 9) nas paredes dos casarões do bairro moderno. A representação artificial da natureza, em ambos os casos, contrasta com a construção estética do mesmo referente – a Natureza – ocorrida na recomposição poética do ser vegetal.

V. 83 – *Joeira* (v.): peneira, de peneirar. O verbo deriva do substantivo *joeira*, uma espécie de peneira usada para separar o trigo do joio.

V. 86 – *Gigo*: o mesmo que cabaz (ver nota ao v. 37).

V. 87 – *Chilrada*: canto de pássaro, gorjeio.

V. 88 – *Ménages* (fr.): ocupações da vida doméstica, do cotidiano familiar. *Gelosia*: tipo de persiana utilizada para obstruir a entrada excessiva de luz solar no interior de um recinto e/ou para resguardá-lo da curiosidade alheia.

V. 89 – *Frontaria*: fachada de um recinto, residencial ou comercial, voltada para a rua.

V. 90 – O sintagma "raios de laranja destilada" pode ser dividido em dois segmentos. "Raios de laranja" refere-se à cor dos raios solares. Já "laranja destilada", além de manter o sentido cromático, alude à fruta como alimento, cujo líquido pode sofrer destilação. Desse modo, o termo "laranja", dentro do sintagma, associa-se à cor e ao sabor – e até ao odor – da fruta, formando assim expressão sinestésica. O recurso da sinestesia reforça o estilo impressionista da composição. Do ponto de vista semântico, a alusão à fruta mantém vínculos com o léxico hortifrutícola do poema, reforçando-o.

V. 93 – A hortaliceira é uma personagem formada por contrastes: ela é miserável e heroica, humilhada e "audaz" (v. 91), "pequenina" (v. 16) e forte, feia e poética. Estes contrastes, sintetizados no oxímoro "desgraça alegre", "incitam" o sujeito lírico ao gesto estético e moral.

V. 94 – *Enfezadita*: franzina, mirrada.

Vv. 96-100 – A imagem final das "duas frugais abóboras carneiras" transformadas, pela imaginação analógica do narrador, no símile "grossas pernas dum gigante", além de recuperar o processo arquetípico-alegórico de recomposição do ser vegetal, pode ser tomada como síntese da dupla dimensão que o poema constrói para representar a regateira. Por um lado, a imagem simboliza a opressão social a que está sujeita a vendedora, representante do trabalhador rural na cidade. Por outro, projeta a robustez desta mesma vendedora que carrega em suas costas a natureza transformada num recorte de gigante. // O ser vegetal que emerge da cesta da rústica hortaliceira possui traços predominantemente femininos, com suas "tranças" (v. 48) e seus "seios injetados" (v. 45). No entanto, a alusão a suas "grossas pernas dum gigante" relativiza sua feminilidade e o torna algo hermafrodita.

V. 98 – *Carregam sobre*: A locução *carregar sobre* significa *pesar sobre, fazer peso* ou *pressão contra*. As abóboras-carneiras que a vendedora carrega pesam sobre ela.

❧ *Cristalizações* ❧

A Bettencourt Rodrigues

Faz frio. Mas, depois duns dias de aguaceiros,
    Vibra uma imensa claridade crua.
    De cócoras, em linha, os calceteiros,
    Com lentidão, terrosos e grosseiros,
5   Calçam de lado a lado a longa rua.

Como as elevações secaram do relento,
    E o descoberto sol abafa e cria!
    A frialdade exige o movimento;
    E as poças d'água, como em chão vidrento,
10   Refletem a molhada casaria.

Em pé e perna, dando aos rins que a marcha agita,
    Disseminadas, gritam as peixeiras;
    Luzem, aquecem na manhã bonita,
    Uns barracões de gente pobrezita
15   E uns quintalórios velhos com parreiras.

Não se ouvem aves; nem o choro duma nora!
    Tomam por outra parte os viandantes;
    E o ferro e a pedra – que união sonora! –
    Retinem alto pelo espaço fora,
20   Com choques rijos, ásperos, cantantes.

Bom tempo. E os rapagões, morosos, duros, baços,
    Cuja coluna nunca se endireita,

Partem penedos; cruzam-se estilhaços.
Pesam enormemente os grossos maços,
25 Com que outros batem a calçada feita.

A sua barba agreste! A lã dos seus barretes!
Que espessos forros! Numa das regueiras
Acamam-se as japonas, os coletes;
E eles descalçam com os picaretes,
30 Que ferem lume sobre pederneiras.

E nesse rude mês, que não consente as flores,
Fundeiam, como esquadra em fria paz,
As árvores despidas. Sóbrias cores!
Mastros, enxárcias, vergas! Valadores
35 Atiram terra com as largas pás.

Eu julgo-me no Norte, ao frio – o grande agente! –
Carros de mão, que chiam carregados,
Conduzem saibro, vagarosamente;
Vê-se a cidade, mercantil, contente:
40 Madeiras, águas, multidões, telhados!

Negrejam os quintais, enxuga a alvenaria;
Em arco, sem as nuvens flutuantes,
O céu renova a tinta corredia;
E os charcos brilham tanto, que eu diria
45 Ter ante mim lagoas de brilhantes!

E engelhem, muito embora, os fracos, os tolhidos,
Eu tudo encontro alegremente exato.
Lavo, refresco, limpo os meus sentidos.
E tangem-me, excitados, sacudidos,
50 O tato, a vista, o ouvido, o gosto, o olfato!

Pede-me o corpo inteiro esforços na friagem
De tão lavada e igual temperatura!

Os ares, o caminho, a luz reagem;
Cheira-me a fogo, a sílex, a ferragem;
55   Sabe-me a campo, a lenha, a agricultura.

Mal encarado e negro, um para enquanto eu passo;
Dois assobiam, altas as marretas
Possantes, grossas, temperadas d'aço;
E um gordo, o mestre, com um ar ralaço
60   E manso, tira o nível das valetas.

Homens de carga! Assim as bestas vão curvadas!
Que vida tão custosa! Que diabo!
E os cavadores pousam as enxadas,
E cospem nas calosas mãos gretadas,
65   Para que não lhes escorregue o cabo.

Povo! No pano cru rasgado das camisas
Uma bandeira penso que transluz!
Com ela sofres, bebes, agonizas:
Listrões de vinho lançam-lhe divisas,
70   E os suspensórios traçam-lhe uma cruz!

D'escuro, bruscamente, ao cimo da barroca,
Surge um perfil direito que se aguça;
E ar matinal de quem saiu da toca,
Uma figura fina desemboca,
75   Toda abafada num casaco à russa.

Donde ela vem! A atriz que tanto cumprimento
E a quem, à noite na plateia, atraio
Os olhos lisos como polimento!
Com seu rostinho estreito, friorento,
80   Caminha agora para o seu ensaio.

E aos outros eu admiro os dorsos, os costados
Como lajões. Os bons trabalhadores!

Os filhos das lezírias, dos montados:
Os das planícies, altos, aprumados;
85   Os das montanhas, baixos, trepadores!

Mas fina de feições, o queixo hostil, distinto,
Furtiva a tiritar em suas peles,
Espanta-me a atrizita que hoje pinto,
Neste dezembro enérgico, sucinto,
90   E nestes sítios suburbanos, reles!

Como animais comuns, que uma picada esquente,
Eles, bovinos, másculos, ossudos,
Encaram-na sanguínea, brutamente:
E ela vacila, hesita, impaciente
95   Sobre as botinhas de tacões agudos.

Porém, desempenhando o seu papel na peça,
Sem que inda o público a passagem abra,
O demonico arrisca-se, atravessa
Covas, entulhos, lamaçais, depressa,
100   Com seus pezinhos rápidos, de cabra!

Primeira publicação: *Revista de Coimbra*, nº 1, maio de 1879. Uma nota ao pé do poema indica que sua composição data do ano anterior.

Sobre o poema, Cesário (*OC*, p. 215) escreve as seguintes linhas, em carta a Silva Pinto: "São uns versos agudos, gelados, que o Inverno passado me ajudou a construir; lembram um poliedro de cristal e não sugerem por isso quase nenhuma emoção psicológica e íntima".

Pode-se estabelecer uma relação entre a metáfora do "poliedro", de que Cesário se vale para referir-se ao poema, e o recurso linguístico da enumeração assindética, de largo uso em "Cristalizações". Na série balanceada do assíndeto mimetizam-se, por assim dizer, as várias faces que compõem um poliedro.

A sugestão do motivo do poema pode ter tido origem, entre outras fontes, no quadro *Les Casseurs de Pierre* (1849-1850), de Gustave Courbet (1819-1877), que descreve trabalhadores britando e peneirando pedras. Courbet é considerado fundador do movimento realista na pintura. Eça de Queirós alude à sua obra na conferência que proferiu sobre o Realismo, no cassino lisbonense, em 1871. E é provável que Cesário tenha visto alguns de seus quadros em revistas especializadas. Silva Pinto costumava relatar a amigos uma célebre anedota envolvendo o pintor: certa vez, um desconhecido pediu a Courbet que retratasse anjos. Ao ver um calceteiro dormindo a sesta, o artista voltou-se ao desconhecido e, apontando para o trabalhador, disse: "isto é um anjo!" Além de *Les Casseurs de Pierre*, pode-se contar também como fator de sugestão para a concepção do assunto em "Cristalizações" um dado histórico: a Lisboa de Cesário era uma cidade em fase de urbanização, obras de engenharia em vias públicas faziam parte do cotidiano lisboeta (cf. João de Figueiredo, *A Vida de Cesário Verde*, p. 111).

Antônio Maria Bettencourt Rodrigues (1854-1933), a quem o poema é dedicado, foi médico psiquiatra formado pela Universidade de Paris no ano da morte de Cesário (1886). Antes de dedicar-se aos estudos de medicina, participou da boêmia literária de Lisboa e chegou a escrever versos e publicá-los. Na juventude, foi amigo de Guerra Junqueiro, Gomes Leal e João Penha, entre outros artistas, além de Cesário. Republicano, ausentou-se de Portugal e foi viver no Brasil em 1892, após ter sido preterido em concurso para diretor do Manicômio de Lisboa. Com o advento da República, em 1913, Bettencourt Rodrigues retornou a Portugal. Amigo de Sidônio Pais, tornou-se político de poder e prestígio. Escreveu obras médicas e memórias.

V. 3 – Na edição de Silva Pinto, por gralha, não há vírgula depois de "linha". A edição de Cabral do Nascimento corrige o lapso. Também em Silva

Pinto, ao invés de "cócoras" o que se lê é a variante "cócaras". Já na 2ª edição e seguintes, o termo grafado é "cócoras".

V. 6 – *Elevações*: parte de cima das fachadas de casas ou prédios, comumente trabalhadas em relevo. *Relento*: umidade atmosférica produzida durante a noite, sereno.

V. 15 – *Quintalórios*: quintais pobres, em geral pequenos e mal cuidados. O espaço descrito no poema é uma região pobre da cidade. Outras passagens servem também para caracterizar socialmente o espaço: "gritam as peixeiras" (v. 12), "barracões de gente pobrezita" (v. 14).

V. 16 – *Nora*: aparelho de tração animal usado para extrair água de poços, rios, cisternas etc. A nora é um instrumento de largo uso no campo, por isso está ausente do quadro descrito no poema: uma via pública em processo de pavimentação. Neste espaço urbano que se moderniza, não há "choro" de noras, nem canto de aves; em seus lugares, ouve-se a "união sonora" (v. 18) e "cantante" (v. 20) do ferro com a pedra.

V. 17 – *Viandantes*: passantes, transeuntes. O registro da movimentação anônima de pedestres, além de se coadunar com a narrativa do poema, reforçando-lhe seu aspecto urbano e coletivo, empresta-lhe sentido de modernidade, de atualidade para o leitor da época.

V. 20 – Há na música "áspera" e "cantante" produzida pela "união sonora" (v. 18) do ferro com a pedra uma recorrência de aspectos estilíticos e temáticos que encontram larga ressonância na arte finissecular e em algumas vanguardas do século xx: a imagem prosaica e cotidiana; o canto do progresso civilizador; a estetização realista do trabalhador, que implicitamente empunha intrumentos de transformação da paisagem urbana; a musicalidade aguda e dissonante.

V. 21 – *Baços*: morenos, trigueiros.

V. 24 – *Maços*: espécie de martelos usados por carpinteiros, escultores, calceteiros etc.

V. 27 – *Regueiras*: canaletas por onde escorre a água ou pequenas correntes de água.

V. 28 – *Acamam-se*: acumulam-se, aglomeram-se. // Até a 4ª edição, o verso termina com dois pontos; a partir da 5ª, corrige-se a gralha.

V. 29 – *Descalçam*: tiram o calço ou o apoio de algo.

V. 30 – *Pederneiras*: pedras duríssimas que produzem faíscas quando malhadas pelo aço das picaretas, dos martelos.

Vv. 31-35 – As metáforas náuticas desta estrofe transformam a "longa rua" (v. 5) em imenso navio, com operários desempenhando papel de marinheiros. O prosaico cotidiano da cena citadina ganha, assim, segundo certa tradição da literatura portuguesa, sentido épico. Como se o processo de desenvolvimento urbano fosse um equivalente moderno das empresas marítimas do Renascimento.

V. 32 – *Fundeiam*: lançam ferro ou âncora, ancoram. // O verso transcrito é o do original avulso. Na edição de Silva Pinto, e até na 5ª, há um artigo antes de "esquadra": "Fundeiam, como a esquadra em fria paz". A edição de Cabral do Nascimento transcreve o verso da primeira estampa, sem o artigo, o que parece mais coerente com o sentido geral da estrofe. As edições de Joel Serrão, Barahona e Teresa Cunha também omitem o artigo.

V. 34 – *Enxárcia*: mecanismo utilizado em navios à vela para conduzir marinheiros às partes altas dos mastros. *Vergas*: barras cruzadas dispostas em mastros de veleiros, das quais pende a vela. *Valadores*: construtores de valas ou valados.

V. 36 – Teorias deterministas da época consideravam o clima como importante fator – "o grande agente!" – de condicionamento socioeconômico das sociedades. Segundo estas teorias, as baixas temperaturas suscitariam o trabalho, o esforço físico: "A frialdade exige o movimento" (v. 8), ou "Pede-me o corpo inteiro esforços na friagem" (v. 51). O progresso material de países do Norte da Europa era justificado, em parte, por este argumento.

V. 37 – O "chiar" dos "carros de mão carregados" forma contraponto sonoro à "musicalidade" rascante e estridente do ferro dos calceteiros batendo na pedra (vv. 18-20).

V. 38 – *Saibro*: preparo composto de areia e cascalho, utilizado na construção civil.

V. 46 – *Engelhem*: enruguem, sequem, murchem. A ideologia progressista do poema, que canta o frio civilizador do Norte, não admite compaixão para com "os fracos, os tolhidos". Há neste argumento uma adesão às teorias positivistas da época, sobretudo ao darwinismo social, muito em voga no tempo de Cesário.

V. 50 – David Mourão-Ferreira ("Notas", pp. 131-132) compara a disposição dos sentidos no verso de Cesário com uma passagem de Garcia Lorca sobre o mesmo tema: "Notemos, já agora, que esta *ordem* por que os sentidos aparecem, no texto de Cesário (embora submetida a razões de métrica, de ritmo, quiçá de rima), se aproxima bastante daquela que é proposta (em prosa) por Federico Garcia Lorca ...: 'Un poeta tiene que ser profesor en los cinco sentidos corporales. Los cincos sentidos corporales, en este orden: vista, tacto, oído, olfato y gusto'. Em ambos os casos o ouvido está a meio, como fiel da balança, a divirir para um lado dois sentidos *mais importantes* (o tato e a vista, ou a vista e o tato) e, para outro, dois que parecem de *menor importância* (o gosto e o olfato, ou o olfato e o gosto). Só há pois discrepâncias, dentro de cada um dos dois grupos, na ordem dos respectivos elementos. Mas estou certo, no que se refere ao primeiro, que Cesário Verde terá colocado o tato antes da vista apenas por motivos de eufonia (para evitar uma articulação que desagradavelmente soaria mais ou menos assim: *avistotato*...) e que terá dado primazia ao gosto, no segundo grupo, talvez pelas exigências da rima... Aliás, no seu caso, não se tratava sequer de propor uma *ordem*; mas é curioso, apesar de tudo, que a seriação se aproxime bastante da *ordem* proposta, cerca de cinquenta anos mais tarde, por Federico Garcia Lorca, numa conferência sobre *La Imagen Poética en Don Luis de Góngora*".

V. 54 – *Sílex*: o mesmo que *pederneira* – ver nota ao v. 30.

V. 55 – *Saber a* equivale *a ter sabor de.*

V. 56 – *Enquanto eu passo*. Como ocorre em outros poemas cesáricos, o o narrador está associado à figura do *flâneur*. Ver nota aos vv. 12-13 de "Num Bairro Moderno".

V. 59 – *Ralaço*: indolente, preguiçoso, mandrião; variante de *relapso*, derivado do latim *ralapsu*. O português de Portugal registra o termo com ç, o português do Brasil, com *ss*. Na edição de Silva Pinto, e também na de Barahona, o termo está grafado com ç, nas de Joel Serrão e Teresa Cunha, com *ss*. A presente edição segue Silva Pinto e Barahona.

V. 61 – O verso inverte os substantivos dos sintagmas "bestas de carga" e "homens curvados", em operação hipalagética. Dessa forma, "Bestas de carga! Assim os homens vão curvados" resulta em "Homens de carga! Assim as bestas vão curvadas!"

Vv. 61-62 – Os versos iniciam uma espécie de correção de consciência do narrador, que vinha compondo, em estilo objetivista, uma apologia do progresso social, sem considerar as consequências deste processo para os trabalhadores. Algumas estrofes atrás, o "bom tempo" deixava ver "os rapagões ... / cuja coluna nunca se endireita" (vv. 21-22); agora, sob exclamações indignadas – "Que vida tão custosa! Que diabo!" –, o sujeito lírico observa que "as bestas vão curvadas!" Esta consciência ambígua da realidade social, de par com outras ambiguidades, coaduna-se com a imagem do "poliedro de cristal" – metáfora do translúcido e multifacetado – com que Casário, numa carta, referiu-se ao poema (ver nota introdutória).

V. 64 – *Gretadas*: rachadas, com fendas. A alusão às "calosas mãos gretadas" dos "cavadores" (v. 63), além de caracterizar as personagens por recorte metonímico, expõe um tipo de descritivismo milimétrico que é procedimento comum na prosa de ficção realista.

V. 66 – *Pano cru*: de cor branca.

Vv. 66-70 – Na perspectiva do eu lírico, os trabalhadores formam grupo organizado como um "povo", com bandeira feita de "pano cru rasgado das camisas", classes hierárquicas indicadas por "divisas" de "listrões de vinho" e insígnia em forma de cruz traçada por "suspensórios". Há nestes símbolos uma mescla de valores elevados e rebaixados. A bandeira, as divisas e a cruz são emblemas gregários e excelsos da tradição histórica. Todavia, no poema, o material de que são feitos – tecido roto, manchas de vinho, suspensórios – desmente esta tradição ou, ao menos, depõe contra ela, relativizando-a. O efeito é paródico e irônico. Dividido entre a agonia do trabalho e a alegria do vinho, o povo vive seu martírio e sua glória.

V. 71 – *Barroca*: monte de barro ou de cascalho.

V. 74 – Tanto no original avulso de 1879, reproduzido na edição de Joel Serrão, como na edição de Silva Pinto, o verso traz uma vírgula que separa o sujeito do predicado: "Uma figura fina, desemboca,". A gralha desaparece já na 3ª edição. Barahona e Teresa Cunha, no entanto, mantêm a vírgula.

V. 75 – *Casaco à russa*: casaco grande e felpudo, próprio para os rigores do inverno russo. A expressão empresta um ar algo estrangeirado à personagem. O estrangeiramento da figura feminina, com diferentes efeitos de sentido, é procedimento comum na obra de Cesário. No caso de "Cristalizações", o recurso pode ser entendido como índice de distanciamento ou fator de contraste da "atriz" (v. 76) em relação aos calceteiros, em sua rude e regional aparência de campesinos ("Os filhos das lezírias, dos montados:", v. 83). Na cena, há outros índices deste contraste estrutural entre a atriz e os calceteiros – ver nota ao v. 76.

V. 76 – A personagem feminina do poema é uma atriz, cujo trabalho o narrador acompanha e admira. Críticos, em geral, comentam a última cena de "Cristalizações" à luz de um dado biográfico do poeta: em determinado momento de sua juventude, Cesário enamorou-se de Tomásia Veloso, jovem atriz portuguesa. É possível que ambos tenham se relacionado amorosamente por curto período. Sabe-se que os ciúmes de Cesário o levaram a tomar satisfações com outro pretendente de Tomásia, episódio que terminou em pugilato. No plano estrito da narrativa do poema, o ofício da atriz a dispõe em posição de contraste aos trabalhadores urbanos. Além de mulher, ela representa a arte, cuja manifestação estava associada a ideias como transgressão, liberdade, inconformismo. O fato de a personagem ser mulher reforça estas ideias, pois no século XIX, a arte dramática não constava entre as opções tradicionais de atividades para a mulher, sobretudo no âmbito profissional. Já os calceteiros representam o trabalho alienado, técnico e pragmático, cujo resultado visa ao melhoramento social. Entre a atriz e os calceteiros, ou entre a ousadia da arte e a precisão da técnica, encontra-se o sujeito lírico, dividido em sua admiração por ambos. Tal posicionamento do enunciador poemático, entendido pela perpectiva da poética cesárica, empresta à narrativa lírica um sentido metalinguístico. Aceita a asserção, poder-se-ia definir "Cristalizações" como uma "arte poética" em forma de alegoria, ou seja, com as personagens desempenhando papéis alegóricos.

V. 82 – *Lajões*: lajes grandes; placas de pedra, ou de outro material duro, não muito espessas, de superfície plana, cortadas comumente em forma geométrica e usadas em revestimento de piso, parede, em obra de alvenaria.

V. 83 – *Lezírias*: terras planas e alagadiças dispostas em margens de rio. *Montados*: terrenos arborizados, em geral extensos, utilizados para criação de gado suíno.

V. 86 – *Queixo hostil, distinto*. A adjetivação do queixo por qualificativos que pertencem à mulher caracteriza a figura retórica denominada hipálage, recurso frequente na prosa ficcional de Eça de Queirós e na poesia de Cesário. A combinação de hostilidade e distinção, derivada de um mesmo referente – o queixo da atriz ou ela mesma –, produz efeito de oximoro. Do ponto de vista sonoro, a reiteração expressiva do fonema vocálico /i/ gera efeito de assonância, que, aliás, percorre o verso e a estrofe como um todo, sugerindo sensação de agudeza.

V. 89 – Dezembro é mês de inverno em Portugal. O fragmento "dezembro enérgico, sucinto" forma par com "queixo hostil, distinto" (ver nota ao v. 86), não apenas através da rima, mas também pelo recurso da hipálage assindética, utilizado em ambos. A alusão à energia sucinta (precisa, concentrada) do inverno retoma a ideia determinista do frio como agente atmosférico de progresso. Lopes ("Cesário Verde, ou...", p. 626) considera a hipálage do verso "psicologicamente complexa, pois tanto sugere a ação dinamizante do frio sobre os organismos de sangue quente, como a linearização da paisagem arbórea desfolhada ou a contração dos corpos minerais sob a descida da temperatura".

Vv. 91-93 – Atraídos sexualmente pela mulher que passa, os calceteiros reagem como animais. A metáfora zoomórfica – "bovinos" –, bem como o enfoque organicista ou determinista da reação "sanguínea" dos trabalhadores são recursos tomados da prosa de ficção naturalista que Cesário transporta e adapta à poesia.

V. 92 – *Bovinos*. Sobre a simbologia do boi, em comparação com a da cabra, ver nota ao v. 100.

V. 98 – *Demonico*. A personagem feminina de "Cristalizações" é uma versão abrandada – um "demonico" e não um demônio – das mulheres fatais, sexualmente hipnóticas e predadoras, que figuram em outros poemas de Cesário.

V. 100 – Na cultura judaico-cristã, a simbologia da cabra (e do bode) está ligada ao diabo, ao demoníaco. É com base nesta simbologia que Alexandre Herculano escreve, a partir de uma lenda medieval, o conto "A Dama Pé de Cabra", publicado em *Lendas e Narrativas* (1851). Em "Cristalizações", o "demonico" (v. 98) passa pelos calceteiros com "pezinhos rápidos, de cabra". Em outras culturas antigas, como a chinesa e a grega, a cabra evoca a imagem do relâmpago. De modo similar, a atriz surge e passa fulgurante e fugaz por entre os operários na rua em construção. Na cultura romana, a ideia de liberdade regida pelo imprevisível e pela inconstância está associada à cabra. Daí que na língua portuguesa, esta noção compareça no vocábulo *capricho*, termo derivado de *capra, ae*, que significa *cabra* em latim. Os calceteiros encaram a caprichosa atriz com olhos "bovinos" (v. 92). O boi, símbolo do trabalho e da passividade, com sua lentidão pacienciosa e pacatez sofrida, opõe-se à cabra. Por essas simbologias, estabelece-se mais um plano semântico opositivo entre a atriz e os calceteiros (ver notas aos vv. 75-76).

❦ *Noites Gélidas* ❦

Merina

Rosto comprido, airosa, angelical, macia,
Por vezes, a alemã que eu sigo e que me agrada,
Mais alva que o luar de inverno que me esfria,
Nas ruas a que o gás dá noites de balada;
5   Sob os abafos bons que o Norte escolheria,
Com seu passinho curto e em suas lãs forrada,
Recorda-me a elegância, a graça, a galhardia
De uma ovelhinha branca, ingênua e delicada.

Primeira publicação: 1º de maio de 1878, na revista lisboeta *O Ocidente*. Título primitivo "Merina". O periódico *O Ocidente, Revista Ilustrada de Portugal e do Estrangeiro* foi um dos mais prestigiados de seu tempo. A moda das revistas ilustradas nasceu em Londres, em 1842, com a *Illustrated London News* e se espalhou pela Europa. Em Portugal, depois de algumas publicações de existência efêmera, *O Ocidente* tornou-se uma das primeiras revistas ilustradas bem-sucedidas e influentes. Seu número inaugural saiu em janeiro de 1878, ano em que foi premiada na Exposição Universal de Paris. Nela publicaram Guerra Junqueiro, Pinheiro Chagas, Gonçalves Crespo, Maria Amália Vaz de Carvalho, entre outros, além de Cesário. *O Ocidente* durou até 1909.

"Merina" é uma raça de carneiros cuja lã é muito fina e delicada.

V. 1 – *Airosa*: esbelta, elegante, garbosa. *Macia*. A dimensão tátil do adjetivo cria efeito de descrição sinestésica.

V. 2 – *Alemã*. A musa estrangeira ou estrangeirada está presente em diversos poemas de Cesário. Sua imagem se associa a culturas e sociedades do Norte da Europa.

V. 4 – A iluminação a gás chegou a Lisboa em 1848. Pouco a pouco, o novo sistema substituiu lamparinas de azeite e candeeiros a óleo de purgueira. A luz do gás proporcionou uma revolução nos costumes urbanos. Antes, a fraca iluminação pública restringia atividades noturnas. Daí que a noite para os românticos seja uma dimensão misteriosa, propícia à imaginação. Com o gás, as noites passaram a ser mais usufruídas socialmente. Intensificaram-se saraus, bailes públicos, espetáculos teatrais. A este contexto de movimentação noturna, favorecido pela nova iluminação, parece aludir a expressão "noites de balada". O vocábulo "balada" possui acepção musical e literária. Considerando o verso como um todo, o sentido musical (música para festa e dança) parace mais ajustado.

V. 5 – *Abafos*: trajes próprios para o clima frio, agasalhos.

V. 7 – *Galhardia*: elegância, distinção, garbo.

V. 8 – O poema converge para a imagem final em que o narrador compara a mulher agasalhada a uma "ovelhinha branca, ingênua e delicada". O olhar do sujeito lírico, por assim dizer, "desciviliza" a musa "alemã" (v. 2). Transforma-a num ser natural (e bucólico) disposto, por contraste, num meio urbano.

❧ *Sardenta* ❧

Tu, nesse corpo completo,
Ó láctea virgem doirada,
Tens o linfático aspecto
Duma camélia melada.

Primeira publicação: 1878, na revista portuense *Renascença*.

O poema manipula uma convenção literária universal, muito em voga durante o Romantismo: a eleição de um espécime floral para servir de termo comparativo ou metafórico da mulher idealizada. Tal recurso é recorrente na obra de Cesário. Em "Sardenta", o viés é paródico-irônico, o eu lírico se vale de um procedimento retórico da tradição para cantar um tipo feminino incomum na lírica amorosa: a mulher com sardas.

V. 3 – *Linfático*: atacado por linfatismo, doença que deixa a pele descorada e pastosa. O linfatismo provoca também perda de vigor, de energia, deixando o doente apático, abúlico, fleumático. O tipo linfático de mulher foi muito apreciado durante o Romantismo.

V. 4 – *Camélia*: flor branca e sem perfume, espécie de símbolo da mulher romântica, derivado do célebre romance (1848), depois transformado em drama (1852), *A Dama das Camélias*, de Alexandre Dumas (filho, 1824--1895). *Camélia melada*. A expressão é citada em cena de *Os Maias* (1888), de Eça de Queirós (p. 131), quando o narrador do romance relata o primeiro encontro de João da Ega com Raquel Cohen: "Conhecera-a [Ega a Raquel] na Foz, na Assembleia; nessa noite, cervejando com os rapazes, ainda lhe chamou *camélia melada...*".

✿ *Flores Velhas* ✿

Fui ontem visitar o jardinzinho agreste,
Aonde tanta vez a lua nos beijou,
E em tudo vi sorrir o amor que tu me deste,
Soberba como um sol, serena como um voo.

5   Em tudo cintilava o límpido poema
Com ósculos rimado às luzes dos planetas;
A abelha inda zumbia em torno da alfazema;
E ondulava o matiz das leves borboletas.

Em tudo eu pude ver ainda a tua imagem,
10   A imagem que inspirava os castos madrigais;
E as virações, o rio, os astros, a paisagem,
Traziam-me à memória idílios imortais.

Diziam-me que tu, no flórido passado,
Detinhas sobre mim, ao pé daquelas rosas,
15   Aquele teu olhar moroso e delicado,
Que fala de languor e d'emoções mimosas;

E, ó pálida Clarisse, ó alma ardente e pura,
Que não me desgostou nem uma vez sequer,
Eu não sabia haurir do cálix da ventura
20   O néctar que nos vem dos mimos da mulher.

Falou-me tudo, tudo, em tons comovedores,
Do nosso amor, que uniu as almas de dois entes;

As falas quase irmãs do vento com as flores
E a mole exalação das várzeas rescendentes.

25 Inda pensei ouvir aquelas coisas mansas
No ninho de afeições criado para ti,
Por entre o riso claro, e as vozes das crianças,
E as nuvens que esbocei, e os sonhos que nutri.

Lembrei-me muito, muito, ó símbolo das santas,
30 Do tempo em que eu soltava as notas inspiradas,
E sob aquele céu e sobre aquelas plantas
Bebemos o elixir das tardes perfumadas.

E nosso bom romance escrito num desterro,
Com beijos sem ruído em noites sem luar,
35 Fizeram-mo reler, mais tristes que um enterro,
Os goivos, a baunilha e as rosas de toucar.

Mas tu agora nunca, ah! nunca mais te sentas
Nos bancos de tijolo em musgo atapetados,
E eu não te beijarei, às horas sonolentas,
40 Os dedos de marfim, polidos e delgados...

Eu, por não ter sabido amar os movimentos
Da estrofe mais ideal das harmonias mudas,
Eu sinto as decepções e os grandes desalentos
E tenho um riso mau como o sorrir de Judas.

45 E tudo enfim passou, passou como uma pena,
Que o mar leva no dorso exposto aos vendavais,
E aquela doce vida, aquela vida amena,
Ah! nunca mais virá, meu lírio, nunca mais!

Ó minha boa amiga, ó minha meiga amante!
50 Quando ontem eu pisei, bem magro e bem curvado,
A areia em que rangia a saia roçagante,
Que foi na minha vida o céu aurirrosado,

Eu tinha tão impresso o cunho da saudade,
Que as ondas que formei das suas ilusões
55 Fizeram-me enganar na minha soledade
E as asas ir abrindo às minhas impressões.

Soltei com devoção lembranças inda escravas,
No espaço construí fantásticos castelos,
No tanque debrucei-me em que te debruçavas,
60 E onde o luar parava os raios amarelos.

Cuidei até sentir, mais doce que uma prece,
Suster a minha fé, num véu consolador,
O teu divino olhar que as pedras amolece,
E há muito me prendeu nos cárceres do amor.

65 Os teus pequenos pés, aqueles pés suaves,
Julguei-os esconder por entre as minhas mãos,
E imaginei ouvir ao conversar das aves
As célicas canções dos anjos teus irmãos.

E como na minh'alma a luz era uma aurora,
70 A aragem ao passar parece que me trouxe
O som da tua voz, metálica, sonora,
E o teu perfume forte, o teu perfume doce.

Agonizava o sol gostosa e lentamente,
Um sino que tangia, austero e com vagar,
75 Vestia de tristeza esta paixão veemente,
Esta doença, enfim, que a morte há de curar.

E quando m'envolveu a noite, noite fria,
Eu trouxe do jardim duas saudades roxas,
E vim a meditar em quem me cerraria,
80 Depois de eu morrer, as pálpebras já frouxas.

Pois que, minha adorada, eu peço que não creias
Que eu amo esta existência e não lhe queira um fim;

Há tempos que não sinto o sangue pelas veias
E a campa talvez seja afável para mim.

85   Portanto, eu, que não cedo às atrações do gozo,
Sem custo hei de deixar as mágoas deste mundo,
E, ó pálida mulher, de longo olhar piedoso,
Em breve te olharei calado e moribundo.

Mas quero só fugir das coisas e dos seres,
90   Só quero abandonar a vida triste e má
Na véspera do dia em que também morreres,
Morreres de pesar, por eu não *viver* já!

E não virás, chorosa, aos rústicos tapetes,
Com lágrimas regar as plantações ruins;
95   E esperarão por ti, naqueles alegretes,
As dálias a chorar nos braços dos jasmins!

Primeira publicação: 4 de dezembro de 1874, no periódico portuense *Jornal da Tarde*. Título original: "Melodias Vulgares". Além do título, a versão do poema na edição de Silva Pinto apresenta diversas variantes em relação ao original.

V. 1 – *Ontem*. O marcador situa cronologicamente, em relação ao tempo do enunciado, a ação descrita no poema. O efeito deste recurso, próprio da prosa de ficção, é o de historicizar a narrativa e por conseguinte torná-la menos mítica, sublime ou emblemática, fatores em geral associados ao discurso lírico no século XIX. O tempo é uma categoria discursiva importante ao longo do poema, marcando passado e futuro, a partir do presente da enunciação, também referido.

V. 6 – *Ósculos*: beijos.

V. 7 – *Alfazema*: planta de origem mediterrânea com propriedades medicinais, qualidades ornamentais e aroma ativo.

V. 8 – *Matiz*: colorido, combinação de cores.

V. 10 – *Madrigais*: poemas curtos de temática amorosa e origem medieval, comumente destinados ao canto.

V. 12 – *Idílios*: poemas breves, surgidos na Antiguidade, de temática amorosa e ambiente bucólico.

V. 13 – *Flórido*. No original avulso e na edição de Silva Pinto, o vocábulo transcrito é *florido*. Cabral do Nascimento acentua o termo para manter o padrão rítmico do hemistíquio, que possui acentuação nas 2ª e 6ª sílabas. Trata-se, talvez, de atualização ortográfica e não de emenda, pois que muitos termos proparoxítonos à época não eram acentuados graficamente mas sim prosodicamente. *Diziam-me*. O sujeito da oração encontra-se no v. 11.

V. 15 – *Moroso*: vagaroso, lento.

V. 16 – *Languor*: ou langor designa um estado de apatia, prostração, debilidade. O termo, e seu cognato *languidez*, possui sentido valorativo, quando associado à mulher, segundo concepção consagrada no Romantismo. Para os românticos, a mulher lânguida era meiga, branda, discreta e, por conseguinte, pura, atraente, sensual.

V. 17 – *Pálida*. A palidez da mulher é um valor físico em geral associado à languidez na lírica romântica (ver nota ao v. 16).

V. 19 – *Haurir*: beber todo o conteúdo líquido de um recipiente. *Cálix*: cálice.

V. 20 – *Néctar*: sumo adocicado produzido por algumas flores; bebida mítica de deuses olímpicos. Segundo algumas lendas, o néctar mítico proporcionava a imortalidade a quem o bebesse.

V. 21 – *Falou-me*. O sujeito da oração é, talvez, o sintagma "a tua imagem" (v. 9).

V. 24 – *Rescendentes*: aromáticos que exalam odores agradáveis.

V. 32 – *Elixir*: bebida à qual se atribuía propriedades mágicas na Idade Média. Por extensão, qualquer bebida saborosa e suave. O sentido gustativo associado às "tardes perfumadas" cria efeito sinestésico. De fato, a evocação da natureza em "Flores Velhas" está repleta de referências sensoriais que fazem do poema como um todo, e não apenas do verso em questão, um texto marcadamente sinestésico.

V. 33 – *Desterro*. O termo possui, em princípio, sentido negativo, associado à ideia de exílio, confinamento, solidão. Todavia, no poema, o vocábulo assume valor positivo, de espaço isolado e bucólico, ideal, portanto, para o encontro amoroso do narrador e sua amada (cf. Macedo, *Nós*, p. 62).

V. 35 – *Fizeram-mo*. O sujeito da oração encontra-se no verso seguinte. O sentido da estrofe, desfeitas as inversões, é: os goivos, a baunilha e as rosas de toucar, mais tristes que um enterro, fizeram-me reler o nosso bom romance escrito num desterro, com beijos sem ruído em noites sem luar.

V. 36 – *Goivos*: plantas ornamentais dotadas de flores aromáticas. *Baunilha*: planta ornamental de onde se extrai essência utilizada em culinária e perfumaria. *Rosas de toucar*: rosas que, pela beleza, podem servir de adorno, enfeite.

Vv. 37-40 – Trata-se da estrofe que ocupa o centro geográfico do poema. Nela, o narrador revela a impossibilidade de reencontrar sua amada, motivação central do discurso lírico do poema.

Vv. 41-42 – O narrador estabelece uma interrelação entre linguagem amorosa e termos literários. Relações aproximativas entre expressão amorosa e léxico literário ou referências à literatura ocorrem também nos vv. 5, 6, 10, 12, 33 e 35.

V. 44 – Judas Iscariotes foi discípulo de Jesus. Traiu seu mestre, entregando-o aos judeus, em troca dum punhado de dinheiro. Depois, premido pelo remorso, enforcou-se. O paralelo entre o narrador e Judas se dá pelo traço comum da consciência arrependida. No entanto, há que se considerar uma diferença: Judas arrependeu-se por algo que fez, e o sujeito lírico, por algo que não fez: "haurir do cálix da ventura / O néctar que vem dos mimos da mulher" (vv. 19-20), "amar os movimentos / Da estrofe mais ideal das harmonias mudas" (vv. 41-42). Através de linguagem metafórica, em suma, o narrador demonstra arrependimento por não ter sabido esgotar as possibilidades de exploração amorosa tanto em sua dimensão física quanto sentimental.

V. 45 – *Passou, passou*. O recurso retórico da reduplicação ou epizeuxe, como forma de ênfase semântica, surge também nos vv. 21, 29, 37 e 77. Outras construções anafóricas ocorrem com frequência no poema.

V. 48 – *Lírio*. O lírio branco é símbolo de inocência, pureza, virgindade. No Romantismo, tornou-se clichê a evocação da amada pelo nome da planta.

V. 51 – *Roçagante*: que se arrasta ou passa levemente pelo chão, rastejante.

V. 52 – *Aurirrosado*: que é dourado e rosa, que combina estas duas cores.

V. 53 – *Cunho*: peça de metal usada para gravar em relevo moedas e medalhas. O fato de ter o eu lírico "impresso [em si] o cunho da saudade" demonstra a tendência do estilo cesário em tornar concreto o abstrato. A saudade, no caso, não é descrita como sentimento apenas, mas como imagem, uma gravura impressa em alguma parte física do sujeito lírico.

V. 59 – *Tanque*: reservatório de água, fonte, poço.

V. 63 – Como o canto mítico de Orfeu, o olhar da amada possui o "divino" poder de abrandar as pedras.

Vv. 64-65 – Entre os vv. 64 e 65, a publicação avulsa do poema apresenta a seguinte estrofe, suprimida na edição de Silva Pinto:

> E cheio das visões em que a alma se dilata
> Julguei-me no teu peito, ó coração que dormes!
> E foram embalar-me as águas da cascata
> De búzios naturais e conchas multiformes.

V. 68 – *Célicas*: celestes, celestiais.

Vv. 90-92 – A afirmação tende para o jocoso ou, mais propriamente, para o joco-sério. Com isso, o narrador fratura o discurso lírico, que vinha se desenvolvendo próximo à tradição romântico-sentimental. O procedimento de corrigir ou minimizar o excesso de sentimentalismo através de uma afirmação irônica, disposta em geral no fim do poema, é recurso comum na poética cesárica. Sacramento (p. 132) assim comenta a passagem: "O poema decorre, até a penúltima quadra, no clima habitual do lirismo tradicional. O bardo dispõe-se a morrer – sem custo. E declara à mulher amada que em breve a olhará calado e moribundo. Ei-lo, todavia, que de súbito ironiza a situação, na penúltima estrofe. Que é senão isso, de fato, a sua declaração de 'só querer' abandonar a vida na véspera do dia em que a amada morra... do desgosto de o ver morrer? Somos assim colocados perante dois cadáveres adiados – como diria Fernando Pessoa – que gentilmente se cedem a primazia no limiar do além... Mas, se a junção da penúltima quadra resultou, porventura, da necessidade que o poeta sentiu de minimizar a fuga no melodrama em que incorrera ..., a da última obedeceu sem dúvida ao desejo de amortecer o choque produzido pela dissonância irônica do passo anterior".

V. 93 – *Rústicos tapetes*: solo gramado.

Vv. 93-96 – A estrofe só aparece na edição de Silva Pinto.

V. 95 – *Alegretes*: pequenos canteiros enfeitados com plantas e flores.

V. 96 – *Dálias*: tipo de plantas que pruduzem flores ornamentais sem aroma. *Jasmins*: tipo de plantas cujas flores são muito perfumadas. A imagem, em forma de prosopopeia, compõe um clichê literário. Dotar a natureza de alma sensível e fazê-la sofrer a má-sorte dos amantes é lugar-comum da tradição retórica da literatura.

❧ *Noite Fechada* ❧

(L.)

Lembras-te tu do sábado passado,
Do passeio que demos, devagar,
Entre um saudoso gás amarelado
E as carícias leitosas do luar?

5   Bem me lembro das altas ruazinhas,
Que ambos nós percorremos de mãos dadas:
Às janelas palravam as vizinhas;
Tinham lívidas luzes as fachadas.

Não me esqueço das cousas que disseste,
10   Ante um pesado templo com recortes;
E os cemitérios ricos, e o cipreste
Que vive de gorduras e de mortes!

Nós saíramos próximo ao sol-posto,
Mas seguíamos cheios de demoras;
15   Não me esqueceu ainda o meu desgosto
Nem o sino rachado que deu horas.

Tenho ainda gravado no sentido,
Porque tu caminhavas com prazer,
Cara rapada, gordo e presumido,
20   O padre que parou para te ver.

Como uma mitra a cúpula da igreja
Cobria parte do ventoso largo;

E essa boca viçosa de cereja,
Torcia risos com sabor amargo.

25 A lua dava trêmulas brancuras,
Eu ia cada vez mais magoado;
Vi um jardim com árvores escuras,
Como uma jaula todo gradeado!

E para te seguir entrei contigo
30 Num pátio velho que era dum canteiro,
E onde, talvez, se faça inda o jazigo
Em que eu irei apodrecer primeiro!

Eu sinto ainda a flor da tua pele,
Tua luva, teu véu, o que tu és!
35 Não sei que tentação é que te impele
Os pequeninos e cansados pés.

Sei que em tudo atentavas, tudo vias!
Eu por mim tinha pena dos marçanos,
Como ratos, nas gordas mercearias,
40 Encafurnados por imensos anos!

Tu sorrias de tudo: os carvoeiros,
Que aparecem ao fundo dumas minas,
E à crua luz os pálidos barbeiros
Com óleos e maneiras femininas!

45 Fins de semana! Que miséria em bando!
O povo folga, estúpido e grisalho!
E os artistas d'ofício iam passando,
Com as férias, ralados do trabalho.

O quadro interior, dum que à candeia,
50 Ensina a filha a ler, meteu-me dó!
Gosto mais do plebeu que cambaleia,
Do bêbado feliz que fala só!

De súbito, na volta de uma esquina,
Sob um bico de gás que abria em leque,
55 Vimos um militar, de barretina
E galões marciais de pechisbeque.

E enquanto ele falava ao seu namoro,
Que morava num prédio de azulejo,
Nos nossos lábios retiniu sonoro
60 Um vigoroso e formidável beijo!

E assim ao meu capricho abandonada,
Erramos por travessas, por vielas,
E passamos por pé duma tapada
E um palácio real com sentinelas.

65 E eu que busco a moderna e fina arte,
Sobre a umbrosa calçada sepulcral,
Tive a rude intenção de violentar-te
Imbecilmente, como um animal!

Mas ao rumor dos ramos e d'aragem,
70 Como longíquos bosques muito ermos,
Tu querias no meio da folhagem
Um ninho enorme para nós vivermos.

E ao passo que eu te ouvia abstratamente,
Ó grande pomba tépida que arrulha,
75 Vinham batendo o macadam fremente,
As patadas sonoras da patrulha.

E através a imortal cidadezinha,
Nós fomos ter às portas, às barreiras,
Em que uma negra multidão se apinha
80 De tecelões, de fumos, de caldeiras.

Mas a noite dormente e esbranquiçada
Era uma esteira lúcida d'amor;

Ó jovial senhora perfumada,
Ó terrível criança! Que esplendor!

85 E ali começaria o meu desterro!...
Lodoso o rio, e glacial, corria;
Sentamo-nos, os dois, num novo aterro
Na muralha dos cais de cantaria.

Nunca mais amarei, já que não amas,
90 E é preciso, decerto, que me deixes!
Toda a maré luzia como escamas,
Como alguidar de prateados peixes.

E como é necessário que eu me afoite
A perder-me de ti, por quem existo,
95 Eu fui passar ao campo aquela noite
E andei léguas a pé, pensando nisto.

E tu que não serás somente minha,
Às carícias leitosas do luar,
Recolheste-te, pálida e sozinha,
100 À gaiola do teu terceiro andar!

Primeira publicação: 24 de agosto de 1879, no periódico *Novidades*, sob o pseudônimo Cláudio. Título primitivo: "Noitada". O original não traz a dedicatória velada – (*L.*) – que aparece em "Noite Fechada".

Pelo tempo da publicação de "Noitada", Cesário vinha sofrendo ataques na imprensa devido sobretudo ao grau de originalidade considerado excessivo de seus poemas. Talvez por isso Cesário tenha adotado, naquele momento, um pseudônimo autoral. Sobre as contendas jornalístico-literárias da época, envolvendo a obra de Cesário, confira o capítulo "Polêmicas Jornalísticas", de João de Figueiredo (*A Vida de Cesário Verde*, pp. 117-126).

V. 2 – A narrativa se constrói, como em outros poemas de Cesário, a partir da *flânerie* ou deambulação despreocupada do narrador. No entanto, em "Noite Fechada", o eu poético não deambula sozinho, mas acompanhado de sua interlocutora, a quem se dirige para relembrar o "passeio" ou eventos ocorridos durante o "passeio" noturno. Não é comum também, segundo a tradição, que a *flânerie* ocorra à noite.

Vv. 3-4 – Como em "Noites Gélidas – Merina", a iluminação a gás e o luar formam um par representativo, respectivamente, da cidade e do campo ou das noites urbana e rural, com suas relações opositivas e complementares (ver nota ao v. 4 de "Noites Gélidas – Merina").

V. 7 – *Palravam*: conversavam, falavam entre si.

V. 10 – *Com recortes*: com esculturas em relevo gravadas na pedra das paredes.

V. 11 – *Cipreste*. Em muitas culturas, desde a Antiguidade, o cipreste é considerada árvore funerária. Utilizado na ornamentação de cemitérios, sua simbologia mortuária advém do fato de que uma vez derrubado o cipreste não torna mais a brotar.

V. 12 – *Gorduras*. O termo refere-se a velas ou círios, que são fabricados a partir de substância gordurosa, extraída em geral do sebo de boi.

V. 14 – O modo displicente com que os amantes passeiam reforça o sentido de *flânerie*.

Vv. 19-20 – O anticlericalismo, ou a adoção de postura crítica diante de certos segmentos do clero, fazia parte do ideário da Geração de 70. Contemporâneos de Cesário, Eça de Queirós e Guerra Junqueiro, por exemplo, abordaram de modo crítico a questão clerical em algumas de suas obras. // O "sino rachado" (v. 16) que soa na estrofe anterior como que anuncia ritualístico-parodicamente a aparição do padre lascivo.

V. 21 – *Mitra*: chapéu comprido e cônico usado por alto clero em cerimônias religiosas.

V. 23 – *Viçosa*: saudável, vigorosa.

Vv. 30-32 – Depois de passar por "cemitérios ricos" (v. 11), enfeitados com ciprestes, o narrador se imagina enterrado num "pátio velho ... dum canteiro".

V. 38 – *Marçanos*: balconista no comércio, caixeiro. Cesário exerceu, entre outras, a função de marçano ou caixeiro na loja de ferragens de seu pai.

V. 39 – *Gordas mercearias*: mercearias engorduradas, sebentas, como as velas ("gorduras", v. 12) dos cemitérios e o padre lascivo, "gordo e presumido" (v. 19).

V. 40 – *Encarfurnados*: escondidos, ocultos. Em sentido literal, *estar encafurnado* equivale a *estar no interior de um aposento imundo e miserável*, pois o termo *cafurna*, de que o verbo deriva, designa um habitat sujo, desarranjado e pobre, como fazem supor ser as "gordas mercearias" citadas no verso anterior.

V. 41 – Na edição de Silva Pinto, o verso transcrito é: "Tu sorriras de tudo: Os carvoeiros". A emenda do verbo é proposta por Joel Serrão (*OC*, p. 129) a partir de uma reimpressão isolada do poema, publicada na revista *A Ilustração*, três meses depois de ser estampado em *O Livro de Cesário Verde*. O uso de maiúsculas depois de dois pontos era convenção ortográfica pouco usada na época de Cesário. Atualmente, ela não faz sentido.

V. 43 – *À crua luz*: sob iluminação artificial a gás.

Vv. 45-52 – Os oito versos que compõem a cena podem ser divididos em quatro dísticos. Em cada um deles, o narrador apresenta um pequeno quadro do cotidiano da cidade. O tom da apresentação varia a cada quadro e cria assim efeito de modulação sentimental formulada por sensibilidade instável. Apesar da variação de perspectiva nos enquadramentos, as cenas contêm um eixo temático subjacente comum: ilusões urbanas. No primeiro dístico, com voz inconformada, o sujeito lírico invectiva contra a alienação do "povo estúpido" que, apesar do tempo ("grisalho"), não adquiriu consciência crítica de si e gasta os fins de semana em lazer fútil. A seguir, em tom frio, realista, flagra operários ("artistas de ofício") exaustos ("ralados do trabalho") "passando" com seus minguados salários ("férias"). No próximo apontamento, assiste comovido ao esforço de um morador pobre – a vulgar "candeia" de azeite atesta sua pobreza – para educar sua filha, a fim de proporcionar a ela condições de ascensão social, dentro de um contexto que, a contrapelo, desmente esta ambição, seja pela estupidez generalizada do povo, seja pela exploração do trabalho assalariado. A *blague* final corrige o modo confessional com que se erigem os quadros anteriores. Irônico, em tom de deboche, o eu lírico afirma preferir a precária ilusão de felicidade gerada pela embriaguez solitária às não menos precárias ilusões do povo alienado, do trabalhador explorado ou do sonhador desvalido.

V. 47 – *Artistas de ofício*: artífices ou artesãos, como sapateiro ou carpinteiro, por exemplo.

V. 48 – *Férias*: salários, remunerações diárias de trabalhadores horistas ou jornaleiros.

V. 55 – *Barretina*: chapéu militar alto e cilíndrico. A barretina constitui uma variação da imagem da "mitra" (v. 21), referida alguns versos atrás. Ambas formam símbolos metonímicos dos poderes eclesiástico e militar, que rondam a cidade.

V. 56 – *Galões*: tiras de tecido bordadas com fios em geral de ouro ou prata, utilizadas como distintivo de certas patentes militares ou ornamento de roupas, cortinas, estofamentos etc. *Pechisbeque*: ouro falso. O sentido de mistificação e de inautenticidade do pechisbeque contamina a figura do militar.

V. 57 – *Namoro*: namorada, amada.

V. 63 – *Tapada*: parque murado, bosque com cercas. A imagem recupera a do "jardim gradeado" (vv. 27-28), citada anteriormente. Ambas, ao lado de outras como "jaula" (v. 28), "gaiola" (v. 100), "sepulcro" (vv. 31 e 66), "pátio" (v. 30), "prédio" (vv. 58 e 100), "templo" (vv. 10 e 21), "marçanos encafurnados" (vv. 38-40), "carvoeiros nas minas" (vv. 41-42), constroem sentido de emparedamento que se estende à cidade e, por conseguinte, a seus habitantes. Disseminada pelo texto, e associada ao passeio noturno do casal, a ideia de clausura justifica, em parte, o título do poema.

V. 66 – *Umbrosa*: coberta de sombras, escura.

Vv. 67-68 – Os versos se aproximam do estilo da prosa naturalista pela temática da sexualidade instintiva, comparada a dos animais.

V. 70 – *Longíquos*. Na edição de Silva Pinto, mantendo-se até a 5ª, na de Joel Serrão e na de Barahona, o termo grafado é "longíquos", variante arcaica de *longínquos*. O mesmo arcaísmo pode ser lido em "O Sentimento dum Ocidental" (IV, v. 12). Modernas edições tendem a modernizar a grafia do vocábulo.

V. 74 – *Tépida*: morna, frouxa. O verso metaforicamente destaca a sensualidade da mulher. Em convenções literárias do século XIX, a pomba funciona como metáfora erótica da mulher. O arrulhar – canto de sedução – e a tepidez da ave intensificam seu erotismo. Além disso, a alusão ao pássaro recupera e prolonga a metáfora "ninho" (v. 72), referida versos atrás.

V. 75 – *Macadam*: variação de *macadame*. Ver nota ao v. 5 de "Num Bairro Moderno".

V. 76 – O som estrídulo gerado pelo patear dos cavalos no chão pavimentado contrasta com o suave arrulhar da "pomba tépida" (v. 74), metáfora musical da expressão amorosa da amada, citada na mesma estrofe. // A hipálage presente na construção "patadas da patrulha" sugere a ideia de animalização dos militares. // Do ponto de vista sonoro, a aliteração dos fonemas oclusivos /p/ e /t/ estilizam ou mimetizam o som do galope dos cavalos.

V. 77 – *Imortal cidadezinha*. Há certo contraste entre a expressão algo irônica "imortal cidadezinha" e ideias associadas à cidade como emparedamento (ver nota ao v. 63), repressão, gerada pela patrulha militar da estrofe anterior, e imagens pesadélicas e infernais, como a da "negra multidão" (v. 79) apinhada "de tecelões, de fumos, de caldeiras" (v. 80), disposta na mesma estrofe. // Em sentido amplo, a paisagem e as referências urbanas sugerem ser Lisboa a cidade não nomeada descrita no poema e referida na expressão.

V. 85 – *Desterro*. Metáfora espacial figurativizadora do estado de ânimo do narrador diante da impossibilidade de realização amorosa. Para esta imagem confluem as do "rio lodoso e glacial" (v. 86), do "aterro" (v. 87) e da "muralha do cais" (v. 88), que, articuladas com a metáfora central, tornam-se também representativas do aniquilamento sentimental do sujeito lírico.

V. 86 – O estado lodoso do rio evoca, de certo modo, a turbulência psicológica do narrador, "desterrado" (v. 85) e atormentado frente ao malogro da comunhão amorosa. Por outro lado, a glacialidade do rio evoca a frieza da

POEMAS REUNIDOS ~ 179

amada, "que não ama" (v. 89) e não se deixa amar. Nesse sentido, o arranjo sintático da frase, que separa os determinantes – "*Lodoso* o rio, e *glacial*" –, pode ser considerado funcional, pois inscreve na sintaxe (ordenação dos vocábulos) a separação dos amantes (cf. Carter, p. 93).

V. 88 – *Cantaria*: pedra trabalhada para construção de muros, paredes etc.

V. 91 – Nas 1ª e 2ª edições, *luzida* aparece em lugar de *luzia*. A gralha é corrigida a partir da 3ª edição.

V. 92 – *Alguidar*: vaso de barro ou metal, baixo nas laterais, em forma de cone invertido. Usado na preparação e arranjo de alimentos.

V. 94 – A vírgula que separa os hemistíquios surge na 2ª edição e repete-se nas 3ª, 4ª e 5ª, na de Cabral do Nascimento, na de Tarracha Ferreira e na de Barahona.

V. 99 – A vírgula no final do verso surge a partir da 2ª edição.

V. 100 – *Gaiola*: termo usado para designar prédio de habitações pequenas, em geral alugadas por famílias de baixa renda.

❧ *Manhãs Brumosas* ❧

Aquela, cujo amor me causa alguma pena,
Põe o chapéu ao lado, abre o cabelo à banda,
E com a forte voz cantada com que ordena,
Lembra-me, de manhã, quando nas praias anda,
5   Por entre o campo e o mar, bucólica, morena,
Uma pastora audaz da religiosa Irlanda.

Que línguas fala? A ouvir-lhe as inflexões inglesas,
– Na névoa azul, a caça, as pescas, os rebanhos! –
Sigo-lhe os altos pés por estas asperezas;
10   E o meu desejo nada em época de banhos,
E, ave de arribação, ele enche de surpresas
Seus olhos de perdiz, redondos e castanhos.

As irlandesas têm soberbos desmazelos!
Ela descobre assim, com lentidões ufanas,
15   Alta, escorrida, abstrata, os grossos tornozelos;
E como aquelas são marítimas, serranas,
Sugere-me o naufrágio, as músicas, os gelos
E as redes, a manteiga, os queijos, as choupanas.

Parece um "rural boy"! Sem brincos nas orelhas,
20   Traz um vestido claro a comprimir-lhe os flancos,
Botões a tiracolo e aplicações vermelhas;
E à roda, num país de prados e barrancos,
Se as minhas mágoas vão, mansíssimas ovelhas,
Correm os seus desdéns, como vitelos brancos.

25   E aquela, cujo amor me causa alguma pena,
       Põe o chapéu ao lado, abre o cabelo à banda,
       E com a forte voz cantada com que ordena,
       Lembra-me, de manhã, quando nas praias anda,
       Por entre o campo e o mar, católica, morena,
30   Uma pastora audaz da religiosa Irlanda.

Primeira publicação: 1879, na revista portuense *Renascença*. No original, indicam-se espaço e tempo da composição do poema: "Foz do Tejo, 1877", e subtítulo: "(versos dum inglês)".

O subtítulo "(versos dum inglês)", retirado do poema na edição de Silva Pinto, demarca uma dicotomia ideológico-espacial. No século XIX, a Irlanda era um país primordialmente agrário, sobretudo quando comparada à Inglaterra. Em outros termos, a Irlanda era a contraface rural do urbanismo inglês. Como em outros poemas de Cesário, "Manhãs Brumosas" se estrutura a partir do binômio cidade *versus* campo, ou seja, se constrói a partir de um olhar civilizado (inglês) que contempla uma mulher com traços de pastora irlandesa. A supressão do subtítulo desfaz essa dicotomia e, de certo modo, empobrece a leitura do poema (cf. Mendes, pp. 40-41).

Há certas semelhanças entre o poema de Cesário e a série impressionista *Femme à l'ombrelle* (*tournée vers la gauche* e *tournée vers la droit*, 1886), de Claude Monet. Nas telas do pintor francês, uma jovem veste chapéu ligeiramente descaído, tem o cabelo corrido às costas, é morena e leva vestido branco, acinturado, com um detalhe vermelho na altura da cintura. Ela passeia pelo campo em dia claro, luminoso, que parece de primavera. As semelhanças são, por certo, apenas coincidências de artistas coetâneos que não se conheceram mas que partilharam, até certo ponto, e cada um dentro de sua linguagem, conceitos estéticos comuns.

"Manhãs Brumosas" remonta à tradição medieval da pastorela, atualizando-a. O eu lírico canta não uma pastora convencional mas uma mulher que, por suas características, aliás nem todas pastoris, "lembra" uma pastora, mais especificamente, irlandesa. O discurso lírico-amoroso levemente erótico do poema também "lembra" o tom de pastorelas medievais.

V. 1 – Na publicação avulsa, o verso é: "Aquela, cujo amor me causa tanta pena". A mudança do intensificador "*tanta*" para "*alguma* pena" altera, por conseguinte, a intensidade do sofrimento amoroso do eu lírico, atenuando-o na versão final. O abrandamento da pena de amor parece mais coerente com o sentido pastoril do espaço e da amada, ao mesmo tempo que aproxima, no plano sentimental, o narrador de sua musa. A alteração do determinante de intensidade talvez esteja relacionada com a decisão de suprimir o subtítulo "(versos dum inglês)" (ver nota introdutória).

V. 2 – *Cabelo à banda*: cabelo descaído para um lado.

V. 12 – *Perdiz*. A perdiz é uma ave que, apesar da voz de timbre estridente, tem sua imagem associada a ideias como graça, beleza e elegância. Na iconografia antiga de culturas orientais, a perdiz é símbolo de sedução feminina. Com o tempo, a ave ganhou fama de lasciva. A tradição cristã a tomou como representação demoníaca de tentações carnais. Em carta a Bettencourt Rodrigues, de novembro de 1879 – posterior, portanto, à composição de "Manhãs Brumosas" –, Cesário (*OC*, p. 236) fala sobre suas caças às perdizes e sobre uma singularidade que vê nesta ave e que registra no poema: "Este ano engrossei na caça às perdizes por terras; tive dias de dez léguas, e acho-me apto a trabalhar valentemente. Tu ignoras decerto o que é esta caça. Na perdiz tudo é redondo, o olho, o corpo que arredondam para voar, o ruído do voo que lembra um *roulement* [rufar] de tambor, tudo redondo. Não atirava para as ver sempre vivas".

V. 14 – *Lentidões ufanas*. A hipálage, presente na expressão, é recurso usual também na prosa de ficção de Eça de Queirós. // Brando erotismo manifesta-se no gesto lento e orgulhoso (ufano) de a mulher descobrir os tornozelos.

V. 16 – As irlandesas são referidas como "marítimas" e "serranas" pelo narrador. Tal referência articula-se com o fato de a musa do poema percorrer caminhos "por entre o campo e o mar" (vv. 5 e 29). Esta ambiguidade espacial é um aspecto que aproxima as culturas de Irlanda e Portugal, país também rural, marítimo e serrano, dedicado à caça, à pesca e ao rebanho (v. 8). Além disso, a aludida religiosidade católica (v. 29) da musa afigura-se outro traço unificador das culturas irlandesa e portuguesa.

Vv. 17-18 – As imagens sugeridas pelo ato provocativo e sedutor de a mulher descobrir os tornozelos estão semanticamente associadas à condição "marítima" e "serrana" (v. 16) das irlandesas e da musa. As imagens marítimas mostram-se devastadoras e frias: "naufrágios, gelos"; as serranas são amenas ou simplesmente pastoris: "músicas, redes, manteiga, queijos e choupanas".

V. 19 – *"Rural boy"* (ingl.): garoto do interior, que vive em sítios, fazendas. No poema, há outros índices de masculinidade ou de ambiguidade sexual da musa: "a forte voz ... com que ordena" (vv. 3 e 27); o qualificativo "audaz" (vv. 6 e 30); o fato de ela andar sozinha por entre a "névoa azul" (v. 8) de uma manhã – obviamente – brumosa; de estar vinculada a ações masculinas como "a caça, as pescas, os rebanhos" (v. 8), que o eu lírico qualifica de "asperezas" (v. 9); de cultivar "desmazelos" (v. 13), como chapéu de lado e "cabelo à banda" (vv. 2 e 26); de ter "grossos tornozelos" (v. 15); e de passear "sem brincos nas orelhas" (v. 19).

Vv. 25-30 – A última estrofe funciona como uma espécie de refrão, pois repete a primeira com duas pequenas modificações: inclusão da partícula "e" no ínicio do primeiro verso e substituição do adjetivo "bucólica" por "católica" no v. 29. O recurso da repetição, ainda que não integral, produz efeito de temporalidade cíclica. O poema termina como começou. Não há transformação das personagens ou percurso narrativo, como ocorre em outros poemas de Cesário. O quadro lírico fecha-se num ciclo supratemporal, como uma pintura, emoldurada num tempo de contínua retropresentificação da cena descrita. Por este prisma, afigura-se coerente a opção estilística de usar o tempo verbal indicativo presente ao longo do poema.

✸ *Frígida* ✸

I

Balzac é meu rival, minha senhora inglesa!
Eu quero-a porque odeio as carnações redondas!
Mas ele eternizou-lhe a singular beleza
E eu turbo-me ao deter seus olhos cor das ondas.

II

5   Admiro-a. A sua longa e plácida estatura
Expõe a majestade austera dos invernos.
Não cora no seu todo a tímida candura;
Dançam a paz dos céus e o assombro dos infernos.

III

Eu vejo-a caminhar, fleumática, irritante,
10   Numa das mãos franzindo um lenço de cambraia!...
Ninguém me prende assim, fúnebre, extravagante,
Quando arregaça e ondula a preguiçosa saia!

IV

Ouso esperar, talvez, que o seu amor me acoite,
Mas nunca a fitarei de uma maneira franca;
15   Traz o esplendor do Dia e a palidez da Noite,
É, como o Sol, dourada, e, como a Lua, branca!

V

Pudesse-me eu prostrar, num meditado impulso,
Ó gélida mulher bizarramente estranha,
E trêmulo depor os lábios no seu pulso,
20   Entre a macia luva e o punho de bretanha!...

VI

Cintila no seu rosto a lucidez das joias.
Ao encarar consigo a fantasia pasma;
Pausadamente lembra o silvo das jiboias
E a marcha demorada e muda dum fantasma.

VII

25   Metálica visão que Charles Baudelaire
Sonhou e pressentiu nos seus delírios mornos,
Permita que eu lhe adule a distinção que fere,
As curvas da magreza e o lustre dos adornos!

VIII

Deslize como um astro, um astro que declina;
30   Tão descansada e firme é que me desvaria,
E tem a lentidão duma corveta fina
Que nobremente vá num mar de calmaria.

IX

Não me imagine um doido. Eu vivo como um monge,
No bosque das ficções, ó grande flor do Norte!
35   E, ao persegui-la, penso acompanhar de longe
O sossegado espectro angélico da Morte!

X

O seu vagar oculta uma elasticidade
Que deve dar um gosto amargo e deleitoso,

E a sua glacial impassibilidade
40   Exalta o meu desejo e irrita o meu nervoso.

XI

Porém, não arderei aos seus contatos frios,
E não me enroscará nos serpentinos braços:
Receio suportar febrões e calefrios;
Adoro no seu corpo os movimentos lassos.

XII

45   E se uma vez me abrisse o colo transparente,
E me osculasse, enfim, flexível e submissa,
Eu julgaria ouvir alguém, agudamente,
Nas trevas, a cortar pedaços de cortiça!

Primeira publicação: 11 de abril de 1875, em *A Tribuna*.

Título primitivo: "Humorismos de Amor". O título original indica um modo pelo qual o poema deve ser lido, ou seja, pela chave do humor. A mudança do título retira a indicação modal de leitura. De fato, o humor não é um aspecto disposto na superfície do discurso lírico. O poema, como quase todos da série de musas fatais na obra de Cesário, pode ser lido como sério ou joco-sério. Sob este aspecto, o título primitivo dirige a leitura e a restringe, em princípio, a uma opção modal.

V. 1 – Honoré de Balzac (1799-1850) foi escritor francês, autor da série de romances intitulada *A Comédia Humana*. No poema, Balzac é evocado como o escritor que consagrou o modelo de mulheres esguias, "as curvas da magreza" (v. 28), tipo de beleza feminina não considerado ou considerado exótico no tempo de Cesário. As "carnações redondas" (v. 2), celulite e gordura em demasia, eram o modelo de beleza feminina ideal no século XIX.

V. 4 – Mourão-Ferreira ("Notas", p. 101) alude ao verso como "um curioso caso de hipálage": "não são os olhos coisa que se detenha, mas, porque têm a mesma cor das ondas, ficam eles carregados do movimento que as caracteriza e torna-se necessário detê-los, como se de ondas se tratasse. Tudo isto ajuda a criar uma suspensa atmosfera de receio e de perigo; o sortilégio deste verso reside nisso mesmo".

V. 9 – *Fleumática*: lenta, impassível.

V. 13 – *Acoite*: proteja, agasalhe, abrigue.

V. 22 – *Consigo*: contigo. Ver nota ao v. 9 de "Deslumbramentos".

V. 25 – Charles Baudelaire (1821-1867) foi poeta e crítico francês, autor de *Les Fleurs du Mal* (1857). No tempo de Cesário, a poesia de Baudelaire era considerada extravagante e de mau gosto em Portugal. Mesmo autores da Geração de 70, supostamente mais receptivos a inovações artísticas, manifestaram restrições à originalidade de alguns poemas baudelairianos. O paradigma poético então, entre os modernos, era a obra de outro escritor francês: Victor Hugo. Em "Frígida", o narrador estabelece paralelo entre a excentricidade da "senhora inglesa" e o estilo poético praticado por Baudelaire. Com isso, o poema repete a avaliação crítica dominante à época sobre o autor de *Les Fleurs du Mal*. Cesário parece querer assim se afastar de uma de suas fontes literárias. De fato, os detratores de Cesário costumavam compará-lo a Baudelaire, para acusar o primeiro de epígono do segundo. Dessa forma, é natural que Cesário procurasse dissociar-se do poeta satânico francês. "Frígida", no entanto, é composto a partir de estilemas baudelairianos estilizados ou parodiados. Macedo (*Nós*, p. 88), aliás, lembra que há "muitas imagens semelhantes às de 'Frígida'" no poema "Les Metamorphoses du Vampire", de Baudelaire.

V. 29 – *Astro que declina*. Imagem metafórica que combina ideias de esplendor e decadência, elevação e queda. De modo tangencial, a metáfora associa a musa inglesa ao mito bíblico de Lúcifer, anjo soberbo e rebelde, caído do céu.

V. 31 – *Corveta*: navio de guerra de porte médio. Castro (p. 98) lê a imagem da corveta em paralelo a uns versos de Baudelaire, de "La Serpent qui Danse": "Et ton corps se penche et s'allonge / Comme un fin vaisseau" [E teu corpo se inclina e se alonga / Como um delicado baixel], e de "Le Beau Navire": "Quand tu vas balayant l'air de ta jupe large, / Tu fais l'effet d'un beau vaisseau qui prend le large". [Quando arrebatas o ar com tua larga saia / Te assemelhas a um belo barco que prendesse o oceano], onde Cesário deve ter ido buscar a metáfora.

V. 33 – *Não me imagine um doido*. A postura defensiva adotada pelo narrador diante de sua musa e interlocutora virtual provém da estranha e ousada metáfora da mulher-corveta, disposta na estrofe anterior. Consciente da excessividade da imagem metafórica, o sujeito lírico se adianta e se defende da provável acusação de loucura (ver nota ao v. 31).

Vv. 33-34 – *Eu vivo como um monge, / No bosque das ficções*. O caráter fictício do discurso poético afirmado nesta passagem possui implicações no poema e na poética cesária. Em princípio, a solidão monástica e amorosa do eu lírico em "Frígida" lhe exacerba a imaginação. Esta ficcionaliza ou tende a ficcionalizar o conteúdo do enunciado poético. O aspecto fictício da poética cesárica, tomado em sentido amplo, colide com a ideia de sinceridade lírica em voga no século xix. Este aspecto também vincula a obra de Cesário a projetos estéticos de vanguarda e de modo específico à poesia de Fernando Pessoa, que refletiu teórica e poeticamente sobre sinceridade e fingimento, confissão e ficção na arte. Pessoa cita Cesário em diversos momentos-chaves de sua obra. O "descobrimento" de Pessoa no século xx contribuiu de forma efetiva, se não para o "descobrimento", ao menos para a valorização da poesia de Cesário (ver ensaio introdutório).

V. 43 – *Calefrios*: variante de *calafrios*.

Vv. 45-48 – O desfecho lírico expõe de modo mais direto que em outros momentos do poema o aspecto humorístico da composição, destacado, aliás, em seu título primitivo (ver nota introdutória). Em sua fantasia erótica algo masoquista, o narrador expressa desejo de possuir fisicamente a dama invernal: "E se uma vez me abrisse o colo transparente, / E me osculasse, enfim, flexível e submissa". Por fim, considerando a improvável hipótese de desfrute sexual da frígida, o eu lírico recria a imaginada cópula metonimicamente através de uma imagem sonora: tal coito soaria como se "alguém, agudamente, / Nas trevas, [cortasse] pedaços de cortiça".

❧ *De Verão* ❧

A Eduardo Coelho

I

No campo; eu acho nele a musa que me anima:
    A claridade, a robustez, a ação.
    Esta manhã, saí com minha prima,
    Em quem eu noto a mais sincera estima
5   E a mais completa e séria educação.

II

Criança encantadora! Eu mal esboço o quadro
    Da lírica excursão, d'intimidade.
    Não pinto a velha ermida com seu adro;
    Sei só desenho de compasso e esquadro,
10   Respiro indústria, paz, salubridade.

III

Andam cantando aos bois; vamos cortando as leiras;
    E tu dizias: "Fumas? E as fagulhas?
    Apaga o teu cachimbo junto às eiras;
    Colhe-me uns brincos rubros nas ginjeiras!
15   Quanto me alegra a calma das debulhas!"

IV

E perguntavas sobre os últimos inventos
    Agrícolas. Que aldeias tão lavadas!

Bons ares! Boa luz! Bons alimentos!
Olha: os saloios vivos, corpulentos,
20   Como nos fazem grandes barretadas!

V

Voltemos. Na ribeira abundam as ramagens
Dos olivais escuros. Onde irás?
Regressam os rebanhos das pastagens;
Ondeiam milhos, nuvens e miragens,
25   E, silencioso, eu fico para trás.

VI

Numa colina azul brilha um lugar caiado.
Belo! E arrimada ao cabo da sombrinha,
Com teu chapéu de palha, desabado,
Tu continuas na azinhaga; ao lado
30   Verdeja, vicejante, a nossa vinha.

VII

Nisto, parando, como alguém que se analisa,
Sem desprender do chão teus olhos castos,
Tu começaste, harmônica, indecisa,
A arregaçar a chita, alegre e lisa
35   Da tua cauda um poucochinho a rastos.

VIII

Espreitam-te, por cima, as frestas dos celeiros;
O sol abrasa as terras já ceifadas,
E alvejam-te, na sombra dos pinheiros,
Sobre os teus pés decentes, verdadeiros,
40   As saias curtas, frescas, engomadas.

IX

E, como quem saltasse, extravagantemente,
Um rego d'água sem se enxovalhar,

Tu, a austera, a gentil, a inteligente,
Depois de bem composta, deste à frente
45 Uma pernada cômica, vulgar!

X

Exótica! E cheguei-me ao pé de ti. Que vejo!
No atalho enxuto, e branco das espigas
Caídas das carradas no salmejo,
Esguio e a negrejar em um cortejo,
50 Destaca-se um carreiro de formigas.

XI

Elas, em sociedade, espertas, diligentes,
Na natureza trêmula de sede,
Arrastam bichos, uvas, sementes;
E atulham, por instinto, previdentes,
55 Seus antros quase ocultos na parede.

XII

E eu desatei a rir como qualquer macaco!
"Tu não as esmagares contra o solo!"
E ria-me, eu ocioso, inútil, fraco,
Eu de jasmim na casa do casaco
60 E d'óculo deitado a tiracolo!

XIII

"As ladras da colheita! Eu se trouxesse agora
Um sublimado corrosivo, uns pós
De solimão, eu, sem maior demora,
Envená-las-ia! Tu, por ora,
65 Preferes o romântico ao feroz.

XIV

Que compaixão! Julgava até que matarias
Esses insetos importunos! Basta.

Merecem-te espantosas simpatias?
Eu felicito suas senhorias,
70   Que honraste com um pulo de ginasta!”

XV

E enfim calei-me. Os teus cabelos muito loiros
Luziam, com doçura, honestamente;
De longe o trigo em monte, e os calcadoiros,
Lembravam-me fusões d'imensos oiros,
75   E o mar um prado verde e florescente.

XVI

Vibravam, na campina, as chocas da manada;
Vinham uns carros a gemer no outeiro,
E finalmente, enérgica, zangada,
Tu, inda assim bastante envergonhada,
80   Volveste-me, apontando o formigueiro:

XVII

“Não me incomode, não, com ditos detestáveis!
Não seja simplesmente um zombador!
Estas mineiras negras, incansáveis,
São mais economistas, mais notáveis,
85   E mais trabalhadoras que o senhor!”

Primeira publicação: 1887, em *O Livro de Cesário Verde*. Não há notícia de anterior publicação. O estilo, os motivos e os temas em "De Verão" aproximam o poema de "Nós" e "Provincianas", composições da última fase da produção cesárica.

João de Figueiredo (*A Vida de Cesário Verde*, p. 142) ressalta que, em "De Verão", Cesário

soube evitar o *folclore*, coisa rara entre artistas portugueses. Falando--nos de leiras e de bois, de celeiros e olivais, seria, com efeito, de

prever que ele nos falasse também de campônios de mãos caleja-
das, de pastores de varapaus aos ombros, de boas velhinhas fiando à
porta dos casebres. Em vez, porém, desta teimosa documentação do
atraso dos campos – digo teimosa porque o Nacionalismo primeiro,
o Neorrealismo depois, no-la têm oferecido com igual insistência –
quem nos aparece em "De Verão" é um elegante casal de citadinos.

Sobre Eduardo Coelho, a quem "De Verão" é dedicado,
ver nota introdutória ao poema "A Forca".

V. 1 – O verso de abertura do poema faz supor um sujeito lírico inte-
grado ao campo. No entanto, esta suposição logo se desfaz (cf. vv. 9-10). O
narrador do poema é um homem da cidade em visita ao meio rural, onde
possui terras. Sua descrição do espaço campestre, que explora com sua pri-
ma, é a de um diletante do campo, a de um suposto conhecedor dos "últi-
mos inventos / Agrícolas" (vv. 16-17) mais que da agricultura ou de práticas
agrícolas em si. O verso inicial afirma uma pretensão – a de ser um poeta
bucólico – para a qual o enunciador lírico se demonstrará inapto, em sua
visão comercial e algo estereotipada do campo. // Macedo (*Nós*, p. 142) en-
tende a *persona* lírica do poema como "uma caricatura trocista, talvez de-
sejada como uma autocrítica irônica a poses ou atitudes falsas do próprio
Cesário da vida real".

Vv. 4-5 – As adjetivações superlativadas – "a mais sincera", "a mais com-
pleta e séria" – que o narrador utiliza para caracterizar sua prima denotam
afetação de tom, que lembra estilo próximo ao acaciano. Como a célebre
personagem de Eça de Queirós, o eu poemático revela-se adepto de um
modo enunciativo que releva o conteúdo da mensagem para destacar seu
emissor.

V. 8 – *Ermida*: pequena igreja rústica. *Adro*: terreno descoberto, adja-
cente a uma igreja.

Vv. 8-9 – O narrador declara nestes versos de teor metalinguístico sua
filiação estética. Ele descarta o pitoresco romântico, sintetizado na imagem
da "velha ermida com seu adro", e se diz praticante da arte moderna, técnica
e objetivista, produzida com "compasso e esquadro". A passagem afirma o
perfil moderno e urbano do eu lírico.

V. 10 – *Respiro indústria, paz, salubridade*. Há flagrante incoerência na
combinação dos termos predicados. Esta incoerência revela a condição am-
bígua do eu lírico, que divisa o campo com olhos urbanos e pretensões de
camponês.

V. 11 – *Leiras*: sulcos abertos na terra para receber sementes.

Vv. 12-13 – A passagem denota uma consciência ecológica da prima que o narrador, diletante do campo, não possui.

V. 13 – *Eiras*: terrenos planos de areia batida ou lajeados, onde se secam, debulham e limpam legumes e cereais.

V. 14 – *Ginjeira*: árvore frutífera que produz a ginja. Ver nota ao v. 58 de "Num Bairro Moderno".

V. 15 – Nas 1ª, 2ª e 3ª edições, o verso transcrito é: "Quando me alegra a calma das debulhas!" A 4ª edição corrige a gralha. *Debulhas*: ato de debulhar, ou seja, extrair grãos, bagos ou sementes de cereal, fruta ou legume.

Vv. 17-20 – Rodrigues (pp. 151-154) considera a hipótese da presença de discurso indireto livre na estrofe. A partir de "Que aldeias tão lavadas!" até o v. 20, as observações exclamativas podem pertencer à fala da prima e não do narrador. Há nessa passagem a expressão de um sentimento algo exultante que parece mais lógico estar associado à prima.

V. 19 – Em *O Livro de Cesário Verde*, a frase que segue os dois pontos inicia-se com maiúscula: "Olha: Os saloios vivos, corpulentos". Mesmo procedimento ortográfico ocorre em "Noite Fechada", no v. 41 – ver nota. *Saloios*: camponeses das cercanias de Lisboa, homens rústicos, aldeões.

V. 20 – A expressão *fazer barretada* significa *saudar alguém, retirando o barrete ou o chapéu da cabeça*.

V. 24 – A sequência "milhos, nuvens e miragens" percorre uma trajetória que vai do concreto ao abstrato, do telúrico ao cósmico, do prosaico ao sublime. A estrofe seguinte se abre com a imagem hipalagética de uma "colina azul" (v. 26) e termina com uma referência aliterativa às vinhas verdes (v. 30). De certa forma, esta nova sequência visual segue caminho contrário ao disposto no v. 24, ou seja, do elevado ou celestial ao terrenal.

V. 27 – *Arrimada*: encostada, apoiada.

V. 29 – *Azinhaga*: caminho rural estreito, ladeado por muros ou valados.

V. 30 – *Vinha*: plantação de videiras, arbustos que produzem uvas. A expressão "nossa vinha" caracteriza o poeta e sua prima como proprietários rurais.

V. 35 – *A rastos*: arrastando-se pelo chão.

V. 38 – O verso sintetiza o jogo cromático de claro-escuro que perpassa a estrofe. Este jogo parece derivado do binômio espacial céu-terra, desenvolvido em estrofes anteriores – ver nota ao v. 24. O claro-escuro ressurge na cena central da narrativa do poema: a do "carreiro de formigas" (v. 50).

V. 42 – *Enxovalhar*: sujar, manchar, enodoar.

Vv. 47-50 – A sequência narrativa da aparição das formigas é construída, por assim dizer, em câmera lenta. A exclamação "Que vejo!" (v. 46) cria um suspense que se vai aos poucos desvendando. Primeiro no plano do espaço: "No atalho enxuto, e branco das espigas"; depois no plano da ação:

196 ⸱⟨ CESÁRIO VERDE

"Caídas das carradas no salmejo"; e, antes da revelação final da imagem do "carreiro de formigas", para onde converge toda a cena, ainda um momento de suspensão no enquadramento longínquo de um indefinido fio negro em organizada e morosa movimentação: "Esguio e a negrejar em um cortejo". O jogo cromático de claro-escuro é uma vez mais retomado – ver notas aos vv. 24 e 38. A luz diurna, solar, ilumina as espigas, por onde passam negras formigas saídas da escuridão do inframundo que habitam.

V. 48 – *Carradas*: quantidade que um carro (veículo de tração animal) é capaz de carregar, grande quantidade de algum material. *Salmejo*: ato de salmejar, ou seja, levar cereais para a eira (ver nota ao v. 13).

V. 50 – *Carreiro de formigas*: caminho de formigas em fila.

Vv. 51-55 – A visão das formigas deflagra curta digressão na qual o narrador ressalta o sentido de organização, produtividade e previdência destes operosos insetos. As formigas demonstram qualidades próprias do mundo comercial e industrial a que pertence o eu lírico.

V. 58 – *Eu ocioso, inútil, fraco*. A autodefinição, ainda que expressa em tom irônico, opõe o narrador às obreiras e aplicadas formigas.

Vv. 59-60 – O jasmim na lapela do paletó e os óculos "a tiracolo" funcionam como índices reiteradores da imagem urbana e burguesa do narrador poemático.

V. 61 – *As ladras da colheita!* Depois de exaltar a "sociedade" das formigas "espertas, diligentes" (v. 51) e "previdentes" (v. 54), o narrador corrige-se e, na posição de latifundiário, caracteriza a ação das formigas como ameaçadora à propriedade privada.

V. 62 – *Sublimado corrosivo*: substância corrosiva produzida por sublimação. Entre outros usos, é utilizado na lavoura como fungicida.

V. 63 – *Solimão*: ou "sulimão", sublimado corrosivo – ver nota ao v. 62 – ou qualquer poção venenosa.

V. 65 – A oposição entre "romântico" e "feroz" caracteriza duas posturas antagônicas diante da natureza, representada no poema metonimicamente pelas formigas. A atitude da prima, "romântica", demonstra respeito pela integridade do espaço rural, com todos os seus "proprietários" naturais. O narrador, ao contrário, adota discurso de proprietário legal, que defende suas posses e seus interesses até com ferocidade, se necessário.

V. 73 – *Calcadoiros*: eiras (ver nota ao v. 13), onde se debulham os cereais.

V. 76 – *Chocas*: vacas ou bois mansos que, munidos de chocalho – donde vem o termo "choca" – guiam gados bravos.

V. 79 – A vírgula depois de "Tu" surge na 2ª edição e permanece nas 3ª, 4ª e 5ª. Barahona a mantém. Outras edições preferem a versão de 1887, sem vírgula entre o pronome e o advérbio.

❧ *O Sentimento dum Ocidental* ❧

A Guerra Junqueiro

I

AVE MARIAS

Nas nossas ruas, ao anoitecer,
Há tal soturnidade, há tal melancolia,
Que as sombras, o bulício, o Tejo, a maresia
Despertam-me um desejo absurdo de sofrer.

5   O céu parece baixo e de neblina,
O gás extravasado enjoa-me, perturba;
E os edifícios, com as chaminés, e a turba
Toldam-se duma cor monótona e londrina.

Batem os carros d'aluguer, ao fundo,
10   Levando à via férrea os que se vão. Felizes!
Ocorrem-me em revista exposições, países:
Madrid, Paris, Berlim, S. Petersburgo, o mundo!

Semelham-se a gaiolas, com viveiros,
As edificações somente emadeiradas:
15   Como morcegos, ao cair das badaladas,
Saltam de viga em viga os mestres carpinteiros.

Voltam os calafates, aos magotes,
De jaquetão ao ombro, enfarruscados, secos;
Embrenho-me, a cismar, por boqueirões, por becos,
20   Ou erro pelos cais a que se atracam botes.

E evoco, então, as crônicas navais:
Mouros, baixéis, heróis, tudo ressuscitado!
Luta Camões no Sul, salvando um livro a nado!
Singram soberbas naus que eu não verei jamais!

25   E o fim da tarde inspira-me; e incomoda!
De um couraçado inglês vogam os escaleres;
E em terra num tinir de louças e talheres
Flamejam, ao jantar, alguns hotéis da moda.

Num trem de praça arengam dois dentistas;
30 Um trôpego arlequim braceja numas andas;
Os querubins do lar flutuam nas varandas;
Às portas, em cabelo, enfadam-se os lojistas!

Vazam-se os arsenais e as oficinas;
Reluz, viscoso, o rio, apressam-se as obreiras;
35 E num cardume negro, hercúleas, galhofeiras,
Correndo com firmeza, assomam as varinas.

Vêm sacudindo as ancas opulentas!
Seus troncos varonis recordam-me pilastras;
E algumas, à cabeça, embalam nas canastras
40 Os filhos que depois naufragam nas tormentas.

Descalças! Nas descargas de carvão,
Desde manhã à noite, a bordo das fragatas;
E apinham-se num bairro aonde miam gatas,
E o peixe podre gera os focos de infecção!

II

NOITE FECHADA

Tocam-se as grades, nas cadeias. Som
Que mortifica e deixa umas loucuras mansas!

O Aljube, em que hoje estão velhinhas e crianças,
Bem raramente encerra uma mulher de "dom"!

5   E eu desconfio, até, de um aneurisma,
Tão mórbido me sinto, ao acender das luzes;
À vista das prisões, da velha Sé, das Cruzes,
Chora-me o coração que se enche e que se abisma.

A espaços, iluminam-se os andares,
10   E as tascas, os cafés, as tendas, os estancos
Alastram em lençol os seus reflexos brancos;
E a lua lembra o circo e os jogos malabares.

Duas igrejas, num saudoso largo,
Lançam a nódoa negra e fúnebre do clero:
15   Nelas esfumo um ermo inquisidor severo,
Assim que pela História eu me aventuro e alargo.

Na parte que abateu no terremoto,
Muram-me as construções retas, iguais, crescidas;
Afrontam-me, no resto, as íngremes subidas,
20   E os sinos dum tanger monástico e devoto.

Mas, num recinto público e vulgar,
Com bancos de namoro e exíguas pimenteiras,
Brônzeo, monumental, de proporções guerreiras,
Um épico doutrora ascende, num pilar!

25   E eu sonho o Cólera, imagino a Febre,
Nesta acumulação de corpos enfezados;
Sombrios e espectrais recolhem os soldados;
Inflama-se um palácio em face de um casebre.

Partem patrulhas de cavalaria
30   Dos arcos dos quartéis que foram já conventos;
Idade Média! A pé, outras, a passos lentos,
Derramam-se por toda a capital, que esfria.

Triste cidade! Eu temo que me avives
Uma paixão defunta! Aos lampiões distantes,
35   Enlutam-me, alvejando, as tuas elegantes,
Curvadas a sorrir às montras dos ourives.

E mais: as costureiras, as floristas
Descem dos *magasins*, causam-me sobressaltos;
Custa-lhes a elevar os seus pescoços altos
40   E muitas delas são comparsas ou coristas.

E eu, de luneta de uma lente só,
Eu acho sempre assunto a quadros revoltados:
Entro na *brasserie*; às mesas de emigrados,
Ao riso e à crua luz joga-se o dominó.

III

AO GÁS

E saio. A noite pesa, esmaga. Nos
Passeios de lajedo arrastam-se as impuras.
Ó moles hospitais! Sai das embocaduras
Um sopro que arrepia os ombros quase nus.

5   Cercam-me as lojas, tépidas. Eu penso
Ver círios laterais, ver filas de capelas,
Com santos e fiéis, andores, ramos, velas,
Em uma catedral de um comprimento imenso.

As burguesinhas do Catolicismo
10   Resvalam pelo chão minado pelos canos;
E lembram-me, ao chorar doente dos pianos,
As freiras que os jejuns matavam de histerismo.

Num cutileiro, de avental, ao torno,
Um forjador maneja um malho, rubramente;

15 E de uma padaria exala-se, inda quente,
    Um cheiro salutar e honesto a pão no forno.

    E eu que medito um livro que exacerbe,
    Quisera que o real e a análise mo dessem;
    Casas de confecções e modas resplandecem;
20 Pelas *vitrines* olha um ratoneiro imberbe.

    Longas descidas! Não poder pintar
    Com versos magistrais, salubres e sinceros,
    A esguia difusão dos vossos reverberos,
    E a vossa palidez romântica e lunar!

25 Que grande cobra, a lúbrica pessoa,
    Que espartilhada escolhe uns xales com debuxo!
    Sua excelência atrai, magnética, entre luxo,
    Que ao longo dos balcões de mogno se amontoa.

    E aquela velha, de bandós! Por vezes,
30 A sua *traîne* imita um leque antigo, aberto,
    Nas barras verticais, a duas tintas. Perto,
    Escarvam, à vitória, os seus mecklemburgueses.

    Desdobram-se tecidos estrangeiros;
    Plantas ornamentais secam nos mostradores;
35 Flocos de pós de arroz pairam sufocadores,
    E em nuvens de cetins requebram-se os caixeiros.

    Mas tudo cansa! Apagam-se nas frentes
    Os candelabros, como estrelas, pouco a pouco;
    Da solidão regouga um cauteleiro rouco;
40 Tornam-se mausoléus as armações fulgentes.

    "Dó da miséria!... Compaixão de mim!..."
    E, nas esquinas, calvo, eterno, sem repouso,
    Pede-me sempre esmola um homenzinho idoso,
    Meu velho professor nas aulas de latim!

IV

HORAS MORTAS

O teto fundo de oxigênio, d'ar,
Estende-se ao comprido, ao meio das trapeiras;
Vêm lágrimas de luz dos astros com olheiras,
Enleva-me a quimera azul de transmigrar.

5   Por baixo, que portões! Que arruamentos!
Um parafuso cai nas lajes, às escuras:
Colocam-se taipais, rangem as fechaduras,
E os olhos dum caleche espantam-me, sangrentos.

E eu sigo, como as linhas de uma pauta
10   A dupla correnteza augusta das fachadas;
Pois sobem, no silêncio, infaustas e trinadas,
As notas pastoris de uma longíqua flauta.

Se eu não morresse, nunca! E eternamente
Buscasse e conseguisse a perfeição das cousas!
15   Esqueço-me a prever castíssimas esposas,
Que aninhem em mansões de vidro transparente!

Ó nossos filhos! Que de sonhos ágeis,
Pousando, vos trarão a nitidez às vidas!
Eu quero as vossas mães e irmãs estremecidas,
20   Numas habitações translúcidas e frágeis.

Ah! Como a raça ruiva do porvir,
E as frotas dos avós, e os nômadas ardentes,
Nós vamos explorar todos os continentes
E pelas vastidões aquáticas seguir!

25   Mas se vivemos, os emparedados,
Sem árvore, no vale escuro das muralhas!...
Julgo avistar, na treva, as folhas das navalhas
E os gritos de socorro ouvir estrangulados.

E nestes nebulosos corredores
30 Nauseiam-me, surgindo, os ventres das tabernas;
Na volta, com saudade, e aos bordos sobre as pernas,
Cantam, de braço dado, uns tristes bebedores.

Eu não receio, todavia, os roubos;
Afastam-se, a distância, os dúbios caminhantes;
35 E sujos, sem ladrar, ósseos, febris, errantes,
Amareladamente, os cães parecem lobos.

E os guardas, que revistam as escadas,
Caminham de lanterna e servem de chaveiros;
Por cima, as imorais, nos seus roupões ligeiros,
40 Tossem, fumando sobre a pedra das sacadas.

E, enorme, nesta massa irregular
De prédios sepulcrais, com dimensões de montes,
A Dor humana busca os amplos horizontes,
E tem marés, de fel, como um sinistro mar!

Primeira publicação: 10 de junho de 1880, em *Portugal a Camões*, número extraordinário do periódico portuense *Jornal de Viagens*, comemorativo ao tricentenário da morte do autor de *Os Lusíadas*.

Junto com os originais do poema, Cesário (*OC*, p. 244) enviou ao jornalista Emídio de Oliveira, responsável pelo suplemento *Portugal a Camões*, a seguinte mensagem:

Recebi em tempo as circulares de V. e só agora posso enviar alguma coisa para o excelente jornal projetado. O que remeto, desviando-se talvez do que outros escreverão, liga-se perfeitamente ao grande fato que pretende celebrar. Não poderia eu, por falta de aptidão, dedicar um trabalho artístico especial a Luís de Camões; mas julgo que fiz notar menos mal o estado presente desta grande Lisboa, que em relação ao seu glorioso passado, parece um cadáver de cidade.

Há diversas variantes entre a edição avulsa de "O Sentimento dum Ocidental" e sua publicação em *O Livro de Cesário Verde*. Entre estas, duas não afetam o texto do poema: 1. o original não traz dedicatória, e 2. as quatro seções numeradas não levam títulos ou subtítulos. A dedicatória a Guerra Junqueiro aparece em reimpressões do poema publicadas ainda em vida de Cesário (cf. Cunha, p. 273). Os subtítulos surgem pela primeira vez na edição de 1887.

Na versão do poema estampada em *O Livro de Cesário Verde*, "O Sentimento dum Ocidental" é dedicado a Guerra Junqueiro (1850-1923). Ao lado de João de Deus, Junqueiro é talvez a personalidade mais influente e prestigiada das letras portuguesas no tempo de Cesário. A amizade entre Cesário e Junqueiro parece ter se pautado pelo respeito e admiração mútuos, apesar das diferenças de estilo dos poetas. Em carta sem data a Silva Pinto, Cesário (*OC*, p. 216) comenta:

> O Junqueiro, de quem tanta gente diz mal, é um dos homens que me trata com mais especial deferência; até quando fala de mim aos rapazes. Ele tem fama de desfrutador: e apesar disso julgo-o sincero comigo, chegando a dispensar-me cavacos duma grande intimidade que ele confessa raríssima para os outros. Os versos que te mando sugeriram-lhe umas frases que, se eu não fosse desconfiado, encher--me-iam duma fatuidade intolerável.

"O Sentimento dum Ocidental" registra impressões de um *flâneur* que deambula por ruas de Lisboa desde o crepúsculo até a madrugada. Os subtítulos de cada uma das quatro seções do poema indicam o espectro temporal que envolve o caminhante: desde por volta das dezoito horas, hora da Ave-Maria, segundo certa tradição cristã, até a escuridão das "horas mortas", iluminada artificialmente. Tal processo de composição, que retrata o mesmo objeto – a cidade de Lisboa – sob diferentes incidências de luz – mais ou menos intensa, natural, artificial –, associa-se a um modo de representação utilizado por pintores impressionistas. Estes experimentaram séries de retratos de um mesmo referente sob variada luminosidade. A variação de luz altera a captação da imagem que assim se refunde a cada enquadramento. Cesário se vale de técnica semelhante talvez apoiado em postulados teóricos ou exemplos de pintura impressionista, movimento que ganhou relevo na França a partir do início da década de 1870 (cf. Lobo, p. 92).

Ao lado de "Nós", "O Sentimento dum Ocidental" é considerado o ponto mais alto da obra de Cesário. De fato, o século XX o consagrou como um dos mais importantes da literatura de língua portuguesa. No entanto, pelo tempo de sua publicação, o poema não recebeu nenhuma (ou quase nenhuma) apreciação crítica. Cesário (*OC*, p. 228) lamenta esta indiferença em carta de 29 de agosto de 1880, a Macedo Papança:

> Uma poesia minha, recente, publicada numa folha bem impressa, limpa, comemorativa de Camões, não obteve um olhar, um sorriso, um desdém, uma observação! Ninguém escreveu, ninguém falou, nem num noticiário, nem numa conversa comigo; ninguém disse bem, ninguém disse mal! Apenas um crítico espanhol chamava às chatezas dos seus patrícios e dos meus colegas – pérolas – e afirmava – fanfarrão! – que os meus versos "hacen malísima figura en aquellas páginas impregnadas de noble espíritu nacional".

E pouco adiante lamenta: "literariamente parece que Cesário Verde não existe".

O esforço empreendido na composição de "O Sentimento dum Ocidental" parece ter sido um dos fatores que condicionaram a expectativa de Cesário em relação à recepção crítica do poema. Segundo Oliveira (p. 38), Cesário teria levado seis meses para escrevê-lo.

Mariano Pina e Jorge Verde desmentem o célebre depoimento de Cesário a Macedo Papança. O primeiro (*apud* Rodrigues, p. 214) diz que a "poesia ["O Sentimento dum Ocidental"] foi imensamente discutida e caluniada"; o segundo (*apud* Cunha, p. 274) afirma que o poema "chocou muitos pelo seu anticatolicismo, porque Cesário era um livre-pensador". É provável que ambos aludam a discussões ou impressões de circunstância que testemunharam ou das quais tiveram notícia. Não há rastros, em textos da época, da existência de polêmica ou comentários em torno do poema.

Depois de "O Sentimento dum Ocidental", Cesário terá talvez silenciado sua produção por quatro anos. É possível que alguns poemas cujas datas de composição são desconhecidas, como "De Tarde" e "De Verão", tenham sido compostos neste período que vai de junho de 1880 a setembro de 1884, data de publicação de "Nós". Ainda assim parece pouco, considerando períodos anteriores. O desapontamento causado pela quase nula recepção crítica de "O Sentimento dum Ocidental" pode ter sido um dos motivos pelos quais Cesário reduziu ou interrompeu sua produção poética.

A primeira alusão a Camões e sua obra parece estar contida no título do poema. Ocidente é sinônimo de civilização. Logo, o sentimento dum ocidental é o sentimento de quem vive dilemas e contradições próprios de sociedades civilizadas. No poema, metonimicamente, o Ocidente vem representado por Portugal, e, do mesmo modo, Portugal, por Lisboa. Dessa forma, em "O Sentimento dum *Ocidental*", o Ocidente que aí se inscreve, ainda que preserve sob certos aspectos sua abrangência, refere-se a um espaço geográfico específico: a "*ocidental* praia lusitana" (cf. Reis, p. 416).

A poesia de Cesário e a prosa de Eça de Queirós possuem muitas afinidades estilísticas. Sabe-se que o poeta leu o romancista, pois em carta a Bettencourt Rodrigues, datada de 1879, cita o visconde Reinaldo, personagem de *O Primo Ba-*

sílio (1878). Eça nunca citou Cesário em nenhum de seus escritos. É possível, no entanto, que o tenha lido, e que a leitura não lhe tenha chamado a atenção. Uma prova de que as obras desses autores se comunicam de alguma forma pode ser encontrada em uma cena de *Os Maias* (1888), em que Carlos contempla Lisboa, e o que vê ou o que está se passando são imagens que remetem a "O Sentimento dum Ocidental". O militar, a estátua de Camões, a igreja, o hotel (e o elemento estrangeiro), as varinas (sobretudo as varinas), os populares, o lajedo e a atmosfera algo mole e decadente da cidade permitem falar em termos de intertextualidade – talvez – involuntária. Abaixo, transcreve-se o parágrafo:

Estavam no Loreto; e Carlos parara, olhando, reentrando na intimidade daquele velho coração da capital. Nada mudara. A mesma sentinela sonolenta rondava em torno à estátua triste de Camões. Os mesmos reposteiros vermelhos, com brasões eclesiásticos, pendiam nas portas das duas igrejas. O *Hotel Alliance* conservava o mesmo ar mudo e deserto. Um lindo sol dourava o lajedo; batedores de chapéu à faia fustigavam as pilecas; três varinas, de canastras à cabeça, meneavam os quadris, fortes e ágeis na plena luz. A uma esquina, vadios em farrapos fumavam; e na esquina defronte, na Havanesa, fumavam também outros vadios, de sobrecasaca, politicando (p. 697).

I – AVE MARIAS

V. 1 – *Nas nossas ruas*: nas ruas de Lisboa.

V. 3 – *Bulício*: ruído produzido por intensa movimentação de pessoas. // Verso sinestésico que combina o visual ("sombras"), o sonoro ("bulício") e o olfativo ("maresia"). Quanto ao Tejo, este pode ser associado ao tátil de suas águas, bem como, se se quiser, aos demais elementos de apelo sensorial dispostos na sequência.

V. 4 – *Desejo absurdo de sofrer.* Passagem largamente comentada pela crítica. Macedo (*Nós*, p. 171), Martins (pp. 79-80), Sacramento (p. 122) e Lopes ("Cesário Verde, ou...", p. 630; "Cesário e O'neill", p. 110), entre outros, comentam-na com diferentes, e às vezes conflitantes, perspectivas teóricas e conclusões exegéticas. Em linhas gerais, a realidade urbana que o narrador experimenta, soturna, melancólica, nervosa, lhe desperta "desejo de sofrer". Isto é: o narrador não sofre mas *deseja sofrer*. Esse desejo é *absurdo*, pois não parece lógico que o sofrimento seja mediado pelo desejo de sofrer: sofre-se porque algo provoca sofrimento, e não desejo de sofrer. Ou seja: se a cidade lhe despertasse sofrimento, isso não seria absurdo. Ao desejar sofrer o narrador parece querer identificar-se com o sofrimento da cidade, que ele canta. Sem sofrer o que a cidade sofre, ele não poderia conhecê-la. E sem conhecê-la, não poderia cantá-la. Desejar sofrer o que a cidade sofre equivale portanto a desejar ser o que a cidade é: sofrimento. Daí pois, mais uma vez, o sentido absurdo desse desejo ou projeto utópico de conhecer/ser o outro, a cidade sofrida. Não há portanto, como em princípio se poderia supor, masoquismo no desejo de sofrer do narrador; o que parece haver é uma espécie de pulsão (*desejo*) fantasista (*absurdo*) cognitivo-afetiva (*de sofrer* o que o outro sofre, para sentir o que o outro sente e assim ser o que o outro é). Todavia, se o narrador não sofre mas deseja sofrer, seu canto não canta mas deseja cantar, suas palavras não comunicam mas desejam comunicar, suas imagens não representam mas desejam representar, suas ideias não intervêm mas desejam intervir... Tudo enfim se queda absurdamente a meio entre o desejo e sua realização. Pode-se, por fim, entrever essa conclusão em trechos metalinguísticos do poema: "E eu que medito um livro que exacerbe, / *Quisera* que o real e a análise mo dessem" (III, vv. 17-18). Ou: "*Não poder pintar* / Com versos magistrais, salubres e sinceros" (III, vv. 21-22). Ou ainda: "Se eu não morresse nunca! E eternamente / *Buscasse e conseguisse* a perfeição das cousas!" (IV, vv. 13-14).

V. 6 – *Gás extravasado*: iluminação a gás.

V. 8 – *Cor ... londrina*. No século XIX, Londres representava o progresso industrial e mercantil em seu estágio mais avançado. Segundo certo discurso cultural vigente na época de Cesário, e sistematizado no pensamento marxista, a contraface do progresso civilizatório era a exploração, o sofrimento e a anulação dos que o constroem. Dessa feita, a capital inglesa, e por conseguinte as cidades que a tomavam como modelo de sociedade, como Lisboa, simbolizava um espaço social em que predominavam a miséria e a dor humanas. No poema, Lisboa "tolda-se" de "cor londrina", ou seja, cor sombria e melancólica como deve ser a cor da civilização moderna, segundo o poema. A relação Londres-Lisboa pode ser entendida também em sentido de hegemonia histórica. Lisboa ocupou no Renascimento lugar social semelhante ao ocupado por Londres no século XIX. Antes, as cidades europeias se toldavam de cor lisbonense, assim como no século XIX toldam-se de cor londrina.

V. 9 – *Batem*: partem com pressa, põem-se a caminho. *Aluguer*: variante de aluguel.

V. 12 – Há um sentido espacial no arranjo das cidades tal como elas se apresentam no verso. Desde Lisboa, onde se encontra o narrador, cada cidade evocada representa uma progressão de distanciamento em relação à anterior.

V. 13 – *Gaiolas*. A imagem metafórica das "gaiolas", bem como a dos "morcegos-carpinteiros" (vv. 15-16), acentua o caráter sinistro da cidade de "cor londrina" – ver nota ao v. 8.

V. 15 – No sintagma "ao cair das badaladas", o verbo *cair* é retirado de expressões coloquiais como "ao cair da noite", "ao cair das horas", e articula-se com a imagem dos "carpinteiros" que "saltam de viga em viga" (v. 16), "como morcegos". Estes, por sua vez, imóveis, semelham a badalos. Há, pois, na cena, um sistema de referências que relaciona por analogia visual as imagens dos carpinteiros, morcegos e badalos, todas associadas ao verbo *cair*. Lopes ("Cesário Verde, ou...", p. 628) assim comenta a passagem: "aparente comparação simples cheia de estranhas correspondências internas, em que os vultos imprecisamente crepusculares baloiçam como morcegos mas também como badalos, numa atmosfera densa e mista de som e formas como um sonho".

V. 17 – *Calafates*: mecânicos navais cuja especialidade é a vedação (calafetagem) de embarcações. *Aos magotes*: em grande número, em grupos numerosos.

V. 18 – *Enfarruscados*: sujos de carvão ou fuligem. Há uma implícita correspondência cromática, de tonalidade escura, entre "calafates enfarruscados" e sombrios carpinteiros que semelham a morcegos (v. 15).

V. 19 – *Boqueirões*: ruas que se iniciam ou desembocam em frente ou próximas a um rio ou ribeirão.

V. 20 – *Erro*: ando sem um rumo certo, percorro caminhos sem direção definida.

Vv. 21-26 – A sexta estrofe do poema desloca o tempo da narrativa para um passado glorioso de Portugal. Tal deslocamento se dá através da evocação a "crônicas navais" e a Luís de Camões. A imagem deflagradora desta evocação é a dos "botes" (v. 20), com que a estrofe anterior se finda. Em outros termos, ínfimos "botes" do presente levam o narrador lírico a pensar, por oposição, em "soberbas naus" do passado e no ilustre cantor que as imortalizou. Há nas figurações náuticas desta cena uma gradação ascendente, segundo a estrutura física de cada embarcação: "botes" (v. 20), "baixéis" (v. 22), "naus" (v. 24) e "couraçado" (v. 26). Destas, a primeira e a última podem ser entendidas como síntese da condição de Portugal, país marcado então pelo atraso – "botes" – e pela presença estrangeira ameaçadora – "couraçado inglês". Os "baixéis" e as "naus", como intercalação e espécie de compensação sentimental, apontam para um tempo de grandeza pátria, a uma vez presente e perdido. Por fim, a referência a "escaleres" ingleses, que se movimentam no cais lisbonense, dá o tom algo prosaico do cotidiano náutico-portuário do qual participa, como observador, o eu lírico.

V. 22 – *Mouros*: árabes, sobretudo, do Norte da África. *Baixéis*: antigos barcos ou navios de pequeno porte.

V. 23 – Um problema de ecdótica: na publicação original (1880) e na edição de 1887, o verso é transcrito tal como figura na presente edição. Contudo, na 2ª, emendada por Silva Pinto, e nas 3ª, 4ª e 5ª edições, a redação do verso é: "Luta Camões no mar, salvando um livro, a nado!" Para agravar ainda mais o problema, o mesmo Silva Pinto, em uma obra de 1896 – *Noites de Vigília* –, apensa "O Sentimento dum Ocidental" a um ensaio sobre Cesário e, nesta transcrição, o verso que se lê é: "Luta Camões além, salvando um livro a nado!" Sobre o problema das variantes, Serrão (*OC*, pp. 36-37) assim se manifesta: "De três hipóteses, uma corresponderá à verdade: ou essa variante existiria no 'original' [manuscrito, que se perdeu], e, não tendo sido respeitada na composição de *O Livro*, foi introduzida na 2ª edição deste; ou se trata de gralha desta edição, levada a efeito ainda em vida de Silva Pinto; ou, muito simplesmente, a variante seria da lavra do editor. A hipótese de gralha na 1ª edição de *O Livro* não é plausível, pois o verso está conforme com a sua primeira versão dada a público. Ficam, pois, em campo, as hipóteses: essa emenda estaria num 'original'; ela foi introduzida por Silva Pinto. No primeiro caso, teria de aceitar-se que no original se continham duas versões da mesma emenda: 'além' e 'no mar', ou, então, tratou-se, efetivamente, de uma procura do editor, o qual só depois de 1896 teria encontrado a forma considerada melhor". Barahona prefere a versão contida na 2ª edição. // Mourão-Ferreira ("Cesário e Camões", p. 88) comenta que a figura de Camões, em suas breves aparições no poema, surge dessacralizada. Trata-se de um Camões lendário, distante, irreal, sem referência direta à sua poesia. Um índice desta dessacralização ocorreria no uso do indefinido "um" como determinante de "livro". O Camões de Cesário salva "um" e não *o* "livro a nado". Mourão-Ferreira lembra que a manipulação semântica do artigo é recurso utilizado por Cesário no poema "De Tarde" (especificamente no par "*Um* ramalhete / *O* ramalhete"), que pode ser uma composição da mesma época de "O Sentimento dum Ocidental".

V. 26 – *Vogam*: deslizam, navegam. *Escaleres*: pequenas embarcações sem cobertura, a remo, vela ou motor, de que se munem os navios, e que são lançadas ao mar para o transporte da tripulação em situações regulares ou em ocasiões de perigo – como em caso de risco de o navio ir a pique, por exemplo.

Vv. 27-28 – A utilização dos verbos "tinir" e "flamejar" reiteram a tendência do estilo cesário para o descritivismo sensorialista e sinestésico, articulado com imagens concretas. // A presença de "hotéis da moda" no cais povoado de pobres trabalhadores denota um espaço urbano compartilhado por classes sociais distintas e opostas. Este é um traço que caracteriza as sociedades modernas.

V. 29 – *Trem de praça*: veículo de aluguel. *Arengam*: discursam, no caso, em busca de clientes. No tempo de Cesário, era comum, não só em Lisboa mas em grandes cidades da Europa, dentistas oferecerem seus serviços a pessoas nas ruas.

V. 30 – *Arlequim*: personagem bufão da *commedia dell'arte*. *Braceja*: agita ou movimenta os braços, gesticula. *Andas*: pernas de pau. Considerando possíveis relações entre o poema cesárico e a épica camoniana, a crítica em geral entende a arquifamosa aparição das varinas, no final da primeira seção, como referência paródica às Tágides da epopeia lusíada (ver nota ao v. 36). Com base neste e noutros supostos ou implícitos paralelos, não seria de todo despropositado ler a figura do "trôpego arlequim [que] braceja numas andas" como atualização caricata e bufa do gigante Adamastor.

V. 31 – *Querubins*. Os anjos que, segundo o Gênesis bíblico, Jeová designou para guardar os portões do Paraíso, após a expulsão de Adão e Eva, modernamente enfeitam, num jogo irônico de contrastes, fachadas de antiparadisíacos lares mundanos cercados de dentistas estrepitosos, palhaços gesticulantes e comerciantes entediados. João de Figueiredo (*A Vida de Cesário Verde*, p. 130) e Monteiro ("Cesário Verde", 1948, p. 336) comentam o verso. Figueiredo associa, livremente, os querubins flutuantes às oníricas e esvoaçantes personagens do pintor russo Marc Chagall (1887-1985). Já Monteiro utiliza a passagem para contestar a noção crítica que classifica o estilo cesárico como realista e naturalista. Pela passagem, Monteiro aproxima a poesia de Cesário de um sentido particular de surrealismo.

V. 32 – *Em cabelo*: sem chapéu.

V. 33 – *Vazam-se*. Usado metaforicamente, o verbo *vazar* associa a imagem dos operários saindo do trabalho ("arsenais", "oficinas") à do "rio reluzente e viscoso", disposta no verso seguinte. O verbo também como que prepara o retorno ao motivo e à imagística marítimos presentes na imagem do "cardume negro" (v. 35) das "varinas" (v. 36) e na referência a seus filhos, futuros marinheiros naufragados (v. 40). *Arsenais*: estaleiros, estabelecimentos onde se constroem e/ou se reparam navios.

V. 35 – *Hercúleas*: dotadas de força extraordinária, como o mítico Hércules. *Galhofeiras*: brincalhonas, zombeteiras.

V. 36 – *Assomam*: surgem, aparecem. *Varinas*: vendedoras ambulantes de peixe. Enquanto Lôbo (p. 93) refere-se às varinas como "novas Tágides", Mourão-Ferreira ("Cesário e Camões", p. 92) as define como "femininos seres anfíbios que, de tão anfíbios mas de tão reais, esculpidamente se desenham como uma espécie de anti-Tágides". Sena (p. 146) entende as varinas como "gigantescas cariátides de movimentos impetuosos", como "imagem insólita, a única [na poesia portuguesa] que pode rivalizar com as deusas e as ninfas dos *Lusíadas*".

V. 37 – *Opulentas*: abundantes. A imagem das "ancas opulentas" associa-se à ideia de fecundidade. Daí que, como decorrência, o final da estrofe alude aos filhos das varinas (v. 40).

Vv. 37-40 – Sena (p. 162) afirma que "a épica 'entrada' das varinas ... não tem par nem mesmo em Camões". Sacramento (p. 117) refere-se à cena em termos de "desenho insuperável". Monteiro ("Cesário Verde", 1977, p. 25) julga a estrofe como sendo "do mais belo que há em toda a poesia". João de Figueiredo (*A Vida de Cesário Verde*, p. 130) assevera que a quadra, ao lado do verso "Singram soberbas naus que eu não verei jamais" (v. 24), teria inspirado a "Ode Marítima", de Álvaro de Campos.

Vv. 39-40– O movimento das canastras dispostas nas cabeças das varinas imita o balanço do mar e assim prepara o destino dos futuros marinheiros. Destino trágico, que lembra o lendário naufrágio de Camões, citado alguns versos antes (v. 23).

V. 42 – *Fragata*: embarcação, de grande porte, usada para o carregamento de cargas no rio Tejo.

II – NOITE FECHADA

V. 1 – No original avulso, na edição de Silva Pinto e em edições posteriores o verso registrado é "Toca-se as grades, nas cadeias. Som". Serrão (*OC*, p. 153) corrige-o entendendo haver nele erro de "concordância" [*sic*], e estabelece o verso como: "Toca-se às grades, nas cadeias. Som". De fato, parece haver erro de concordância entre sujeito e complemento verbal. Assim, uma possibilidade, sugerida nesta edição, é: "Tocam-se as grades", ou seja, as grades se tocam ou são tocadas. As grades se tocam ao serem fechadas, como portas de uma cela de prisão. Ou, hipótese menos provável mas considerada por Lopes ("Cesário e O'neill", p. 110), as grades são tocadas por alguém, como carcereiros percorrendo os ferros com as mãos ou outro objeto duro ou metálico. O sintagma "tocam-se as grades" parece ser variante de "tocam-se os sinos". Se esta hipótese for considerada, o segmento "tocam-se as grades, nas cadeias. Som / que mortifica" pode ser entendido como negativo de "tocam-se os sinos, nas igrejas. Som / que vivifica". // Há uma série de associações imagéticas construídas ao longo do poema. Vergílio Ferreira (p. 192) define este recurso, comum na poesia cesárica, como "descritivismo associacionista". As "cadeias" aqui referidas, por exemplo, parecem decalcadas das "gaiolas" (I, v. 13) da seção anterior. Também o som mortificante das grades da prisão faz eco ao "tinir de louças e talheres" (I, v. 27) que vem dos "hotéis da moda" (I, v. 28), que, por sua vez, podem ser entendidos como cárceres de luxo dispostos na cidade, descrita como espaço algo aprisionador.

V. 3 – *Aljube*: nome dado a antigos cárceres destinados ao clero. No século XVI, o Aljube de Lisboa funcionou como prisão eclesiástica. No século XIX, o prédio serviu de prisão feminina, a que faz alusão o poema. "Crianças", neste caso, refere-se a moças, ou mulheres jovens. // Na edição de Silva Pinto, o termo vem grafado com inicial minúscula. No mesmo caso estão "sé" (v. 7) e "cruzes" (v. 7). Sendo todos substantivos próprios, devem ser grafados com maiúscula, como observa Joel Serrão (*OC*, p. 153). Barahona discorda de Serrão e, do referido grupo, grafa com maiúscula apenas "Sé".

V. 4 – *Mulher de "dom"*: mulher refinada, fidalga ou da alta burguesia.

V. 7 – *Da velha Sé, das Cruzes*: referência à catedral de Lisboa, também conhecida como Sé, e à rua Cruzes da Sé, que fica próxima à igreja.

V. 10 – *Tascas*: tabernas sujas, reles. *Tendas*: lojas de mercearia. *Estancos*: tabacarias.

Vv. 10-11 – *Os estancos / Alastram em lençol os seus reflexos brancos*. Imagem da projeção de luzes que vêm de vitrines de tabacarias e se lançam às calçadas no momento em que se acendem. Lourenço (p. 126) considera o fragmento a "primeira grande imagem imprevisível e imprevista da nossa poesia moderna".

V. 12 – A referência ao "circo" reativa anterior alusão ao "arlequim" (I, v. 30), ambos representando a arte popular e mambembe. O século XX consagrou o circo como motivo artístico. Picasso e Chagall, na pintura; Apollinaire, na literatura; Chaplin, no cinema, são alguns dos artistas que, ainda no primeiro quartel do século XX, se valeram em suas obras de imagens ou personagens circenses. No tempo de Cesário, a imagística do circo não possuía o mesmo prestígio que virá a ter algumas décadas depois. Poucos artistas então arriscavam incorporar o universo circense a suas obras, como fez o pintor George Seurat (1859-1891), por exemplo. Em Portugal, antes de Cesário, Guilherme de Azevedo utilizou figuras circenses em alguns poemas de *A Alma Nova* (1874). Não só por este aspecto, mas sobretudo por outros rasgos estilísticos, a poesia de Guilherme de Azevedo parece ter exercido influência na formação do lirismo cesárico.

V. 12 – *Jogos malabares*: malabarismos circenses, jogos de equilíbrio e de agilidade praticados por malabaristas. O termo *malabar* é de origem toponímica, provém de região da costa oriental da Índia, entre Goa e Ceilão, onde surgiu a arte dos jogos malabares. Sabe-se que Camões navegou pela costa de Malabar, região citada em *Os Lusíadas*.

V. 15 – *Esfumo*: desenho a carvão. Não são raras as referências diretas ou indiretas às artes plásticas na poesia de Cesário.

V. 16 – O passado histórico que a paisagem lisbonense sugere ao narrador é o sombrio da Inquisição, e não mais o glorioso dos Descobrimentos.

V. 17 – *Terremoto*. Trata-se do terrível terremoto ocorrido em Portugal no dia 1º de novembro de 1755. Nesta data, o país quase todo tremeu. Embora o epicentro do abalo sísmico não tenha se localizado em Lisboa e sim no mar, na costa Sul do país, a capital portuguesa foi a cidade que mais sofreu danos materiais e humanos, por ser a mais desenvolvida e populosa. A parte baixa, região central da cidade, foi completamente devastada por ondas gigantescas que vinham do Tejo. Outras áreas foram arruinadas por incêndios que se multiplicavam. Ruíram cerca de dez mil edificações. Calcula-se que algo próximo de cinco mil pessoas morreram apenas na manhã deste dia 1º. No total, apenas em Lisboa, de uma população de aproximadamente 270 mil habitantes, houve pelo menos 30 mil mortos na catástrofe. Algumas fontes, no entanto, registram até 90 mil vítimas mortais. O Marquês de Pombal, ministro e homem forte durante o reinado de D. José I (1750-1777), foi o principal responsável pela moderna reconstrução do centro da capital portuguesa. A Baixa Pombalina, como hoje é conhecida a região central de Lisboa, é formada por um conjunto de ruas simetricamente paralelas. No poema, a Baixa é aludida no v. 18: "Muram-me as construções retas, iguais, crescidas".

V. 22 – A referência às "pimenteiras" evoca a época dos Descobrimentos. Dentre os produtos que Portugal buscava no Oriente, as especiarias (pimenta, cravo, canela, noz-moscada etc.) ocupavam papel de destaque. A evocação é irônica à medida que opõe a memória dos fartos carregamentos que chegavam a Lisboa durante o período das conquistas às "exíguas pimenteiras" que ornam o espaço público no tempo da enunciação lírica.

Vv. 23-24 – Alusão à estátua de Camões, inaugurada em 1867, e localizada na praça que leva seu nome em Lisboa. O "pilar" mencionado mede 7,5 m, e a figura em bronze do poeta, 4 m. Trata-se da primeira estátua dedicada a um escritor em Portugal. Em 1880, diversas manifestações cívicas ocorreram no local em homenagem ao tricentenário da morte do criador de Os Lusíadas, com destaque para o primeiro cortejo não-religioso da história do país. O forte sentimento nacionalista que a efeméride gerou foi por certo influenciado por grandiosas comemorações ocorridas na Itália, em 1874, pelo quinto centenário de morte de Petrarca, e na França, em 1878, pelo centenário de morte de Voltaire e Rousseau. Sob este aspecto, Camões sintetizava, naquele momento, valores de afirmação da pátria portuguesa perante si e perante seus vizinhos. Sob este aspecto também, o poema de Cesário destoa do tom geral dos discursos então produzidos. // Na primeira seção do poema, Camões surge na sexta estrofe. Na segunda, de modo simétrico, é evocado também na sexta estrofe. Apesar desta simetria formal, as figurações diferem entre si: o primeiro Camões é mítico, ágil, guerreiro, heroico, revivido em sua dimensão histórica ou histórico-lendária; o segundo, ainda que grandioso, reduz-se a um objeto urbanístico-simbólico-decorativo. No poema, Camões é trasladado de sua época para um tempo-espaço decadente e "vulgar", onde se vulgariza entre "bancos de namoro e exíguas pimenteiras" (v. 22). O fluir temporal não destruiu a imagem do bardo na memória popular, mas o país que ele representa decaiu de modo acentuado, tornando-se uma sombra do passado. Esta decadência é o *leitmotif* do poema, mais que a figura de Camões, que, expressão de um passado glorioso, serve, em suas rápidas e fulgurantes aparições, de contraponto irônico ao motivo poemático.

V. 25 – O "Cólera" sonhado e a "Febre" imaginada como terríveis ameaças à cidade e seus cidadãos retornam na forma de calamidades históricas no poema "Nós" (I, vv. 1-2).

V. 26 – *Enfezados*: raquíticos, mirrados. Os "corpos enfezados" contrastam com a colossalidade brônzea da estátua de Camões.

V. 27 – Como no poema "Noite Fechada", a seção homônima de "O Sentimento dum Ocidental" registra a presença do clero e dos militares como sombria e repressiva. Sob este aspecto, o poema se coaduna com o ideário republicano que considerava ultrapassada e retrógrada a forma de atuação da Igreja e das milícias na sociedade moderna.

V. 28 – A polissemia do verbo *inflamar* é acionada por fragmentos da narrativa lírica, tornando o verso ambíguo. Numa primeira leitura, inflamar-se equivale a irritar-se, exaltar-se. Em jogo metonímico-prosopopeico, o "palácio", termo vinculado à imagística do poder político no Antigo Regime, exaspera-se diante do frágil "casebre". Trata-se, enfim, de mais uma representação do poder opressor no poema, tal como ocorre com a presença do clero e dos militares (ver nota ao v. 27). Numa segunda aproximação, *inflamar-se* pode ser lido em perspectiva médico-patológica, com o sentido de contrair inflamação. Esta hipótese vem corroborada por alusões às epidemias de cólera e febre amarela (v. 25), propensas, aliás, a se disseminar no bairro tomado de "focos de infecção" onde vivem as varinas (I, vv. 43-44). É possível também ler o verbo *inflamar* como equivalente de acender, incendiar, pôr-se em chamas. Em acepção simbólica, fogo significa poder; em sentido literal, entre outras significações, destruição, perigo. Neste caso, o "palácio" que se inflama pode representar uma ameaça ao "casebre" ou um risco pelo qual ele, "palácio", passa diante do vizinho. // O "palácio inflamado", em sentido luminoso ou mesmo incendiário do termo (flama=chama), remete aos "hotéis flamejantes" referidos de modo simétrico no v. 28 da primeira seção. // A vizinhança entre "palácio" e "casebre" aponta para um aspecto de ordem social já entrevisto na primeira parte do poema (ver nota I, vv. 27-28): a formação urbanística em que classes sociais distintas e opostas compartilham espaço comum.

V. 30 – Antigos "conventos" se transformaram em modernos "quartéis", como se o poder repressor do "fúnebre clero" (v. 14), do "inquisidor severo" (v. 15), continuasse, sob outra vestimenta, em mãos de "sombrios e espectrais soldados" (v. 27).

V. 34 – *Paixão defunta*. Mourão-Ferreira ("Notas", p. 116) supõe que a expressão seja uma referência à paixão que o narrador certa vez nutriu por

Lisboa. De fato, no poema não há nenhuma alusão amorosa de caráter pessoal. Além disso, o determinante "defunta" parece vir contaminado por anterior nota mórbida relativa à cidade: "capital, que esfria" (v. 32). No verso seguinte, o verbo *enlutar* (v. 35) prolonga o vocabulário associado ao campo semântico da morte. Também na carta de apresentação do poema, enviada a Emídio de Oliveira (ver nota introdutória), Cesário refere-se a Lisboa em termos mortuários: "mas julgo que fiz notar menos mal o estado presente desta grande Lisboa, que em relação ao seu glorioso passado, parece um cadáver de cidade".

V. 35 – *Enlutam-me, alvejando*. Oximoro cromático derivado das sombras projetadas pela luz de "lampiões" (v. 34) e "montras" (v. 36).

V. 36 – *Montras*: vitrines.

V. 37 – Costureiras e floristas que trabalharam todo o dia, ao fim da tarde, sentem dificuldades para fixar e manter uma postura ereta. Seus corpos curvos do trabalho encontram-se na rua com "elegantes" também "curvadas" (v. 35) diante de vitrines de joias. Trata-se de uma especularidade irônica entre curvaturas sofridas e enfatuadas. Como na cena do confronto entre "palácio" e "casebre" (v. 28), o poema destaca a proximidade e convivência de classes sociais distintas no espaço urbano.

V. 38 – *Magasins* (fr.): estabelecimentos comerciais onde se vendem artigos de moda.

V. 40 – *Comparsas ou coristas*: designações de pessoas que desempenham papéis secundários em peças teatrais. As comparsas ou coristas são, muitas delas, também costureiras ou floristas. A notação aponta para a "desespecialização" do trabalho na sociedade moderna, que o poema retrata.

V. 41 – *Luneta de uma lente só*: monóculo.

V. 43 – *Brasserie* (fr.): cervejaria. Não apenas o vocábulo é de origem estrangeira, mas também o espaço que ele designa. Num país produtor e exportador de vinhos, a cervejaria é um estabelecimento comercial associado a culturas estrangeiras. Daí que seja coerente que o narrador se depare com "emigrados" na "*brasserie*".

Vv. 43-44 – Na primeira parte do poema, manifestando desejo de evasão, o narrador inveja os "felizes" (I, v. 10) que emigram. Agora, ele se depara com "emigrados" que, felizes, jogam dominó. A mobilidade derivada da emigração é um componente de sociedades modernas. A *flân018enerie* ou mobilidade intelectualizada e sem rumo definido, também.

V. 44 – *À crua luz*. Ver nota ao v. 43 do poema "Noite Fechada".

III – AO GÁS

V. 1 – *A noite pesa, esmaga*. A frase faz fronteira com a ideia de *pesadelo*, termo cuja raiz participa do verbo *pesar* e do adjetivo *pesado*. Com efeito, algumas imagens desta seção parecem advir de um sonho aflitivo.

V. 2 – *Lajedo*: pavimento coberto por lajes. *Impuras*: prostitutas, meretrizes.

V. 3 – *Ó moles hospitais*. Apóstrofe às "impuras", ou seja, às prostitutas. A metáfora *hospital* agrega sentidos de doença – reforçado pelo determinante "impuras" (v. 2) – e de cura, reunidos no mesmo ser social, as meretrizes. *Embocaduras*: entradas de rua, avenida. Também ponto de foz de rio. No poema, ambos sentidos são pertinentes pois o eu lírico deambula por ruas de Lisboa próximas ao Tejo.

Vv. 5-8 – O processo de associação de imagens na cena lembra a metamorfose dos vegetais desenvolvida em "Num Bairro Moderno". A visão de uma rua comercial, com suas "lojas tépidas", incita o narrador a operar uma transformação fantasiosa no quadro urbano contemplado. Na fantasia do narrador, lampiões de rua tornam-se "círios"; lojas enfileiradas, "filas de capelas"; manequins de vitrines e passeantes (prostitutas [v.2], "burguesinhas do Catolicismo" [v. 9]), "santos e fiéis"; prateleiras e ornamentos de casas comerciais, "andores, ramos, velas". Trata-se, enfim, de sacralização irônica do espaço mercantil urbano. A ironia reside na dinâmica de aproximação ou justaposição problematizante dos universos religioso e comercial.

V. 9 – *Burguesinhas do Catolicismo*: falsas carolas.

Vv. 9-10 – Pelo modo com que são referidas, há paralelismo entre as "burguesinhas do Catolicismo" e as "impuras" (ver nota ao v. 2): estas "arrastam--se" nos "passeios de lajedo" (v. 2), aquelas "resvalam pelo chão". // Uma vez mais (ver notas I, vv. 27-28; II, v. 28; II, v. 39), o poema flagra a presença de classes sociais distintas compartilhando mesmo espaço de convivência urbano. // Como ocorre com frequência na ficção de Eça de Queirós, o sufixo diminutivo usado em "burguesinhas" conota sentido irônico e depreciativo.

V. 12 – O termo "histeria" origina-se do grego *hustéra*, que significa "útero". Antes de estudos pioneiros de Jean-Martin Charcot (1825-1893), que datam do início da década de 1880 – posteriores portanto à composição de "O Sentimento dum Ocidental" –, acreditava-se que a enfermidade se manifestava apenas em mulheres. Durante a Idade Média, as histéricas eram consideradas bruxas e queimadas em fogueiras da Inquisição. Jejuns prolongados, como praticavam freiras medievais, podem produzir sintomas histéricos, como distúrbios sensoriais ou motores. A alusão à histeria, associada ao "chorar doente dos pianos" (v. 11), prolonga o léxico médico-patológico do poema, ao gosto do Naturalismo, que inclui "hospital" (v. 3), "Cólera", "Febre" (II, v. 25), "aneurisma" (II, v. 5), "infecção" (I, v. 44), "enjoo", (I, v. 6), "melancolia" (I, v. 2), e que descreve a cidade, com seus habitantes, como organismo social degenerado. A alusão às "freiras" no verso, por sua vez, amplia o motivo da religiosidade católica também disseminado pelo texto.

V. 13 – *Cutileiro*: ou cuteleiro, fabricante ou vendedor de instrumentos de corte (facas, canivetes, tesouras etc.). O termo, no entanto, está empregado com sentido de *cutelaria*, que é o lugar onde são fabricados e/ou vendidos artefatos produzidos por cuteleiro.

Vv. 13-16 – Depois de prostitutas doentes e falsas carolas que lembram freiras histéricas, o poema muda a atmosfera e destaca, no mesmo cenário urbano, o trabalho vigoroso e honrado. // As principais figuras retóricas da estrofe são típicas do estilo cesário: a sinestesia impressionista, que registra a percepção sensorial imediata de objetos descritos, e a hipálage, que transfere qualidades de um objeto para outro termo da oração. Assim, literalmente, o malho do forjador é rubro, mas, por hipálage, o forjador o maneja "rubramente". O cheiro do pão não pode ser "salutar e honesto", mas o pão e o padeiro, respectivamente, sim. Por hipálage, qualidades humanas são transferidas para o odor que o pão exala. // Símbolo da tradição cristã, a imagem afirmativa do pão pode ser uma resposta ao jejum de freiras histéricas (v. 12), citado na estrofe anterior.

V. 14 – *Malho*: espécie de martelo sem unhas ou orelhas, usado por forjador para dar forma a metal incandescente.

Vv. 17-18 – Estes versos compõem uma miniarte poética. Melo (pp. 28-29), Macedo (*Nós*, p. 186) e Rodrigues (p. 162), dentre outros, comentam a passagem. Em sentido amplo, o trecho sintetiza o vínculo que a poesia de Cesário mantém com o projeto estético-ideológico da prosa de ficção realista. Ou seja, o "real" (positivo, natural, social, historicizado) como objeto de representação, a "análise" como método de investigação e o "exacerbamento" da consciência crítica do leitor como efeito pragmático da obra de arte formam pequeno conjunto de propostas básicas do Realismo. Sob este aspecto, os versos retomam e ampliam a "crítica segundo o método de Taine", referida em "Contrariedades" (ver nota ao v. 25 deste poema). Em muitos poemas, a poética cesária incorpora procedimentos prosaicos ou próprios da prosa de ficção, como narrador ficcional ou personagem-narrador, com identidade social e pessoal distintas de poema a poema, em oposição ao eu lírico "confessionalmente sincero", cujo modo e conteúdo de enunciação serviam para construir um *ethos* coerente de seu autor; tempo e espaço definidos; ação linear; personagens; estilização léxica e sintática da fala coloquial. A estes dispositivos narrativos e ficcionais, associa-se ideário realista ou liberal, como afinidade com ideias republicanas; representação complexa da sociedade, com a presença de classes sociais alta e baixa, e simpatia – ainda que às vezes relativa – pelos mais pobres; crítica e assombro diante do progresso material ou processo civilizatório de sociedades modernas. A escolha do verbo "meditar", em detrimento de outros com carga semântica mais racionalista, como *planejar*, por exemplo, compensa e relativiza em parte a inclinação realista do projeto estético cesário, tal como ele se declara.

V. 20 – *Vitrines* (fr.). De largo uso no português moderno, o vocábulo ainda é considerado estrangeirismo por alguns dicionaristas, que registram a forma *vitrina* como equivalente aportuguesado do termo francês. Embora esta forma já existisse no tempo de Cesário, o poeta optou pelo registro estrangeiro, e por isso o termo vem grafado em itálico, como *magasins* (ii, v. 38), *brasserie* (ii, v. 43) e *traîne* (v. 30). *Ratoneiro*: criminoso que furta pertences de pouco valor. *Imberbe*: que não tem barba, isto é, muito jovem.

V. 23 – *Esguia*: longa e estreita. *Reverberos*: luminárias a gás, lampiões de rua. A norma culta registra o vocábulo como proparoxítono. Todavia, no tempo de Cesário, as duas prosódias eram usadas. Antônio Feijó, no poema "Flores da Carne", inserto em *Líricas e Bucólicas* (1884), por exemplo, também se vale do registro paroxítono do termo: "Ao sol do *boulevard* n'um reverbéro indómito".

Vv. 23-24 – Como ocorre nos poemas "Noites Gélidas – Merina" e "Noite Fechada", os versos descrevem luz natural e artificial combinadas na noite urbana (ver notas ao v. 4 de "Noites Gélidas – Merina" e aos vv. 3-4 do poema "Noite Fechada").

V. 25 – Alusão à musa de tipo fatal, presente em diversos poemas de Cesário.

V. 26 – *Xales com debuxo*: xales com desenhos coloridos estampados. No século xix, o xale é considerado peça feminina de distinção, adorno de elegância. As estampas, no entanto, não condizem com a confecção artesanal da peça, anulando ou relativizando assim suas qualidades convencionais. O espartilho, por sua vez, segundo o sistema de valores vigente na época, atenta contra a natureza feminina ao tornar a mulher empertigada e, por conseguinte, desprovida de encanto (cf. Mello e Souza, pp. 172-173).

V. 29 – *De bandós*: penteado em que os cabelos são repartidos ao meio, esticados até cobrirem as orelhas, e presos por meio de coque na parte de trás da cabeça, onde termina a linha divisória.

V. 30 – *Traîne* (fr.): cauda de vestido.

V. 31 – *A duas tintas*: de duas cores.

V. 32 – *Vitória*: carruagem aberta, de cobertura dobrável, de quatro rodas e dois lugares. *Mecklemburgueses*: cães de raça exótica, originária de Mecklemburgo, na Alemanha.

Vv. 37-38 – O ritmo do apagar das luzes é similar ao ritmo com que elas se acenderam (ii, v. 9).

V. 39 – *Regouga*: fala em som gutural e áspero, semelhante ao esganiçar estridente da raposa. *Cauteleiro*: vendedor ambulante de bilhetes de loteria.

V. 40 – Ressoa na imagem das "armações fulgentes" as dos "palácios inflamados" (II, v. 28) e "hotéis flamejantes" (i, v. 28). Quando se apagam, estes edifícios tornam-se "mausoléus" ou enormes "prédios sepulcrais" (iv, v. 42), emprestando à cidade aparência de vasto cemitério.

Vv. 41-44 – Os determinantes temporais "eterno" e "sempre" revestem o professor de latim de sentido algo mítico. Macedo (*Nós*, p. 189) lembra que

Dante, em sua peregrinação pelo inferno, na *Divina Comédia*, também encontra seu professor (xv, v. 22 e ss.). João de Figueiredo (*A Vida de Cesário Verde*, p. 133) considera que a passagem pode ter sido sugerida pelo poema "Mestre Primário", de Gomes Leal. E cita uma quadra: "Encontrei no Bairro Alto um bom velhinho, / Um pobre mestre de instrução primária, / O qual anda rotinho como um pária, / Velha gravata... sujo o colarinho". // Há uma analogia subjacente entre as "armações fulgentes", que ao se apagarem tornam-se semelhantes a "mausoléus" (v. 40), e o professor de latim que se tornou obsoleto e agora vive na miséria. O ato iluminador de ensinar esgotou-se seja pela idade avançada do professor, seja pelo prestígio decadente da matéria, e com isso o mestre passou, como um fantasma, a assombrar transeuntes na cidade noturna (cf. Carter, p. 227).

IV – HORAS MORTAS

V. 2 – *Trapeiras*: janelas dispostas sobre telhados.

V. 4 – *Enleva-me*: encanta-me, arrebata-me, deleita-me. *Quimera*: sonho, fantasia, utopia. Em acepção primária, *quimera* designa ser mítico monstruoso de caráter eminentemente fantástico. *Transmigrar*: o verbo possui dois sentidos básicos: *1.* "mudar (alguém) de um lugar (região, país) para outro" ou *2.* "passar (a alma) de um corpo para outro", ação também chamada *transmigração das almas* ou *metempsicose*. No poema, o primeiro sentido se manifesta no desejo de emigração do narrador: "Madrid, Paris, Berlim, S. Petersburgo, o mundo!" (i, v. 12). O segundo, de modo particular, se deixa entrever no implícito anseio de evasão temporal do eu lírico, que aspira não à Lisboa aprisionadora e decadente do presente mas à do passado heroico e mítico do tempo de Camões.

V. 6 – A imagem sonora do parafuso que cai sobre lajes no meio da noite sugere, segundo Macedo (*Nós*, p. 191), "que a firmeza artificial de todas as prisões é desmontável".

V. 7 – *Taipais*: anteparos ou tapumes de madeira, em geral portáteis, que servem de proteção a vidraças ou portas de estabelecimentos comerciais.

V. 8 – *Caleche*: carruagem aberta, de quatros rodas e dois lugares, similar à vitória (iii, v. 33). O termo, de origem francesa, pertence ao gênero feminino.

V. 9 – As "linhas de uma pauta" são uma dupla referência às retilíneas ruas da Baixa Pombalina (ver nota ii, v. 17) e ao pentagrama musical. Ao percorrer ruas do centro lisboeta, o sujeito lírico como que vai desenhando notas de uma música pastoril (v. 12) "infausta e trinada" (v. 11), uma canção que evoca um campo invisível e sinistro ("infausto") no meio da noite urbana. Por um lado, o caráter funesto da canção prolonga a imagem da "caleche de olhos sangrentos" (v. 8) da estrofe anterior. Por outro, o sentido campestre, natural, ameno, da música tocada por singela e longínqua flauta (v. 12) estabelece contraste com esta mesma imagem.

V. 11 – *Infaustas*: desventuradas, agourentas, funestas. *Trinadas*: de *trinado*, figura musical que consiste na alternância rápida entre duas notas.

V. 12 – *Longíqua*: variante de *longínqua* (ver nota ao v. 70 do poema "Noite Fechada").

Vv. 13-14 – Buscar a "perfeição das cousas" é apanágio da arte e utopia do artista. O caráter utópico dessa busca é destacado em passagens metalinguísticas do poema, do qual forma um subtema. O narrador lírico "medit[a] um livro que exacerbe" e "*quisera* que o real e a análise [lho] dessem" (III, vv. 17-18). Lamenta "*não poder pintar* / Com versos magistrais, salubres e sinceros" (III, vv. 21-22). E por fim conjectura, entre ansioso e frustrado: "Se eu não morresse, nunca! E eternamente / *Buscasse e conseguisse* a perfeição das cousas!".

V. 15 – Assim como as "varinas" (I, v. 36) do início do poema estabelecem um possível paralelo paródico-irônico com as Tágides camonianas, as "castíssimas esposas" do fim podem ser entendidas como transfiguração idealizada das ninfas da Ilha dos Amores, episódio também disposto na parte final da epopeia de Camões. Sobre essa hipótese interpretativa, Mourão-Ferreira ("Cesário e Camões", p. 92) assinala: "Trata-se, enfim, da previsão de um espaço amoroso tão mitificado quanto o da ilha dos Amores, mas governado por 'castíssimas' e monogâmicas leis em tudo opostas à efervescente sensualidade que rodeia o poligâmico universo da ilha camoniana". // Uma similaridade estrutural que ocorre no poema de Cesário e na epopeia de Camões é a construção, na parte final das narrativas, de um tempo futuro visto por ótica profética. Em *Os Lusíadas*, na cena do banquete compartilhado por ninfas e portugueses na Ilha dos Amores, uma deusa toma a palavra e profetiza o futuro de Portugal. No poema de Cesário, o v. 15 inicia uma predição que se estende pelas próximas duas estrofes. Desse modo, fecha-se o ciclo passado-presente-futuro nas duas obras.

Vv. 15-24 – Em jogo especular, a visão profética sobre a pátria portuguesa coincide com imagens gloriosas do passado da nação: viagens marítimas, heróis conquistadores. Trata-se, portanto, de profecia saudosista. Na perspectiva do poema, o Portugal do futuro não é outro senão o país reconciliado com o heroísmo de seu passado histórico perdido. Há pontos de convergência entre a visão do futuro português descrita em "O Sentimento dum Ocidental" e o projeto nacionalista-saudosista posterior de Teixeira de Pascoais (1877-1952). No poema de Cesário, o fator que, de certa forma, justifica e racionaliza o vaticínio é a idealização de linhagem: "castíssimas esposas" (v. 15), "mães e irmãs" amorosas e sofridas (v. 19), filhos clarividentes (v. 17) e avós heroicos (v. 22). Outro paralelo possível, mais próximo de Cesário, se dá com o Eça dos últimos trabalhos, sobretudo com *A Ilustra Casa de Ramires* (1900). Neste romance, o Portugal glorioso do passado e decadente do presente estabelecem forte contraste. No final, a redenção do personagem central, um fidalgo moderno acovardado que enfim encontra dentro de si a coragem de seus antepassados, constrói uma alegoria profética sobre a recuperação da pátria, a partir da reconquista de valores da tradição.

Vv. 18-19 – *Vos, vossa*. Único momento em que o poema se dirige aos leitores. Trata-se de passagem profética, logo os leitores evocados são os do porvir, beneficiários das ações dos futuros heróis da pátria.

V. 16 – *Aninhem*: abriguem, acolham.

V. 20 – A imagem das "habitações translúcidas" recupera a das "mansões de vidro transparente" (v. 16). Ambas elegem a transparência do cotidiano privado familiar como virtude idealizada no futuro projetado pelo poema.

V. 22 – *Nômadas*: variante de *nômades*.

V. 27 – O verso explora a polissemia do vocábulo *folha*: numa cidade sinistra e "sem árvores" (v. 26), as únicas folhas visíveis são as "folhas das navalhas".

V. 29 – *Nebulosos corredores*: sombrias ruas, vielas, becos, travessas.

V. 30 – *Ventres das tabernas*. A metáfora "ventre" aponta, entre outros sentidos, para o estado sujo e fétido das tabernas. Ao enjoo provocado pelo "gás extravasado" (I, v. 6), vem-se juntar agora, no sujeito lírico, a "náusea" suscitada por sórdidos botequins. Estes lançam às ruas "tristes bebedores" (v. 32) e são uma versão rebaixada da *brasserie* (II, v. 43), onde emigrantes jogam dominó aos risos (II, v. 44).

V. 31 – *Aos bordos*: andando em ziguezague, ziguezagueando. Macedo (*Nós*, p. 194) lê na locução um "sardônico eco náutico".

V. 38 – *Chaveiros*: guardas-chaveiros. Equivalentes aos modernos guardas-noturnos, os guardas-chaveiros eram seguranças particulares mantidos por moradores de uma determinada área urbana. São chamados *chaveiros* porque, além de proteger a propriedade privada, eles também ajudavam residentes que haviam perdido suas chaves a abrir as portas de suas casas. Os guardas-chaveiros não eram militares do Estado, por isso, no poema, convivem de modo pacífico com prostitutas ("imorais"), que se oferecem em balcões de janelas (vv. 39-40).

Vv. 39-40 – À hora da "Ave-Maria", "querubins do lar" flutuam nas varadas (I, v. 31); às "horas mortas" da alta noite, como um simulacro degradado, prostitutas seminuas fumam, tossem e se oferecem nas sacadas das casas.

V. 43 – O verso pode ser considerado súmula do poema e uma possível resposta para a abstração de seu título. Afinal, qual é ou como podemos definir o sentimento dum ocidental? Em princípio, trata-se de sentimento derivado de uma experiência urbana moderna. Ocidente equivale à civilização, e ocidental, à civilizado. Representada metonimicamente por Lisboa, a civilização é descrita como espaço opressor, sufocador, inquietante, que, por isso, provoca no narrador nostalgia de um passado mítico grandioso. Em suma, o sentimento dum ocidental é de falência, de perda, ou, em sentido amplo, como o Ocidente, de "Dor". Não dor autocentrada, que se consome em si mesma na consciência do sujeito lírico, mas sim dor pragmática, movente, dinâmica, que "busca os amplos horizontes" de um passado capaz de restaurar o presente ou o futuro.

❧ *De Tarde* ❧

Naquele "pic-nic" de burguesas,
Houve uma coisa simplesmente bela,
E que, sem ter história nem grandezas,
Em todo o caso dava uma aguarela.

5   Foi quando tu, descendo do burrico,
Foste colher, sem imposturas tolas,
A um granzoal azul de grão-de-bico
Um ramalhete rubro de papoulas.

Pouco depois, em cima duns penhascos,
10 Nós acampamos, inda o sol se via;
E houve talhadas de melão, damascos,
E pão de ló molhado em malvasia.

Mas, todo púrpuro, a sair da renda
Dos teus dois seios como duas rolas,
15 Era o supremo encanto da merenda
O ramalhete rubro das papoulas!

Primeira publicação: 1887, em *O Livro de Cesário Verde*.
Não se conhece publicação anterior. O modo como o texto
manipula recursos estilísticos e formula seus temas faz supor
que o poema pertença à fase final da obra de Cesário.

"De Tarde" é um dos poemas mais conhecidos e admi-
rados de Cesário. Reis (p. 408) considera-o "um dos textos

líricos mais sugestivos da poesia portuguesa". Seu poder de sugestão, no entanto, não deriva, como em princípio poder-se-ia supor, de *verbalidades puras*, ao estilo simbolista. "De Tarde" imita um altorrelevo de camafeu ou uma estampa de cromo ao gosto parnasiano. O estímulo à imaginação do leitor deriva, pois, da precisão de sua linguagem e imagens.

Contemporâneos de Cesário, Édouard Manet (1832-1883) e Claude Monet (1840-1926) celebraram e celebrizaram o pic-nic em suas telas. *Le Déjeuner sur l'Herbe* de Manet foi composto entre 1862-1863, e o de Monet, entre 1865-1866. O quadro de Manet, em particular, provocou acalorada polêmica à época devido ao modo como o nu feminino foi retratado, entre dois homens vestidos. A controvérsia fez com que Émile Zola saísse em defesa de Manet e evocasse o quadro em uma cena de seu romance *L'Œvre* (1886). O motivo do poema de Cesário parece derivar, entre outras fontes, da pintura impressionista.

V. 4 – *Aguarela*: variação de *aquarela*. A pintura em aquarela utiliza técnica de pinceladas leves e delicadas, com uso de cores claras e transparentes sobre fundo em geral branco. O assunto tende a ser ameno e alegre. A analogia entre poesia e pintura ou artes plásticas ocorre com frequência na poesia de Cesário. Todavia, em "De Tarde", essa analogia ou correspondência se faz de modo mais explícito e concentrado que em outros poemas.

V. 5 – *Descendo do burrico*. A narrativa do poema tem início com a burguesa "descendo do burrico". Rocha ("Cesário Verde e o Mito de Anteu") entende a ação como sintomática de tendência telúrica na poesia de Cesário. Sob este aspecto, a ensaísta associa a poética cesária ao mito de Anteu, herói que revigora suas forças sempre que toca o solo.

V. 7 – *Granzoal*: terreno semeado de grãos-de-bico. "Granzoal de grão-de-bico" constitui redundância semântica ou pleonasmo. Reckert ("Radiografia", p. 44) justifica essa redundância com base em análise fono-estilística, de inspiração jakobsoniana, que faz do poema. Tomando o verso todo – "A um granzoal azul de grão-de-bico" –, Reckert evidencia em seu centro a inversão vocálica *u-a* (granz*ua*l, lê-se /zu/ e não /zo/), *a-u* (*azul*), e o jogo aproximativo em *z-l* (granz*ua*l – *azul*). Como parêntese fonético desse centro, destaca o grupo *gran* (*gran*zoal azul de *grão*-de-bico). Por sua vez, o grupo introdutório *a um*, além de se articular com as sequências *u-a* / *a-u*, reaparece no segmento *ão*, de "grão". Também é possível identificar uma aproximação assonântica em /i/, com dupla aliteração em /d/, no segmento *di* grão-*di-bico*. Marcadas, em suma, as correspondências fonéticas no verso, o resultado é: *a um* **granZ**ua**L** *aZu***L di grãu**-**di**-bic*u*.

V. 8 – Trata-se da imagem central do poema-aquarela. Sua posição física dentro do texto também é central, já que o verso é precedido de sete e seguido por outros sete versos, descontado o último, que repete o oitavo com pequenas variantes. Apesar de sua centralidade, a imagem disfarça ou semiencobre outra que, dentro de perspectiva erótico-irônica, afigura-se como a verdadeira "coisa simplesmente bela" (v. 2), anunciada no início do poema, e o verdadeiro "supremo encanto da merenda" (v. 15): os "seios" (v. 14) da burguesinha, imagem que funciona como símbolo catalisador e metonímico de sua beleza sensual.

Vv. 11-12 – A alusão aos alimentos do "pic-nic", além de vincular a passagem ao gênero natureza-morta, e assim estender as relações do poema com a arte da pintura, reforça sentidos de sensorialismo e sensualidade que perpassam a cena descrita.

V. 12 – *Malvasia*: tipo de uva que produz vinho bastante adocicado. No poema, o termo está empregado como equivalente desse vinho.

V. 13 – O jogo cromático do tom avermelhado ("púrpuro") sobre o branco ("renda"), sutil insinuação das ideias de virgindade e desfloramento, em conexão com outras imagens do poema, como "seios" (v. 14) e pombas-rolas (ver nota ao v. 14), carregam o quadro narrativo de atmosfera levemente erótica (cf. Rocha, "Cesário Verde e o Mito de Anteu", p. 78). // Na edição de 1887, não há vírgula separando os hemistíquios. A emenda surge a partir da 2ª edição e permanece até a de Cabral do Nascimento. As restantes edições não virgulam.

V. 14 – *Seios*. Há no poema uma série de imagens circulares das quais os seios da burguesa são culminância e ponto de convergência semântico. Outras imagens caracterizadas por forma circular são: "grão-de-bico" (v. 7), "penhascos" (v. 9), "sol" (v. 10), "melão", "damascos" (v. 11), "pão de ló" e uva "malvasia" (v. 12). *Rolas*: ou pombas-rolas. Segundo certa tradição, vigente à época de Cesário, as pombas-rolas são pássaros associados ao amor sensual.

V. 15 – *Merenda*: equivalente vernáculo para "pic-nic". O poema se abre com um "pic-nic" (v. 1) e termina com uma "merenda" (v. 15), embora os dois termos aludam à mesma cena. No tempo de Cesário, o vocábulo francês possuía conotação sofisticada e formal, associada a classes sociais abastadas. No entanto, o poema vai como que desconstruindo este sentido anunciado: o assunto não tem "história nem grandezas" (v. 3); a mulher desce do "burrico" (v. 5) "sem imposturas tolas" (v. 6) para simplesmente colher "um ramalhete de papoulas" (v. 8); o grupo no penhasco come "melão, damasco e pão de ló" (vv. 11-12). O prosaísmo, enfim, da ação e do ce-

POEMAS REUNIDOS ∾ 227

nário transforma o projeto inicial de narrar um "pic-nic" em narração de uma "merenda".

V. 16 – O último verso reescreve o oitavo com pequenas mas significativas variantes. Os indeterminantes "*um* ramalhete... *de* papoulas" transformam-se em determinativos "*o* ramalhete... *das* papoulas". A alteração provoca efeito de singularização e de aproximação visual do objeto descrito. Há, aliás, uma dinâmica de enquadramento que alterna focos ora distanciados, ora acercados dos eventos, personagens e objetos. De um "pic-nic" de burguesas (v. 1/conjunto), destaca-se uma mulher (v. 5/pormenor) que vai colher, junto a um "granzoal azul" (v. 7/conjunto), um "ramalhete rubro de papoulas" (v. 8/pormenor). O grupo se reúne "em cima duns penhacos" (v. 9/conjunto), e há "melão, damascos e pão-de-ló" (vv. 11-12/pormenor) para comer. Por fim, o poema destaca o decote rendado da mulher e seus seios (vv. 13-14/conjunto), para depois se deter num detalhe, como que focado em *zoom*: "o ramalhete rubro das papoulas" (v. 16/pormenor) (cf. Moura, p. 23; Mourão-Ferreira, "Cesário e Camões", p. 87).

❧ *Em Petiz* ❧

I

DE TARDE

Mais morta do que viva, a minha companheira
Nem força teve em si para soltar um grito;
E eu, nesse tempo, um destro e bravo rapazito,
Como um homenzarrão servi-lhe de barreira!

5   Em meio de arvoredo, azenhas e ruínas,
Pulavam para a fonte as bezerrinhas brancas;
E, tetas a abanar, as mães, de largas ancas,
Desciam mais atrás, malhadas e turinas.

Do seio do lugar – casitas com postigos –
10   Vem-nos o leite. Mas batizam-no primeiro.
Leva-o, de madrugada, em bilhas, o leiteiro,
Cujo pregão vos tira ao vosso sono, amigos!

Nós dávamos, os dois, um giro pelo vale:
Várzeas, povoações, pegos, silêncios vastos!
15   E os fartos animais, ao recolher dos pastos,
Roçavam pelo teu "costume de percale".

Já não receias tu essa vaquita preta,
Que eu segurei, prendi por um chavelho? Juro
Que estavas a tremer, cosida com o muro,
20   Ombros em pé, medrosa, e fina, de luneta!

II

OS IRMÃOZINHOS

Pois eu, que no deserto dos caminhos,
Por ti me expunha imenso, contra as vacas;
Eu, que apartava as mansas das velhacas,
Fugia com terror dos pobrezinhos!

5   Vejo-os no pátio, ainda! Ainda os ouço!
Os velhos, que nos rezam padre-nossos;
Os mandriões que rosnam, altos, grossos;
E os cegos que se apóiam sobre o moço.

Ah! Os ceguinhos com a cor dos barros,
10   Ou que a poeira no suor mascarra,
Chegam das feiras a tocar guitarra,
Rolam os olhos como dois escarros!

E os pobres metem medo! Os de marmita,
Para forrar, por ano, alguns patacos,
15   Entrapam-se nas mantas com buracos,
Choramingando, a voz rachada, aflita.

Outros pedincham pelas cinco chagas;
E no poial, tirando as ligaduras,
Mostram as pernas pútridas, maduras,
20   Com que se arrastam pelas azinhagas!

Querem viver! E picam-se nos cardos;
Correm as vilas; sobem os outeiros;
E às horas de calor, nos esterqueiros,
De roda deles zumbem os moscardos.

25   Aos sábados, os monstros, que eu lamento,
Batiam ao portão com seus cajados;
E um aleijado com os pés quadrados,
Pedia-nos de cima de um jumento.

O resmungão! Que barbas! Que sacolas!
30 Cheirava a migas, a bafio, a arrotos;
Dormia as noutes por telheiros rotos,
E sustentava o burro a pão d'esmolas.

***

Ó minha loura e doce como um bolo!
Afável hóspeda da nossa casa,
35 Logo que a tórrida cidade abrasa,
Como um enorme forno de tijolo!

Tu visitavas, esmoler, garrida,
Umas crianças num casal queimado;
E eu, pela estrada, espicaçava o gado,
40 Numa atitude esperta e decidida.

Por lobisomens, por papões, por bruxas,
Nunca sofremos o menor receio.
Temíeis vós, porém, o meu asseio,
Mendigazitas sórdidas, gorduchas!

45 Vícios, sezões, epidemias, furtos,
De certo, fermentavam entre lixos;
Que podridão cobria aqueles bichos!
E que luar nos teus fatinhos curtos!

***

Sei de uma pobre, apenas, sem desleixos,
50 Ruça, descalça, a trote nos atalhos,
E que lavava o corpo e os seus retalhos
No rio, ao pé dos choupos e dos freixos.

E a douda a quem chamavam a "Ratada"
E que falava só! Que antipatia!
55 E se com ela a malta contendia,
Quanta indecência! Quanta palavrada!

Uns operários, nestes descampados,
Também surdiam, de chapéu de coco,
Dizendo-se, de olhar rebelde e louco,
60   Artistas despedidos, desgraçados.

Muitos! E um bêbado – o Camões – que fora
Rico, e morreu a mendigar, zarolho,
Com uma pala verde sobre o olho!
Tivera ovelhas, bois, mulher, lavoura.

65   E o resto? Bandos de selvagenzinhos:
Um nu que se gabava de maroto;
Um, que cortada a mão, coçava o coto,
E os bons que nos tratavam por padrinhos.

Pediam fatos, botas, cobertores!
70   Outro jogava bem o pau, e vinha
Chorar, humilde, junto da cozinha!
"Cinco réisinhos!... Nobres benfeitores!..."

E quando alguns ficavam nos palheiros,
E de manhã catavam os piolhos:
75   Enquanto o sol batia nos restolhos
E os nossos cães ladravam, rezingueiros!

Hoje entristeço. Lembro-me dos coxos,
Dos surdos, dos manhosos, dos manetas.
Sulcavam as calçadas, as muletas;
80   Cantavam, no pomar, os pintarroxos!

III

HISTÓRIAS

Cismático, doente, azedo, apoquentado,
Eu agourava o crime, as facas, a enxovia,
Assim que um besuntão dos tais se apercebia
Da minha blusa azul e branca, de riscado.

5   Mináveis, ao serão, a cabecita loira,
Com contos de província, ingênuas criaditas:
Quadrilhas assaltando as quintas mais bonitas,
E pondo a gente fina, em postas, de salmoira!

Na noite velha, a mim, como tições ardendo,
10   Fitavam-me os olhões pesados das ciganas;
Deitavam-nos o fogo aos prédios e arribanas;
Cercava-me um incêndio ensanguentado, horrendo.

E eu que era um cavalão, eu que fazia pinos,
Eu que jogava a pedra, eu que corria tanto,
15   Sonhava que os ladrões – homens de quem m'espanto –
Roubavam para azeite a carne dos meninos!

E protegia-te eu, naquele outono brando,
Mal tu sentias, entre as serras esmoitadas,
Gritos de maiorais, mugidos de boiadas,
20   Branca de susto, meiga e míope, estacando!

Primeira publicação: 29 de setembro de 1879, no *Diário de Notícias*. Uma nota final no texto primitivo indica data e local da composição do poema: Linda-a-Pastora, 1878.

Petiz significa *criança, menino, garoto*. "Em Petiz" é um poema memorialista sobre a infância no campo. Não se trata, porém, de memorialismo saudosista, típico da cultura portuguesa, mas sim de memorialismo realista e retificador de perspectiva infantil que, sob influência de adultos, via os pobres como seres monstruosos.

A estrutura geral de "Em Petiz" reaparece no poema "Nós". Ambos são divididos em três partes, a primeira e a última compostas de versos alexandrinos, e a segunda, mais longa, construída em decassílabos. No plano do conteúdo discursivo, o campo perspectivado pela memória está presente em ambas composições.

Ao lado de "Esplêndida", "Em Petiz" é o poema de Cesário que mais controvérsia causou no tempo de sua publicação. Um dia após ter sido estampado no *Diário de Notícias*, o periódico monarquista *Diário Ilustrado*, que em outras oportunidades já havia demonstrado animosidade a Cesário, e para quem o poeta escrevera o agressivo poema-panfleto "Ele", estampa o seguinte comentário sobre a composição (*apud* João de Figueiredo, *A Vida de Cesário Verde*, p. 123):

Pérolas realistas

Em qualquer mês do ano de 1878, o sr. Cesário Verde, que então passeava a lira realista pelos campos de Linda-a-Pastora, fez várias descobertas interessantíssimas de que o nosso colega *Diário de Notícias* só ontem, serodiamente, nos deu aviso em folhetim.

Aí vão os preciosos achados do sr. Verde:

Que em Linda-a-Pastora os leiteiros batizam o leite;

Que há cegos que têm a *cor dos barros*, o que supomos não ser precisamente a cor dos burros... quando fogem;

Que os mesmos cegos *rolam os olhos como dois escarros*;

Que há *pernas maduras* não sabendo nós se as do sr. Verde estão neste caso, o que não é favorável;

Que há *pés quadrados*... e também redondos;

Que há pobres que cheiram a arrotos;

Que os vícios, as sezões e os furtos são *bichos*, salvo seja tal lugar;

Que se pode *coçar o coto* tendo a mão cortada;

Finalmente que em outro tempo o sr. Cesário Verde era um *cavalão que fazia pinos*, o que faz supor – dando crédito à honrada palavra do sr. Verde – que era um cavalão... sapateiro.

Sabe-se que Cesário protestou publicamente contra a provocação do *Diário Ilustrado*, mas o conteúdo desse protesto infelizmente encontra-se perdido. Em resposta, o referido periódico fez publicar um artigo em 4 de outubro no qual procura expor Cesário e seu poema ao vexame (*apud* João de Figueiredo, *A Vida de Cesário Verde*, pp. 123-124):

Execução patibular

O cadafalso será o *Diário Ilustrado*, o réu, o paciente, o sr. Cesário Verde.

Foi benévolo para com ele um dos nossos colegas. Transcrevendo-lhe uma dúzia de versos, escolheu-lhes os menos asquerosos, os menos nojentos, os menos repugnantes e comentou-os sem lhes aplicar a escovadela que eles mereciam. O sr. Verde, levantando-se com o santo e com a esmola, veio com o ar pimpão de feira, dizer que estavam ali a sua honra, a sua dignidade, o seu brio, quando nós só tínhamos visto nesses versos a sua demarcadíssima parvoíce.

E pede-nos o sr. Verde uma explicação!

Com o maior prazer a damos, publicando-lhe na íntegra o seu folhetim, onde cada verso é simplesmente um vomitório e onde cada recordação se revela de sobejo os maus instintos da criança e presentemente o desamor do homem já feito pela desgraça e pelas misérias alheias.

O sr. Verde que é rico e quer ser poeta, em vez de tirar da sua bolsa a esmola e da sua *bandurra* palavras de conforto para os infelizes, arremessa-os esfarrapados e nus às colunas dum jornal enchendo-os de sarcasmos e apupos!

Excelente inspiração e bela índole.

Aí vão os versos:

(Segue-se a versão integral de "Em Petiz")

No mesmo dia 4 de outubro, após nova provocação, Cesário teria desafiado o diretor do *Diário ilustrado*, Pedro Correia, para um duelo. O confronto, no entanto, não se realiza, e Cesário (*OC*, p. 243), então, faz publicar em 5 de outubro, no periódico *Novidades*, a seguinte nota:

Declaração

Cumpre-me declarar publicamente que às provocações do *Diário Ilustrado* respondi hoje com uma carta prevenindo o Sr. Pedro Correia de que queria tirar um desforço como homem, visto que, como literato não me digno discutir com S. Sᵃ e que recebi, como esperava, um bilhete de evasivas.

4 de Outubro de 1879

Cesário Verde

A polêmica em torno de "Em Petiz" ocorre em parte porque o poema foi lido como variante de discurso social, ao que se atribuíam responsabilidades morais e éticas. Ao supostamente negar estas responsabilidades, o poema foi condenado e por extensão o poeta, implicado em sua criação e no efeito que ela produz. No entanto, segundo Rodrigues (p. 69), "Em Petiz",

[...] não constitui um discurso de tese social, como também não é um discurso de *expressão* do *eu* – será, antes, um discurso de sondagem dos fundamentos do *eu* e do seu lugar no mundo; quer dizer, o poético não é um meio de expressão do *eu*, mas um instrumento de problematização, de conhecimento e de construção do sujeito poético com consequências perturbantes no discurso ideológico produzido.

I – DE TARDE

V. 5 – *Azenhas*: moinhos de roda movidos a água.

V. 8 – *Turinas*: espécimes de uma variedade portuguesa de gado bovino.

V. 9 – *Do seio do lugar*. O seio de um lugar designa seu espaço mais interior, recôndito. No poema, a expressão refere-se ao local – distante, embrenhado – onde se encontram "casitas com postigo". Lá se produz o leite consumido pelo narrador e pelos seus. Dessa feita, o termo "seio" adquire ambivalência semântica ao assumir também significado metafórico de *úbere, teta*. Ainda dentro dessa perspectiva, o vocábulo "seio" recupera imagem anterior das "tetas" (v. 7) de vacas leiteiras turinas.

V. 10 – *Batizar o leite* significa *misturar água ao leite para fazê-lo render mais*.

V. 11 – *Bilhas*: garrafas bojudas, de gargalo estreito.

V. 12 – *Pregão*: anúncio em voz alta de produto oferecido por vendedores ambulantes.

V. 14 – *Pegos*: fontes ou nascentes de água.

V. 16 – *"Costume de percale"* (fr.): roupa feminina composta de saia e casaco feitos de percal, tecido de algodão fino, leve e de trama bem fechada. O "costume de percale" era indumentária própria de mulheres da cidade. A jovem do poema, pois, é moça urbana em visita ao campo.

V. 18 – *Chavelho*: chifre, corno.

V. 20 – *De luneta*: de óculos.

II – OS IRMÃOZINHOS

V. 4 – Há um lapso psicológico-temporal entre a locução adverbial "com terror" e a imediata alusão aos "pobrezinhos". A locução remete a sentimento experimentado na infância. No entanto, a intensidade dessa experiência é abrandada pelo modo com que os "pobres" são referidos. O sufixo diminutivo conota afetividade madura e corretiva. Os "monstros" (v. 25) da infância são desmitificados na consciência adulta do narrador que os reconhece, no presente do discurso, não mais como seres assustadores mas como pessoas socialmente desvalidas, como mendigos. O verso, pois, oscila entre duas perspectivas, uma memorialista e outra retificadora da memória. O título da seção – "Os Irmãozinhos" – equivale, tal como "pobrezinhos", a versão atualizada e corretiva dos "monstros" da infância (cf. Buescu, p. 30).

V. 7 – *Mandriões*: homens ociosos, que não trabalham, indolentes.

V. 10 – *Mascarra*: suja, borra, mancha.

V. 12 – Sobre o verso e um aspecto estilístico da poética cesárica, Lopes ("Cesário Verde, ou...", p. 626) anota: "O propósito dominante de Cesário não é o de transcender a realidade *positiva* da percepção comum, mas o de surpreendê-la em imagens típicas; e disso resulta que muitas das suas metáforas (ou translações de significado) se mascaram sob a forma de simples comparações: há, por exemplo, uns ceguinhos que *rolam os olhos como dois escarros*, comparação de tal modo forte e arrepiante que equivale a uma transfiguração metafórica".

V. 14 – *Forrar*: conseguir, ganhar (dinheiro). *Alguns patacos*: algumas moedas, algum dinheiro.

V. 15 – *Entrapam-se nas mantas*: cobrem-se com mantas feitas de trapos.

V. 17 – *Pedincham*: pedem com insistência e lamúria.

V. 18 – *Poial*: banco de pedra ou madeira, junto a um muro, na entrada de uma casa.

V. 20 – *Azinhagas*. Ver nota ao v. 29 do poema "De Verão".

V. 21 – *Cardos*: plantas espinhosas.

V. 23 – *Esterqueiros*: lugares onde se depositam estercos.

V. 24 – *Moscardos*: moscas grandes.

V. 25 – *Monstros*. Referência aos "pobrezinhos" ou "irmãozinhos" (ver nota ao v. 4). O vocábulo define o modo com que o sujeito lírico via na infância os mendigos que rondavam sua casa. A sobrenaturalidade do termo indica um processo de mitificação dos pobres, que funcionam no poema como equivalentes reais de mitos infantis de assombração. Um pouco mais adiante, o narrador afirma: "Por lobisomens, por papões, por bruxas, / Nunca sofremos o menor receio" (vv. 41-42). No entanto, a "podridão dos bichos" (v. 47), com seus "vícios, sezões, epidemias, furtos" (v. 45), é que assombrava. Em suma, o imaginário mítico-infantil não está ausente no poema, apenas ele é transferido para os pobres, nos quais se concretiza.

V. 30 – *Migas*: prato típico de pastores mediterrâneos que, em sua versão mais popular, consiste em pedaços de pão duro fritos em azeite com alhos. *Bafio*: mofo.

V. 31 – *Telheiros*: coberturas de telha usadas para abrigar pessoas, animais ou materiais diversos (lenha, instrumentos de lavoura etc.).

V. 37 – *Esmoler*: pessoa que distribui esmolas por conta própria ou alheia, pessoa que pratica caridade. *Garrida*: elegante, graciosa.

V. 38 – *Casal*: ver nota ao v. 33 de "Setentrional".

V. 39 – *Espicaçava*: espantava, afugentava.

Vv. 41-42 – Ver nota ao v. 25.

V. 44 – As formas afetivas "mendigazitas" e "gorduchas" reagem semanticamente ao determinante pejorativo "sórdidas". Tal desajuste repete variação modal já ocorrida no v. 4 (ver nota).

V. 47 – *Bichos*. Outra alusão aos "pobrezinhos" (v. 4).

V. 48 – *Teus*. Possessivo que se refere à "afável hóspeda". *Fatinhos curtos*: indumentária discreta, descomplicada, sem afetação.

V. 50 – *Ruça*: grisalha. *A trote*. A locução recupera a metáfora "bichos" (v. 47).

V. 52 – *Choupos* e *freixos*: gêneros de árvores altas, de folhagem abundante, encontradas comumente em margens de rios.

V. 55 – *Malta*: grupo de pessoas pobres. *Contendia*: discutia, provocava polêmica.

V. 58 – *Surdiam*: surgiam, apareciam.

V. 60 – *Artistas*. É provável que o vocábulo tenha sido empregado com sentido de *artífices* ou *artesãos*, como os "artistas do ofício" do poema "Noite Fechada" (ver nota ao v. 47 do poema "Noite Fechada").

V. 66 – *Maroto*: travesso, esperto.

V. 67 – *Coto*: ponta extrema de parte do corpo mutilada, no caso, ponta extrema do braço, cuja mão foi amputada.

V. 69 – *Fatos*: roupas, peças de roupa.

V. 70 – *Jogava bem o pau*: os *jogos do pau* são competições regulares e tradicionais travadas entre comunidades aldeãs vizinhas em Portugal. Suas provas exigem extremado esforço físico dos participantes e conferem a ven-cedores prestígio e fama. A referência serve para caracterizar fisicamente o pedinte, jogador do pau. Saudável e forte, ele prefere pedir esmolas que ga-nhar a vida com trabalho formal.

V. 75 – *Restolhos*: terrenos ceifados, de grama curta.

V. 76 – *Rezingueiros*: resmungões, rabugentos.

V. 77 – A tristeza do narrador deriva sobretudo do exame de consciência do adulto que avalia erros de julgamento feitos pela criança rica, incapaz de compreender o sentido social da miséria no campo.

V. 80 – *Pintarroxos*: pássaros cujo canto é agradável.

III – HISTÓRIAS

V. 1 – *Cismático*: apreensivo, desconfiado. *Apoquentado*: incomodado, chateado.

V. 2 – *Enxovia*: prisão, cadeia, masmorra.

V. 3 – *Besuntão*: indivíduo sujo, porcalhão, lambuzado. Nova referência aos "pobrezinhos" (ver nota II, v. 4).

V. 4 – A "blusa azul e branca de riscado" do narrador é índice metoní-mico de sua superior condição social.

V. 5 – *Mináveis*: do verbo *minar*, usado na acepção de *influenciar aos poucos*. O complemento do verbo é a "cabecita loira" do narrador. Serrão, Barahona e Teresa Cunha, em suas edições, registram o verso da versão avulsa do poema: "Mináveis-me, ao serão, a cabecita loira", que esclarece sobre o personagem referido na expressão "cabecita loira". *Serão*: ou sarau, reunião festiva e noturna. Durante serões ou saraus, adultos se divertiam entre si enquanto seus filhos entretinham-se com a criadagem, que, entre outras formas de entreter as crianças, lhes contavam estórias. A estas narra-tivas, no caso, "contos de província" (v. 6) que demonizavam os pobres, pa-rece fazer referência o título desta seção.

V. 6 – *Ingênuas criaditas*. Expressão apostrófica. Oh "ingênuas cria-ditas, [vós] mináveis" a minha (do narrador e não da jovem hóspeda, também loira) "cabecita loira, com contos de província". O texto varia os destinatários apostrofados. O principal é a jovem hóspeda – "Ó minha loura e doce como um bolo" (II, v. 33) –, por vezes apostrofada no poema. Outros são: "[vós] amigos" (I, v. 12); "vós ..., mendigazitas sórdidas" (II, vv. 43-44); e, por fim, "[vós], ingênuas criaditas". A multiplicidade de destinatários gera efeito de volatilidade discursiva, algo coerente com convenções do discurso memorialista.

V. 8 – *Em postas, de salmoira!*: cortada ("a gente fina") em pedaços e conservada no sal. A alusão ao canibalismo define o caráter fantasioso e demonizador com que as criadas retratavam os mendigos para as crianças.

V. 11 – *Arribanas*: choupana, curral.

V. 13 – *Fazia pinos*: plantava bananeira, ou seja, punha-se de cabeça para baixo apenas apoiado nas mãos. No artigo "Pérolas Realistas", do *Diário Ilustrado*, transcrito acima, o termo "pino" foi tomado de modo irônico na acepção de um tipo de prego de pinho ou de cana usado por sapateiros.

V. 14 – *Jogava a pedra*: a expressão parece referir-se a algum jogo que, assim como o *jogo do pau* (ver nota II, v. 70), exige esforço físico do jogador. // Na edição de 1887, o verso termina com ponto e vírgula. A emenda surge já na 2ª edição. Serrão não a acata.

V. 15 – Alusão a uma forma de canibalismo, tema já tratado no v. 8 desta seção (ver nota).

V. 17 – O poema termina de forma circular retomando a situação inicial. No entanto, o herói da primeira parte, o "bravo rapazito" (i, v. 3) que segura uma vaca pelos chifres para proteger a "afável hóspeda" (ii, v. 34), reaparece no final desmistificado ou moralmente rebaixado devido ao preconceito que nutriu, ainda que de modo inocente, contra os "pobrezinhos" (ii, v. 4), que lhe infundiam pavor. Personagem inversamente especular ao narrador, a heroína se mostra temerosa dos animais mas compadecida da miséria dos homens do campo (cf. Buescu, p. 30).

V. 18 – *Esmoitadas*: desbastadas, sem árvores ou arbustos.

V. 19 – *Maiorais*: os maiores animais de um rebanho.

V. 20 – *Meiga e míope*. O par de qualificativos da heroína do poema mantém relação paronomástica ou de similaridade no plano sonoro. Já no plano semântico, os termos estabelecem certa oposição ao combinar um pormenor de caracterização psicológica com outro de ordem física. A atração ou harmonia sonora reage, em suma, ao imprevisto dos significados embutidos nos vocábulos aproximados. Se o par fosse *meiga e moça* ou *magra e míope*, manter-se-iam em parte as correspondências sonoras mas estaria anulado o efeito de desfamiliarização ou estranhamento que ocorre, no plano semântico, entre *meiga e míope*. Ver nota aos vv. 15-16 de "Deslumbramentos".

✑ *Nós* ✑

A A. de S. V.

I

Foi quando em dois verões, seguidamente, a Febre
E o Cólera também andaram na cidade,
Que esta população, com um terror de lebre,
Fugiu da capital como da tempestade.

5   Ora, meu pai, depois das nossas vidas salvas,
(Até então nós só tivéramos sarampo)
Tanto nos viu crescer entre uns montões de malvas
Que ele ganhou por isso um grande amor ao campo!

Se acaso o conta, ainda a fronte se lhe enruga:
10   O que se ouvia sempre era o dobrar dos sinos;
Mesmo no nosso prédio, os outros inquilinos
Morreram todos. Nós salvamo-nos na fuga.

Na parte mercantil, foco da epidemia,
Um pânico! Nem um navio entrava na barra,
15   A alfândega parou, nenhuma loja abria,
E os turbulentos cais cessaram a algazarra.

Pela manhã, em vez dos trens dos batizados,
Rodavam sem cessar as seges dos enterros.
Que triste a sucessão dos armazéns fechados!
20   Como um domingo inglês na "city", que desterros!

Sem canalização, em muitos burgos ermos,
Secavam dejeções cobertas de mosqueiros.
E os médicos, ao pé dos padres e coveiros,
Os últimos fiéis, tremiam dos enfermos!

25   Uma iluminação a azeite de purgueira,
De noite, amarelava os prédios macilentos.
Barricas d'alcatrão ardiam; de maneira
Que tinham tons d'infernos outros arruamentos.

Porém, lá fora, à solta, exageradamente,
30   Enquanto acontecia essa calamidade,
Toda a vegetação, pletórica, potente,
Ganhava imenso com a enorme mortandade!

Num ímpeto de seiva os arvoredos fartos,
Numa opulenta fúria as novidades todas,
35   Como uma universal celebração de bodas,
Amaram-se! E depois houve soberbos partos.

Por isso, o chefe antigo e bom da nossa casa,
Triste d'ouvir falar em órfãos e em viúvas,
E em permanência olhando o horizonte em brasa,
40   Não quis voltar senão depois das grandes chuvas.

Ele, dum lado, via os filhos achacados,
Um lívido flagelo e uma moléstia horrenda!
E via, do outro lado, eiras, lezírias, prados,
E um salutar refúgio e um lucro na vivenda!

45   E o campo, desde então, segundo o que me lembro,
É todo o meu amor de todos estes anos!
Nós vamos para lá; somos provincianos,
Desde o calor de maio aos frios de novembro!

II

Que de fruta! E que fresca e temporã,

Nas duas boas quintas bem muradas,
Em que o sol, nos talhões e nas latadas,
Bate de chapa, logo de manhã!

5   O laranjal de folhas negrejantes
(Porque os terrenos são resvaladiços)
Desce em socalcos todos os maciços,
Como uma escadaria de gigantes.

Das courelas, que criam cereais,
10   De que os donos – ainda! – pagam foros,
Dividem-no fechados pitosporos,
Abrigos de raízes verticais.

Ao meio, a casaria branca assenta
À beira da calçada, que divide
15   Os escuros pomares de pevide,
Da vinha, numa encosta soalhenta!

Entretanto, não há maior prazer
Do que, na placidez das horas,
Ouvir e ver, entre o chiar das noras,
20   No largo tanque as bicas a correr!

Muito ao fundo, entre olmeiros seculares,
Seca o rio! Em três meses d'estiagem,
O seu leito é um atalho de passagem,
Pedregosíssimo, entre dois lugares.

25   Como lhe luzem seixos e burgaus
Roliços! E marinham nas ladeiras
Os renques africanos das piteiras,
Que como áloes espigam altos paus!

Montanhas inda mais longiquamente,
30   Com restevas, e combros como bossas,
Lembram cabeças estupendas, grossas,
De cabelo grisalho, muito rente.

E, a contrastar, nos vales, em geral,
Como em vidraça duma enorme estufa,
35   Tudo se atrai, se impõe, alarga e entufa,
Duma vitalidade equatorial!

Que de frugalidades nós criamos!
Que torrão espontâneo que nós somos!
Pela outonal maturação dos pomos,
40   Com a carga, no chão pousam os ramos.

E assim postas, nos barros e areiais,
As maceiras vergadas fortemente,
Parecem, duma fauna surpreendente,
Os pólipos enormes, diluviais.

45   Contudo, nós não temos na fazenda
Nem uma planta só de mero ornato!
Cada pé mostra-se útil, é sensato,
Por mais finos aromas que rescenda!

Finalmente, na fértil depressão,
50   Nada se vê que a nossa mão não regre:
A florescência dum matiz alegre
Mostra um sinal – a frutificação!

***

Ora, há dez anos, neste chão de lava
E argila e areia e aluviões dispersas,
55   Entre espécies botânicas diversas,
Forte, a nossa família radiava!

Unicamente, a minha doce irmã,
Como uma tênue e imaculada rosa,
Dava a nota galante e melindrosa
60   Na trabalheira rústica, aldeã.

E foi num ano pródigo, excelente,
Cuja amargura nada sei que adoce,
Que nós perdemos essa flor precoce,
Que cresceu e morreu rapidamente!

65 Ai daqueles que nascem neste caos,
E, sendo fracos, sejam generosos!
As doenças assaltam os bondosos
E – custa a crer – deixam viver os maus!

***

Fecho os olhos cansados, e descrevo
70 Das telas da memória retocadas,
Biscates, hortas, batatais, latadas,
No país montanhoso, com relevo!

Ah! Que aspectos benignos e rurais
Nesta localidade tudo tinha,
75 Ao ires, com o banco de palhinha,
Para a sombra que faz nos parreirais!

Ah! Quando a calma, à sesta, nem consente
Que uma folha se mova ou se desmanche,
Tu, refeita e feliz com o teu "lunch",
80 Nos ajudavas, voluntariamente!...

Era admirável – neste grau do Sul! –
Entre a rama avistar teu rosto alvo,
Ver-te escolhendo a uva diagalvo,
Que eu embarcava para Liverpool.

85 A exportação de frutas era um jogo:
Dependiam da sorte do mercado
O boal, que é de pérolas formado,
E o ferral, que é ardente e cor de fogo!

Em agosto, ao calor canicular,
90 Os pássaros e enxames tudo infestam;
Tu cortavas os bagos que não prestam
Com a tua tesoura de bordar.

Douradas, pequeninas, as abelhas,
E negros, volumosos, os besoiros,
95 Circundavam, com ímpetos de toiros,
As tuas candidíssimas orelhas.

Se uma vespa lançava o seu ferrão
Na tua cútis – pétala de leite! –
Nós colocávamos dez réis e azeite
100 Sobre a galante, a rósea inflamação!

E se um de nós, já farto, arrenegado,
Com o chapéu caçava a bicharia,
Cada zangão voando, à luz do dia,
Lembrava o teu dedal arremessado.

***

105 Que d'encantos! Na força do calor
Desabrochavas no padrão da bata,
E, surgindo da gola e da gravata,
Teu pescoço era o caule duma flor!

Mas que cegueira a minha! Do teu porte
110 A fina curva, a indefinida linha,
Com bondades d'herbívora mansinha,
Eram prenúncios de fraqueza e morte!

À procura da libra e do "shilling",
Eu andava abstrato e sem que visse
115 Que o teu alvor romântico de "miss"
Te obrigava a morrer antes de mim!

E antes tu, ser lindíssimo, nas faces
Tivesses "pano" como as camponesas;
E sem brancuras, sem delicadezas,
120 Vigorosa e plebeia, inda durasses!

Uns modos de carnívora feroz
Podias ter em vez de inofensivos;
Tinhas caninos, tinhas incisivos,
E podias ser rude como nós!

125 Pois neste sítio, que era de sequeiro,
Todo o gênero ardente resistia,
E à larguíssima luz do Meio-dia,
Tomava um tom opálico e trigueiro!

***

Sim! Europa do Norte, o que supões
130 Dos vergéis que abastecem teus banquetes,
Quando às docas, com frutas, os paquetes
Chegam antes das tuas estações?!

Oh! As ricas "primeurs" da nossa terra
E as tuas frutas ácidas, tardias,
135 No azedo amoniacal das queijarias
Dos fleumáticos "farmers" d'Inglaterra!

Ó cidades fabris, industriais,
De nevoeiros, poeiradas de hulha,
Que pensais do país que vos atulha
140 Com a fruta que sai de seus quintais?

Todos os anos, que frescor se exala!
Abundâncias felizes que eu recordo!
Carradas brutas que iam para bordo!
Vapores por aqui fazendo escala!

145 Uma alta parreira moscatel
     Por doce não servia para embarque:
     Palácios que rodeiam o Hyde-Park,
     Não conheceis esse divino mel!

     Pois a Coroa, o Banco, o Almirantado,
150 Não as têm nas florestas em que há corças,
     Nem em vós que dobrais as vossas forças,
     Pradarias dum verde ilimitado!

     Anglos-Saxônios, tendes que invejar!
     Ricos suicidas, comparai convosco!
155 Aqui tudo espontâneo, alegre, tosco,
     Facílimo, evidente, salutar!

     Oponde às regiões que dão os vinhos
     Vossos montes d'escórias inda quentes!
     E as febris oficinas estridentes
160 Às nossas tecelagens e moinhos!

     E ó condados mineiros! Extensões
     Carboníferas! Fundas galerias!
     Fábricas a vapor! Cutelarias!
     E mecânicas, tristes fiações!

165 Bem sei que preparais corretamente
     O aço e a seda, as lâminas e o estofo:
     Tudo o que há de mais dúctil, de mais fofo,
     Tudo o que há de mais rijo e resistente!

     Mas tudo isso é falso, é maquinal,
170 Sem vida, como um círculo ou um quadrado,
     Com essa perfeição do fabricado,
     Sem o ritmo do vivo e do real!

     E cá o santo sol, sobre isso tudo,
     Faz conceber as verdes ribanceiras;

175 Lança as rosáceas belas e fruteiras
Nas searas de trigo palhagudo!

Uma aldeia daqui é mais feliz,
Londres sombria, em que cintila a corte!...
Mesmo que tu, que vives a compor-te,
180 Grande seio arquejante de Paris!...

Ah! Que de glória, que de colorido,
Quando por meu mandado e meu conselho,
Cá se empapelam "as maçãs d'espelho"
Que Herbert Spencer talvez tenha comido!

185 Para alguns são prosaicos, são banais
Estes versos de fibra suculenta;
Como se a polpa que nos dessedenta
Nem ao menos valesse uns madrigais!

Pois o que a boca trava com surpresas
190 Senão as frutas tônicas e puras!
Ah! Num jantar de carnes e gorduras
A graça vegetal das sobremesas!...

Jack, marujo inglês, tu tens razão
Quando, ancorando em portos como os nossos,
195 As laranjas com cascas e caroços
Comes com bestial sofreguidão!...

***

A impressão doutros tempos, sempre viva,
Dá estremeções no meu passado morto,
E inda viajo, muita vez, absorto,
200 Pelas várzeas da minha retentiva.

Então recordo a paz familiar,
Todo um painel pacífico d'enganos!

E a distância fatal duns poucos de anos
É uma lente convexa, d'aumentar.

205 Todos os tipos mortos ressuscito!
Perpetuam-se assim alguns minutos!
E eu exagero os casos diminutos
Dentro dum véu de lágrimas bendito.

Pinto quadros por letras, por sinais,
210 Tão luminosos como os do Levante,
Nas horas em que a calma é mais queimante,
Na quadra em que o verão aperta mais.

Como destacam, vivas, certas cores,
Na vida externa cheia d'alegrias!
215 Horas, vozes, locais, fisionomias,
As ferramentas, os trabalhadores!

Aspiro um cheiro a cozedura, e a lar
E a rama de pinheiro! Eu adivinho
O resinoso, o tão agreste pinho
220 Serrado nos pinhais da beira-mar.

Vinha cortada, aos feixes, a madeira,
Cheia de nós, d'imperfeições, de rachas;
Depois armavam-se, num pronto as caixas
Sob uma calma espessa e calaceira!

225 Feias e fortes! Punham-lhes papel,
A forrá-las. E em grossa serradura
Acamava-se a uva prematura
Que não deve servir para tonel!

Cingiam-nas com arcos de castanho
230 Nas ribeiras cortados, nos riachos;
E eram d'açúcar e calor os cachos,
Criados pelo esterco e pelo amanho!

Ó pobre estrume, como tu compões
Estes pâmpanos doces como afagos!
235 "Dedos-de-dama": transparentes bagos!
"Tetas-de-cabra": lácteas carnações!

E não eram caixitas bem dispostas
Como as passas de Málaga e Alicante;
Com sua forma estável, ignorante,
240 Estas pesavam, brutalmente, às costas!

Nos vinhatórios via fulgurar,
Com tanta cal que torna as vistas cegas,
Os paralelogramos das adegas,
Que têm lá dentro as dornas e o lagar!

245 Que rudeza! Ao ar livre dos estios,
Que grande azáfama! Apressadamente
Como soava um martelar frequente,
Véspera da saída dos navios!

Ah! Ninguém entender que ao meu olhar
250 Tudo tem certo espírito secreto!
Com folhas de saudades um objeto
Deita raízes duras de arrancar!

As navalhas de volta, por exemplo,
Cujo bico de pássaro se arqueia,
255 Forjadas no casebre duma aldeia,
São antigas amigas que eu contemplo!

Elas, em seu labor, em seu lidar,
Com sua ponta como a das podoas,
Serviam probas, úteis, dignas, boas,
260 Nunca tintas de sangue e de matar.

E as enxós de martelo, que dum lado
Cortavam mais do que as enxadas cavam,

Por outro lado, rápidas, pregavam,
Duma pancada, o prego fasquiado!

265 O meu ânimo verga na abstração,
Com a espinha dorsal dobrada ao meio;
Mas se de materiais descubro um veio
Ganho a musculatura dum Sansão!

E assim – e mais no povo a vida é corna –
270 Amo os ofícios como o de ferreiro,
Com seu fole arquejante, seu braseiro,
Seu malho retumbante na bigorna!

E sinto, se me ponho a recordar
Tanto utensílio, tantas perspectivas,
275 As tradições antigas, primitivas,
E a formidável alma popular!

Oh! Que brava alegria eu tenho quando
Sou tal qual como os mais! E, sem talento,
Faço um trabalho técnico, violento,
280 Cantando, praguejando, batalhando!

***

Os fruteiros, tostados pelos sóis,
Tinham passado, muita vez, a raia,
E espertos, entre os mais da sua laia,
– Pobres campônios – eram uns heróis.

285 E por isso, com frases imprevistas,
E colorido e estilo e valentia,
As "haciendas" que há na "Andalucia"
Pintavam como novos paisagistas.

De como, às calmas, nessas excursões,
290 Tinham águas salobras por refrescos;

E amarelos, enormes, gigantescos,
Lá batiam o queixo com sezões!

Tinham corrido já na adusta Espanha,
Todo um fértil plató sem arvoredos,
295 Onde armavam barracas nos vinhedos,
Como tendas alegres de campanha.

Que pragas castelhanas, que alegrão
Quando contavam cenas de pousadas!
Adoravam as cintas encarnadas
300 E as cores, como os pretos do sertão!

E tinham, sem que a lei a tal obrigue,
A educação vistosa das viagens!
Uns por terra partiam e estalagens,
Outros, aos montes, no convés dum brigue!

305 Só um havia, triste e sem falar
Que arrastava a maior misantropia,
E, roxo como um fígado, bebia
O vinho tinto que eu mandava dar!

Pobre da minha geração exangue
310 De ricos! Antes, como os abrutados,
Andar com uns sapatos ensebados,
E ter a riqueza química no sangue!

***

Mas hoje a rústica lavoura, quer
Seja o patrão, quer seja o jornaleiro,
315 Que inferno! Em vão o lavrador rasteiro
E a filharada lidam, e a mulher!...

Desde o princípio ao fim é uma maçada
De mil demônios! Torna-se preciso

POEMAS REUNIDOS ~ 253

Ter-se muito vigor, muito juízo
320 Para trazer a vida equilibrada!

Hoje eu sei quanto custam a criar
As cepas, desde que eu as podo e empo.
Ah! O campo não é um passatempo
Com bucolismos, rouxinóis, luar.

325 A nós tudo nos rouba e nos dizima:
O rapazio, o imposto, as pardaladas,
As osgas peçonhentas, achatadas,
E as abelhas que engordam na vindima.

E o pulgão, a lagarta, os caracóis,
330 E há inda, além do mais com que se ateima,
As intempéries, o granizo, a queima,
E a concorrência com os espanhóis.

Na venda, os vinhateiros d'Almeria
Competem contra os nossos fazendeiros.
335 Dão frutas aos leilões dos estrangeiros,
Por uma cotação que nos desvia!

Pois tantos contras, rudes como são,
Forte e teimoso, o camponês destrói-os!
Venham de lá pesados os comboios
340 E os "buques" estivados no porão!

Não, não é justo que eu a culpa lance
Sobre estes nadas! Puras bagatelas!
Nós não vivemos só de coisas belas,
Nem tudo corre como num romance!

345 Para a Terra parir há de ter dor,
E é para obter as ásperas verdades,
Que os agrônomos cursam nas cidades,
E, à sua custa, aprende o lavrador.

Ah! Não eram insetos nem as aves
350 Que nos dariam dias tão difíceis,
Se vós, sábios, na gente descobrísseis
Como se curam as doenças graves.

Não valem nada a cava, a enxofra, e o mais!
Dificultoso trato das searas!
355 Lutas constantes sobre as jornas caras!
Compras de bois nas feiras anuais!

O que a alegria em nós destrói e mata,
Não é rede arrastante d'escalracho,
Nem é "suão" queimante como um facho,
360 Nem invasões bulbosas d'erva-pata.

Podia ter secado o poço em que eu
Me debruçava e te pregava sustos,
E mais as ervas, árvores e arbustos
Que – tanta vez! – a tua mão colheu.

365 "Moléstia negra" nem "charbon" não era,
Como um archote incendiando as parras!
Tão-pouco as bastas e invisíveis garras,
Da enorme legião do filoxera!

Podiam mesmo, com o que contêm,
370 Os muros ter caído às invernias!
Somos fortes! As nossas energias
Tudo vencem e domam muito bem!

Que os rios, sim, que como touros mugem,
Trasbordando atulhassem as regueiras!
375 Chorassem de resina as laranjeiras!
Enegrecessem outras com ferrugem!

As turvas cheias de novembro, em vez
Do nateiro sutil que fertiliza,

Fossem a inundação que tudo pisa,
380   No rebanho afogassem muita rês!

Ah! Nesse caso pouco se perdera,
Pois isso tudo era um pequeno dano,
À vista do cruel destino humano
Que os dedos te fazia como cera!

385   Era essa tísica em terceiro grau,
Que nos enchia a todos de cuidado,
Te curvava e te dava um ar alado
Como quem vai voar dum mundo mau.

Era a desolação que inda nos mina
390   (Porque o fastio é bem pior que a fome)
Que a meu pai deu a curva que o consome,
E a minha mãe cabelos de platina.

Era a clorose, esse tremendo mal,
Que desertou e que tornou funesta
395   A nossa branca habitação em festa
Reverberando a luz meridional.

Não desejemos, – nós, os sem defeitos, –
Que os tísicos pereçam! Má teoria,
Se pelos meus o apuro principia,
400   Se a Morte nos procura em nossos leitos!

A mim mesmo, que tenho a pretensão
De ter saúde, a mim que adoro a pompa
Das forças, pode ser que se me rompa
Uma artéria, e me mine uma lesão.

405   Nós outros, teus irmãos, teus companheiros,
Vamos abrindo um matagal de dores!
E somos rijos como os serradores!
E positivos como os engenheiros!

Porém, hostis, sobressaltados, sós,
410 Os homens arquitetam mil projetos
De vitória! E eu duvido que os meus netos
Morram de velhos como os meus avós!

Porque, parece, ou fortes ou velhacos
Serão apenas os sobreviventes;
415 E há pessoas sinceras e clementes,
E troncos grossos com seus ramos fracos!

E que fazer se a geração decai!
Se a seiva genealógica se gasta!
Tudo empobrece! Extingue-se uma casta!
420 Morre o filho primeiro de que o pai!

Mas seja como for, tudo se sente
Da tua ausência! Ah! como o ar nos falta,
Ó flor cortada, susceptível, alta,
Que assim secaste prematuramente!

425 Eu que de vezes tenho o desprazer
De refletir no túmulo! E medito
No eterno Incognocível infinito,
Que as ideias não podem abranger!

Como em paul em que nem cresça a junca
430 Sei d'almas estagnadas! Nós, absortos,
Temos ainda o culto pelos Mortos,
Esses ausentes que não voltam nunca!

Nós ignoramos, sem religião,
Ao rasgarmos caminho, a fé perdida,
435 Se te vemos ao fim desta avenida
Ou essa horrível aniquilação!...

E ó minha mártir, minha virgem, minha
Infeliz e celeste criatura,

Tu lembra-nos de longe a paz futura,
440 No teu jazigo, como uma santinha!

E enquanto a mim, és tu que substituis
Todo o mistério, toda a santidade,
Quando em busca do reino da verdade
Eu ergo o meu olhar aos céus azuis!

III

Tínhamos nós voltado à capital maldita,
Eu vinha de polir isto tranquilamente,
Quando nos sucedeu uma cruel desdita,
Pois um de nós caiu, de súbito, doente.

5 Uma tuberculose abria-lhe cavernas!
Dá-me rebate ainda o seu tossir profundo!
E eu sempre lembrarei, triste, as palavras ternas,
Com que se despediu de todos e do mundo!

Pobre rapaz robusto e cheio de futuro!
10 Não sei dum infortúnio imenso como o seu!
Viu o seu fim chegar como um medonho muro,
E, sem querer, aflito e atônito, morreu!

De tal maneira que hoje, eu desgostoso e azedo
Com tanta crueldade e tantas injustiças,
15 Se inda trabalho é como os presos no degredo,
Com planos de vingança e ideias insubmissas.

E agora, de tal modo a minha vida é dura,
Tenho momentos maus, tão tristes, tão perversos,
Que sinto só desdém pela literatura,
20 E até desprezo e esqueço os meus amados versos!

Primeira publicação: 5 de setembro de 1884, na revista *A Ilustração*. Editada em Paris e dirigida por Mariano Pina, *A Ilustração* sobreviveu de 1884 a 1891.

O manuscrito de "Nós" encontra-se na Biblioteca Nacional de Lisboa.

Escrita de forma abreviada, a dedicatória do poema é dirigida, segundo Oliveira (p. 23), a uma jovem da família Sousa e Vasconcelos, por quem Cesário teria se apaixonado.

O título alude à coletividade familiar à qual pertence o narrador. Diferente de outras composições, "Nós" é um poema de inspiração autobiográfica. Os eventos descritos – as epidemias de febre amarela e cólera, a fuga da família para o campo, o trabalho rural, a morte da irmã, depois do irmão – são retirados da história familiar de Cesário. Também o exercício memorialístico, presente em "Nós", singulariza o poema na obra cesárica. Antes, apenas "Em Petiz" havia trabalhado, de modo sistemático, com o discurso da memória.

Na carta que enviou, junto com o manuscrito do poema, a Mariano Pina, editor de *A Ilustração*, Cesário (*OC*, p. 239) assim se manifesta sobre a composição:

> Chama-se "Nós", e é talvez a minha produção última, final. Trato de mim, dos meus, descrevo as propriedades no campo em que nos criamos, a fartura da vida de província, as alegrias do labor de todos os dias, as mortes que têm havido na nossa família, e enfim os contratempos da existência. Para animar tudo isso, para dar a tudo isso uma vibração vital eu empreguei todo o colorido, todo o pitoresco, todo o amor que senti, que me foi possível acumular.

O comentário destaca duas linhas de força que, de fato, constroem dialeticamente o discurso poemático de "Nós": vitalismo e morbidez. Com base nesta dualidade, Lourenço (p. 131) classifica o poema em um gênero híbrido: "*Nós* é uma estranha elegia épica, ou uma epopeia elegíaca, onde a exaltação vital e a música da morte uma à outra se respondem e, darwinisticamente, uma à outra se reforçam".

O estilo prosaico de linguagem, que estiliza a oralidade, busca efeito de espontaneidade e rejeita ou evita o uso de clichês foi um dos objetivos estilísticos da Geração de 70, na prosa e na poesia. Antero de Quental e Guerra Junqueiro, por exemplo, defenderam a "desartificialização" do discurso lírico através da imitação (no sentido aristotélico do termo) poética da naturalidade da fala. O modelo destes autores era João de Deus, considerado então o mais natural dos poetas portugueses. Cesário e Antônio Nobre, mais jovens, seguiram a trilha do prosaísmo coloquial na poesia, levando-o a notáveis consequências. O estilo depurado e conversacional de Cesário atinge em "Nós" sua melhor fatura. Simões ("A 'Naturalidade' de Cesário Verde", p. 209) considera o estilo de linguagem do poema "tão direto, tão trivial, tão prosaico, tão, finalmente, natural, como outro não há na nossa literatura ou até mesmo na literatura estrangeira". "Nós", complementa Simões, possui "a fluência de uma conversa em que se insinuasse um ritmo capaz de manter desperta a atenção do interlocutor".

Segundo graus de valoração crítica, "Nós" forma uma espécie de par com "O Sentimento dum Ocidental". Este é considerado o mais importante *poema citadino* de Cesário; aquele, seu mais destacado *poema rural*. Ambas composições, enfim, são as mais prestigiadas da obra do poeta.

Sobre a composição, afirma Eugênio de Castro (p. 95):

Nós é uma geórgica admirável, onde há trechos que, pela verdade descritiva, pela intensidade de colorido, pela ternura do sentimento, pela apurada elegância do verso e pela novidade das imagens, desafiam com vantagem as melhores composições poéticas dos melhores períodos da literatura portuguesa.

I

Vv. 1-2 – Alusão às epidemias de febre amarela e cólera que tomaram Lisboa durante os verões de 1855-57. Nesse período, cerca de dez mil pessoas morreram vítimas do descontrole epidêmico, tragédia comparável ao terremoto de 1755 (ver nota II, v. 17 de "O Sentimento dum Ocidental"). Por essa época, como narra o poema, a família de Cesário deixou a capital e se refugiou na quinta de Linda-a-Pastora, concentrando seus negócios na agricultura. Para Lourenço (pp. 131-132), a catástrofe epidêmica "que devastou Lisboa nos tempos auspiciosos de D. Pedro V, em plena metamorfose urbana, foi um pouco, para a sensibilidade desse século de fé na ciência e no progresso, como o tremor de terra no Século das Luzes ou o futuro *Ultimatum* no mero plano da consciência nacional. Cesário descreve-a com uma impassibilidade quase clínica".

V. 6 – *Nós*. O narrador se vale predominantemente da primeira pessoa do plural para compor seu discurso. Em sentido amplo, ele fala em nome de sua família, aludida no título e cuja história é narrada no poema. // Na edição de Silva Pinto, o verso termina com vírgula, que não consta do manuscrito. Cabral do Nascimento, Joel Serrão e Barahona reproduzem a versão do manuscrito.

V. 7 – *Malvas*: plantas cultivadas como ornamentais, dotadas também de propriedades medicinais.

V. 10 – O dobrar dos sinos anunciava a morte de uma pessoa.

V. 18 – *Seges*: tipo de carruagens fechadas, de duas rodas, puxadas por cavalos.

V. 20 – *Que desterros!* Exclamação de lamento, tristeza, dor. O termo *desterro* é empregado na expressão como sinônimo de *solidão, isolamento*.

V. 21 – *Burgos*: áreas periféricas de uma cidade, no caso, arrabaldes de Lisboa. O verso descreve a precária infraestrutura da Lisboa da metade do século XIX. A expansão de epidemias na capital portuguesa durante esse período está associada a esta condição.

V. 22 – *Dejeções*: fezes, excrementos.

V. 27 – *Alcatrão*: o alcatrão deriva da queima do carvão vegetal e, dentre outros usos, é utilizado como desinfetante, antisséptico e germicida.

V. 29 – *Porém...* O conector adversativo aponta para alteração no curso da narrativa. O motivo da morte na cidade, presente no início do poema, dá lugar ao da fertilidade no campo, que será desenvolvido, com variações, na segunda parte da composição.

V. 31 – *Pletórica*: exuberante, superabundante.

V. 41 – *Achacados*: enfermiços, aborrecidos.

V. 42 – *Lívido*: pálido, sem cor. A lividez é um estado físico de quem está com aparência mortuária, daí a expressão médica *lividez cadavérica*, derivada do latim *livor mortis*. O "flagelo" é figuradamente "lívido" por contaminação semântica da consequência mortal que ele produz.

V. 43 – *Eiras*. Ver nota ao v. 13 do poema "De Verão". *Lezírias*. Ver nota ao v. 83 de "Cristalizações".

V. 44 – O pai aproveita a estada da família no campo para transformar o "salutar refúgio" em "vivenda lucrativa". Trata-se da figura do pai-burguês que, mesmo em situação adversa, busca otimizar seus negócios.

II

V. 1 – *Que de*: locução adverbial exclamativa equivalente a *quanto(s)*, *quanta(s)*. *Temporã*: diz-se da fruta que amadureceu antes ou fora do tempo apropriado.

V. 3 – *Sol*. O sol como fator fecundante estabelece relação opositiva com a noite enferma da cidade, também amarelada mas de um amarelo doente (I, v. 26). *Talhões*: terrenos próprios para cultivo agrícola. *Latadas*: grades de varas usadas para escorar parreiras ou qualquer outra planta de ramos longos e delgados. Um sentido usual para o vocábulo *lata* no português lusitano é o de *vara longa*.

V. 5 – *Laranjal*: pomar de laranjeiras. // No manuscrito e na edição de Silva Pinto, o verso se finda com uma desnecessária vírgula. Tarracha Ferreira e Barahona a suprimem.

V. 6 – *Resvaladiços*: íngremes e escorregadios.

V. 7 – *Socalcos*: terrenos nivelados em encostas. Para não desbarrancar, os socalcos são sustidos por muros. Uma sucessão de socalcos em uma encosta lembra a forma de uma gigantesca escadaria (v. 8). *Maciço*: parte compacta, mais rígida, de uma elevação de terra.

V. 8 – O processo de analogia imagética ou transformação analógica da imagem (isto é, a imagem de um referente visualizado é transformada por operação analógica em outra, que semantiza metaforicamente a primeira) ocorre com certa frequência na poesia cesárica. Em "Num Bairro Moderno", trata-se de procedimento básico na cena da metamorfose dos vegetais. Em "O Sentimento dum Ocidental", ocorre, por exemplo, na estrofe: "Cercam-me as lojas, tépidas. Eu penso / Ver círios laterais, ver filas de capelas, / Com santos e fiéis, andores, ramos, velas, / Em uma catedral de comprimento imenso" (III, vv. 5-8). Em "Nós", o recurso reaparecerá alguns versos adiante nas montanhas que "lembram cabeças estupendas" (v. 31) ou nas maceiras que parecem "pólipos diluvianos" (v. 44).

V. 9 – *Courelas*: porção de terra cultivável, longa e estreita.

V. 10 – *Foros*: prestação anual paga em dinheiro ou espécie a quem de direito por uso de terreno ou imóvel. No verso, o narrador protesta contra a obrigação de foros à Coroa por proprietários rurais, que ainda deviam pagar impostos ao Estado. De matiz político liberal, o protesto põe em questão privilégios reais vigentes na época.

V. 11 – *Pitosporos*: ou pitósporos, arbustos ornamentais e frutíferos de origem oriental.

V. 15 – *Pevide*: semente que se acha no centro de certos frutos. "Pomares de pevide" são terrenos semeados cuja semeadura ainda não brotou.

V. 16 – *Vinha*: terreno plantado com videiras, árvores que produzem uvas. *Soalhenta*: exposta aos raios do sol.

V. 19 – *Noras*. Ver nota ao v. 16 de "Cristalizações".

V. 20 – *Bicas*: fontes de água corrente.

V. 21 – *Olmeiros*: grandes árvores de troncos grossos, muito comuns na Europa.

V. 25 – *Seixos e burgaus*: restos de cascalhos misturados à areia grossa dos rios. O seixo é um pequeno fragmento de rocha, e o burgau, uma pequena concha.

V. 26 – *Marinham*: trepam, sobem. Na edição de Silva Pinto, o verso transcrito é: "Roliços! Marinham nas ladeiras". A alteração para "Roliços. E marinham nas ladeiras" é proposta por Nascimento (p. 11) para equiparar o verso ao sistema métrico do poema.

V. 27 – *Renques*: fileiras, alinhamentos. *Africanos*: renques de piteiras que evocam paisagens africanas. *Piteiras*: plantas dotadas de grandes flores, que produzem fibras têxteis.

V. 28 – *Áloes*: plantas de cujas folhas espessas e carnosas se extrai resina de uso medicinal. Os áloes, ou aloés – forma prosódica preferencial –, são originários da África, daí a alusão ao continente no verso anterior. *Espigam*: desenvolvem, fazem crescer.

V. 30 – *Restevas*: mesmo que *restolhos* (ver nota 11, v. 75 de "Em Petiz"). *Combros*: pequenas elevações de terra, outeiros, colinas. *Bossas*: protuberâncias, corcovas. No manuscrito e na edição de Silva Pinto, o termo grafado é *boças*, que não se adapta ao sentido da estrofe. Edições posteriores mantiveram a gralha. Barahona e Teresa Cunha corrigem o equívoco.

V. 35 – *Entufa*: incha, intumesce.

V. 39 – *Maturação*: amadurecimento. *Pomos*: frutas, sobretudo com caroço, como maçã e pera.

V. 42 – *Maceiras*: ou macieiras, árvores que produzem maçãs.

V. 44 – *Pólipos*: o vocábulo, que etimologicamente significa *de muitos pés*, designa moluscos de extremidade em forma de tubo fechado e base provida de tentáculos. O polvo é um exemplo de pólipo. A correspondência imagética entre árvores carregadas de frutos maduros e natureza animada ocorre em carta de Cesário (*OC*, p. 228) a Antônio de Macedo Papança, de agosto de 1880: "As macieiras, carregadas, pousavam a extremidade dos ramos no chão, e, na copa, o dorso redondo, lembravam enormes lagostas verdes de inumeráveis pernas em meio dos vinhedos que se sucedem contínuos". // O qualificativo "diluviais", ou seja, do tempo do dilúvil universal, aplicado aos "pólipos enormes", somado à expressão "fauna surpreendente", empresta à paisagem descrita uma dimensão primitiva, mítica, imemorial. Ressalte-se que os pólipos (como, aliás, as lagostas) são seres existentes desde épocas antiquíssimas.

V. 45 – *Contudo*. Ou seja, apesar da abundância exuberante da natureza descrita.

Vv. 46-47 – *Na fazenda* do narrador não há *nem uma planta só de mero ornato!* O trecho aciona, por oposição, o quadro das "plantas ornamentais [que] secam nos mostradores" da cidade descrita em "O Sentimento dum Ocidental" (III, v. 34). // A rejeição do que é "mero ornato" pode ser lida como metáfora metalinguística. O texto poético, segundo o concebe a tradição crítica e a poética cesária, é um sistema de correspondências sonoras e semânticas, em que nenhuma parte deve figurar como "mero ornato".

V. 49 – *Depressão*: terreno de relevo mais baixo que suas porções contíguas.

V. 51 – *Matiz*. Ver nota ao v. 8 de "Flores Velhas".

V. 53 – *Há dez anos*. Os versos seguintes aludem à morte de Maria Júlia, irmã de Cesário, vitimada por tuberculose em 1872, aos dezenove anos. A indicação temporal faz supor que o poema tenha sido escrito por volta de 1882.

V. 54 – *Aluviões*: depósitos de cascalhos formados em margens de rios, provenientes de enchentes ou enxurradas.

V. 57 – *Unicamente*. O caráter singular da irmã no meio familiar e rural como que anuncia sua condição trágica.

V. 58 – A imagem da "tênua rosa", associada à irmã, remete à ideia de existência efêmera, confirmada na estrofe seguinte com a notícia da morte precoce da jovem.

V. 63 – A morte da irmã ocorrida "num ano pródigo, excelente" relativiza o retrato vitalista do campo, que vinha sendo desenvolvido até então, e introduz o tema do desconcerto do mundo, tradicional na literatura portuguesa. O evento trágico e inesperado problematiza a dicotomia característica da poesia cesária que opõe campo-cidade dentro de uma polarização respectivamente positiva-negativa. "Em Petiz" e "Nós" refletem de modo crítico sobre a sociedade rural, cuja cultura também abriga e fomenta injustiças. Apesar disso, como se observa em "Nós", o campo ainda se apresenta como alternativa salutar e sensata à cidade doente e mortífera.

Vv. 65-68 – O tema do desconcerto do mundo serve para justificar de forma minimamente racional a morte prematura e incompreensível da irmã bela e generosa.

V. 71 – *Biscates*: restos de qualquer coisa. *Latadas*. Ver nota ao v. 3.

V. 72 – *Com relevo*. Locução adverbial de modo associada ao verbo "descrever" (v. 69).

V. 75 – *Ao ires*. Apóstrofe à irmã, tornada interlocutora do narrador.

V. 77 – *Calma*: parte mais quente do dia, em geral, com pouco ou nenhum vento.

V. 79 – *"Lunch"* (ingl.): almoço, refeição diurna e leve.

Vv. 82-83 – Versos de sonoridade marcada, aliterados nos fonemas /t/, /r/ e /v/, distribuídos de modo semiequitativo: "enTRe a Rama aVisTaR Teu RosTo alVo, / VeR-Te escolhendo a uVa diagalVo".

V. 83 – *Uva diagalvo*: variedade de uva branca.

V. 84 – *Liverpool*: cidade inglesa.

V. 87 – *Boal*: variedade de uva branca, muito doce.

V. 88 – *Ferral*: variedade de uva arroxeada.

V. 89 – *Agosto*. Último mês de verão no hemisfério Norte. Em Portugal, a temperatura pode chegar próxima dos 40°C em agosto. *Calor canicular*: calor intenso. Canícula é o outro nome da estrela Sirius, que entra em conjunção com o Sol no início de agosto, coincidindo com o período de forte calor no hemisfério boreal.

V. 91 – *Bagos*: frutos do cacho de uvas.

V. 92 – A maneira canhestra com que a irmã corta "bagos que não prestam" (v. 91), utilizando inadequada e improvisada "tesoura de bordar", pode ser entendida como uma amarga ironia à morte precoce da jovem: também de modo inábil o Destino ceifou a vida da "doce irmã" (v. 57), quando deveria ter cortado bagos que não prestavam.

V. 99 – *Dez réis*: moeda de dez réis. O narrador refere-se ao modo caseiro, popular e supersticioso com que se tratava ferroada de vespa.

V. 101 – *Arrenegado*: zangado, irritado.

V. 103 – *Zangão*: ou zângão, abelha-macho.

V. 104 – *Dedal*: objeto de metal ou marfim usado para recobrir a ponta dos dedos, quando se costura, a fim de protegê-los de agulhas e alfinetes.

V. 106 – *Padrão*: desenho decorativo estampado em tecido. O uso metafórico do verbo "desabrochar" indica que o padrão da bata descreve motivos florais. *Bata*: vestido inteiriço abotoado na frente.

V. 107 – *Gravata*: lenço ou fita usado como adorno feminino ao redor do pescoço.

V. 113 – *"Shilling"* (ingl.): moeda inglesa equivalente à vigésima parte da libra, esteve em vigor até 1971.

V. 115 – *"Miss"* (ingl.): forma de tratamento dispensada a jovens senhoritas inglesas. A irmã é *miss* de "rosto alvo" (v. 82) de "pétala de leite" (v. 98), "romântica" (v. 115), que se senta em "banco de palhinha" (v. 75), come "lunch" (v. 79), usa "tesoura de bordar" (v. 92) como ferramenta agrícola. Por tudo isso, ela é figura singular e deslocada no meio rural. Sua urbanidade fina e estrangeirada, além de torná-la algo exótica, justifica sua fragilidade física, contrapondo-a ao perfil saudável e forte do rude camponês autêntico.

V. 118 – *"Pano"*: manchas na pele surgidas devido a certos estados patológicos. A aparência enferma das campônias encerra na verdade saúde e vigor, ao passo que a "cútis pétala de leite" (v. 98) da irmã esconde fragilidade e morte.

V. 125 – *De sequeiro*: seco, falto de água.

V. 126 – O "gênero ardente", que resiste à soalheira, alude aos "rudes" (v. 124), dentre os quais está incluído o narrador mas não sua irmã, "tênue e imaculada rosa" (v. 58). Por diversas maneiras, o eu lírico tenta justificar a morte precoce da irmã, ocorrida em contexto propenso à vida e ao trabalho.

V. 127 – Na edição de Silva Pinto e posteriores, há uma vírgula depois da copulativa inicial. Esta vírgula quebra a métrica do verso. No manuscrito, ela não comparece. Daí que Serrão e Barahona, em suas edições, registrem a versão do manuscrito. A presente edição segue as de Serrão e Barahona.

V. 128 – *Opálico*: cor de opala, pedra de coloração azul-leitosa. *Trigueiro*: moreno, da cor de trigo.

V. 129 – Depois da irmã e de sua morte precoce, o narrador elege novo interlocutor e tema, respectivamente a Europa do Norte e os contrastes entre Norte e Sul europeus, sobretudo entre Inglaterra industrial e Portugal agrário. Tal dicotomia, presente em outros poemas de Cesário, não se apresenta em "Nós" na forma de conflito, ou seja, o progresso industrial do Norte não é encarado como elemento perturbador, de virtudes não alcançadas, pelo Sul. Portugal, segundo o poema, deve assumir sua identidade agrícola, rústica, provinciana, alegre, espontânea, fatores que compõem sua grandeza, e demonstrá-la às nações do Norte.

V. 130 – *Vergéis*: jardins, pomares.

V. 131 – *Docas*: portos, cais.

V. 133 – *"Primeurs"* (fr.): novidades.

V. 136 – *Fleumáticos*: de ânimos frios, impassíveis. *"Farmers"* (ingl.): fazendeiros.

V. 138 – *Hulha*: carvão fóssil.

V. 140 – *Seus*: refere-se a "do país" (v. 139), no caso, Portugal.

V. 143 – *Carradas*. Ver nota ao v. 48 do poema "De Verão".

V. 145 – *Moscatel*: variedade de uva aromática, de cujos bagos faz-se vinho muito apreciado.

V. 147 – *Hyde-Park*: parque situado na parte oeste de Londres.

V. 150 – *Não as têm*. O pronome refere-se às "parreiras moscatéis" (v. 145). Falta ao poderoso Estado britânico, representado por sua "Coroa, Banco, Almirantado" (v. 149), a riqueza e o poder das uvas moscatéis. *Corças*: mamíferos semelhantes ao veado, mas de porte menor. Devido à sua adaptabilidade, as corças são encontradas em quase todos os países da Europa.

V. 152 – *Pradarias*: série de prados, grande extensão de terrenos semeados. // Mourão-Ferreira ("Notas", p. 101) cita o verso para discorrer sobre o

266 ⤙ CESÁRIO VERDE

elemento cor na poesia cesárica, considerado "fundamental e porventura o mais fecundo". Para o crítico, nos poemas de Cesário, "a cor não qualifica, antes se destaca e se impõe como valor substantivo, que requer, por seu turno, adjetivação particular. Num verso como este: 'Pradarias dum verde ilimitado', o verde – qualidade das 'pradarias' – torna-se mais importante que o próprio objeto, e o outro atributo, de natureza espacial, a ele é que vem ligar-se, como se atraído por tão alta e recente dignidade".

V. 158 – *Escória*: resíduo proveniente de certos minerais como a hulha (ver nota ao v. 138), por exemplo. O vocábulo, cuja raiz compartilha com *excremento*, possui conotação pejorativa.

V. 161 – *Condados*: divisões administrativas de território na Inglaterra.

Vv. 161-164 – O ritmo acentuadamente sincopado dos versos mimetiza o som produzido pelos maquinários fabris referidos na estrofe.

V. 163 – *Cutelaria*. Ver nota III, v. 13 de "O Sentimento dum Ocidental".

V. 167 – *Dúctil*: flexível, moldável.

V. 174 – *Ribanceiras*: elevações rochosas à beira de rio, formando penhascos ou despenhadeiros. O qualificativo "verde" sugere escarpas vicejantes por entre as rochas.

V. 176 – *Searas*: extensões de terra semeadas de cereais. *Palhagudo*: espécie de trigo.

V. 180 – Metáfora de conteúdo sensual que associa eros e civilização, tal como ocorre nos poemas de Cesário da série perfis de damas fatais.

V. 184 – Herbert Spencer foi filósofo inglês (1820-1903), teórico do Evolucionismo. Para Spencer, assim como para Taine e Comte, o progresso material de países do Norte da Europa representava a conquista de etapa superior e avançada na história social da humanidade. Nesta passagem de "Nós", o narrador contesta esse pensamento e problematiza a noção materialista de progresso das sociedades. No entanto, em outro momento do poema, o mesmo narrador incorpora postulados da teoria evolucionista para justificar a morte da irmã, descrita como "herbívora mansinha" (v. 111), "tênue rosa" (v. 58), disposta em "sítio de sequeiro" (v. 125), entre rudes camponeses. // A hipotética cena que descreve o filósofo Herbert Spencer comendo maçãs portuguesas na Inglaterra pode ser lida como resposta irônica e trocista à proposta da Geração de 70 de produzir literatura dotada de sistema filosófico próprio e original. O projeto de Antero, Teófilo e Eça, de conceber e exportar "Ideias", como faziam franceses, alemães e ingleses, se mostrou por fim tão ambicioso quanto falido. O que de fato Portugal podia produzir e exportar com eficiência para seus pares do Norte eram excelentes maçãs, e produtos agrícolas, que alimentavam a filosofia e davam prazer aos filósofos. O poema de Cesário propõe, em suma, a valorização da autêntica cultura portuguesa, com sua vocação agrária, como forma de superar seu complexo de inferioridade diante de países "desenvolvidos" do Norte (cf. Lourenço, p. 135).

V. 187 – *Dessedenta*: refresca, mata a sede.

V. 188 – *Madrigais*. Ver nota ao v. 10 de "Flores Velhas".

V. 190 – *Frutas tônicas*: frutas que fortalecem ou dão energia.

V. 200 – *Retentiva*: propriedade da memória humana de conservar, por mais ou menos tempo, o conteúdo de experiências vividas.

V. 209 – A correlação pintura-poesia ocorre também no verso "Das telas da memória retocadas" (v. 70).

V. 210 – *Levante*: regiões da costa oriental do Mediterrâneo, onde nasce o sol.

V. 211 – *Calma*. Ver nota ao v. 77.

V. 212 – *Quadra*: certo período de tempo, ocasião.

V. 218 – *Rama*: folhagem das árvores.

V. 219 – *Pinho*: madeira de "pinheiro" (v. 218). Do pinheiro se extrai resina utilizada em indústria química.

V. 224 – *Calaceira*: vadia, preguiçosa.

V. 226 – *Serradura*: pó da madeira cerrada, serragem. No poema, a serradura serve para formar superfície fofa no fundo de caixotes, onde são deitadas uvas para exportação, que ficam, assim, protegidas.

V. 228 – *Tonel*: metonímia de vinho. A "uva prematura" (v. 227), por sua prematuridade, não serve ainda "para tonel", ou seja, para fazer vinho.

V. 229 – *Cingiam-nas*: o pronome refere-se às "caixas" (v. 223).

V. 231 – A uva é rica em açúcar, por isso fermenta com facilidade para produzir vinho.

V. 232 – *Esterco*: adubo. *Amanho*: cultivo, lavoura.

V. 233 – *Estrume*: esterco, adubo.

V. 234 – *Pâmpanos*: ramos de videira.

V. 235 – "*Dedos-de-dama*": espécie de uva de bagos ovalados.

V. 236 – "*Tetas-de-cabra*": espécie de uva branca, originária dos Açores.

V. 238 – *Passas*: uva-passas. *Málaga e Alicante*: cidades portuárias da Espanha.

V. 241 – *Vinhatórios*: lugares onde se produz e é armazenado vinho.

V. 243 – *Paralelogramos*: quadriláteros cujos lados opostos são paralelos.

V. 244 – *Dornas*: grandes vasilhas sem tampa destinadas à pisadela de uvas, para produção de vinho. *Lagar*: tanque onde a uva pisada para o preparo de vinho é espremida até se tornar líquida.

V. 245 – *Estios*: períodos de grande calor.

V. 246 – *Azáfama*: grande movimentação de pessoas.

Vv. 249-250 – Versos de significação metalinguística que propõem uma tipologia metafísica do olhar poético e não uma metafísica da natureza. As coisas em si não possuem "espírito secreto", mas *sob olhar do eu lírico* elas ganham transcendência. O olhar do poeta, ou sua arte, dota a natureza de mistério e encanto, inventa-lhe beleza. Sob este aspecto, o artista é um criador de mitos, e não um porta-voz dos deuses. // João de Figueiredo (*Álbum de Cesário Verde*, p. 32), Sena (p. 157), Serrão (*O Essencial sobre Cesário Verde*, p. 36), Macedo (*Nós*, p. 219), Martins (p. 98) e Rodrigues (p. 126) estão entre os que comentaram a passagem.

V. 253 – *Navalhas de volta*: navalhas de lâmina presa em eixo fixo, que se fecham com o encaixe da parte de metal em cabo protetor. Diferem da navalha *americana*, na qual se encaixa a gilete, e da *de ponta e mola*, pontiaguda e que não fecha. As navalhas rurais evocam o trabalho honrado, honesto (vv. 257-260). São seres integrados à natureza, com sua aparência de "bico de pássaro" (v. 254). Em oposição à campestre, a navalha urbana, em "O Sentimento dum Ocidental", se afigura sinistra, ameaçadora, aterrorizante: "Julgo avistar, na treva, as folhas das navalhas / E os gritos de socorro ouvir estrangulados" (IV, vv. 27-28).

V. 258 – *Podoas*: podadeiras, tesouras de podar.

V. 261 – *Enxós de martelo*: parte traseira da cabeça do martelo, usada para desbastar madeira.

V. 264 – *Prego fasquiado*: prego sem cabeça.

V. 267 – *Veio*: caminho próprio para ser explorado.

V. 268 – Sansão é personagem bíblica cuja força descomunal estava associada a seus longos cabelos. Sem sua comprida e farta cabeleira, Sansão enfraquecia. Segundo o narrador, também a "musculatura" de seus versos mantém uma relação de dependência. Sem a proximidade do mundo material, físico, exterior, positivo, sua poesia perde pujança de expressão.

V. 269 – *Corna*: prosaica, plebeia, vulgar.

V. 282 – *Raia*: fronteira, no caso, com a Espanha.

V. 283 – Na edição de Silva Pinto e seguintes, há uma vírgula depois da copulativa inicial. Joel Serrão e Barahona, bem como a presente edição, preferem a versão do manuscrito, sem a vírgula. Se considerada como pausa prosódica, a vírgula pode transformar o decassílabo em verso eneassílabo.

V. 287 – *"Haciendas"* (esp.): fazendas, propriedades rurais produtivas e de grande extensão. *"Andalucia"* (esp.): Andaluzia, região do Sul da Espanha.

V. 290 – *Águas salobras*: águas que apresentam concentração de sal superior à água doce e inferior à água do mar.

V. 292 – *Sezões*: febres.

V. 293 – *Adusta*: ardente, quente.

V. 294 – *Plató*: ou *platô*, planície sobre montanhas, planalto.

V. 302 – *A educação vistosa das viagens*: viajar com roupas elegantes ou chamativas, tal como fazem os "fruteiros" (v. 281), que jornadeiam pela Espanha usando "cintas encarnadas" (v. 299) e vestes coloridas.

V. 304 – *Brigue*: navio à vela.

V. 309 – *Exangue*: que perdeu sangue, débil, enfraquecido.

Vv. 309-312 – A estrofe retoma ideia já expressa no poema, segundo a qual a vitalidade resistente dos camponeses é mais valiosa que a riqueza material das classes dominantes.

V. 313 – *Mas hoje*. Nesta parte do poema, o narrador atualiza e historiciza o campo, outrora mitificado na imagem dos "pólipos" (v. 44) imemoriais, na capacidade inconsciente e constante de "frutificação" (v. 52) da terra, ou idealizado no trabalho físico e honrado dos camponeses. A Arcádia moderna é outra (sem deixar de ser também as anteriores): maçante, custosa, difícil de lidar, alvo frequente de exploração em prejuízo de seus habitantes. A síntese desse novo ruralismo encontra-se nos versos: "Ah! O campo não é um passatempo / Com bucolismos, rouxinóis, luar" (vv. 323-324), juízo que provém da consciência atualizada do sujeito lírico: "Hoje eu sei..." (v. 321).

V. 314 – *Jornaleiro*: trabalhador diarista. Jorna é salário que se paga por dia.

V. 322 – *Cepas* (ê): troncos de videira. *Empo*: [eu] amparo [as cepas] com estacas.

V. 325 – *Nós*. O narrador fala em nome de um grupo de agricultores ao qual pertence. Não se trata, pois, do "nós" pessoal e familiar do título, ou antes trata-se de ampliação circunstancial deste (cf. Serrão, *Cesário Verde: Interpretação*, p. 106).

V. 326 – *Rapazio*: grupo de rapazes. No poema, o termo conota sentido pejorativo. *Pardalada*: bando de pardais. // O verso elenca três formas então vigentes de "roubo" e "dizimação" (v. 325) da lavoura: a gatunagem juvenil ("rapazio"), a legalizada ("impostos") e a natural ("pardalada").

V. 327 – *Osgas*: lagartixas ou qualquer réptil sáurio.

V. 329 – Serrão (*OC*, p. 180) adota versão do manuscrito do poema para o verso e entende que houve gralha na publicação primitiva e na edição de Silva Pinto. No manuscrito, o verso se inicia com verbo: "É o pulgão...". A versão do texto impresso, no entanto, estabelece paralelismo com o verso anterior – "E as abelhas..." (v. 328) – e com posteriores – "E há ainda..." (v. 330), "E a concorrência..." (v. 332). Parece, portanto, mais adequada.

V. 330 – *Ateima*: o mesmo que *teima*.

V. 333 – *Vinhateiros*: cultivadores de uva e produtores de vinho. *Almeria*: cidade portuária da Espanha.

V. 340 – *"Buques"* (esp.): navios, no caso, de carga. *Estivados*: com carregamento.

V. 353 – *Cava*: ato de cavar a terra antes do plantio. *Enxofra*: pulverizar com enxofre. O enxofre em pó é polvilhado sobre folhas de videiras para evitar aparecimento de pragas.

V. 355 – *Jornas*. Ver nota ao v. 314.

V. 358 – *Escalracho*: planta gramínea nociva ao gado.

V. 359 – *"Suão"*: *sulano*, *sulão* ou *sulvento* são ventos quentes que sopram do Sul.

V. 360 – *Bulbosas*: bulbo é espécie de raiz de algumas plantas. "Invasões bulbosas", portanto, são as que ocorrem dentro da terra. *Erva-pata*: tipo de erva daninha.

V. 365 – *"Charbon"* (fr.): ou *carvão* é nome de praga agrícola causada por fungos. Também conhecido como *ferrugem*, o *carvão* cobre folhas, flores e frutos de plantas infectadas com manchas pulverulentas de coloração em geral negro-avermelhadas.

V. 366 – *Archote*: tocha, facho. *Parras*: folhas de videiras, pâmpanos.

V. 367 – *Bastas*: variante de *vastas*.

V. 368 – *Filoxera*: inseto hermafrodita que ataca videiras. Praga agrícola causada por esse inseto. Por décadas, a partir de 1870, a filoxera arrasou vinhas em Portugal, causando enormes prejuízos a agricultores. O substantivo pertence ao gênero feminino, mas, à época de Cesário, era comum usá--lo como masculino.

V. 374 – *Regueiras*: sulcos por onde correm águas de correnteza.

V. 376 – *Outras*. O termo alude a "outras" plantas ou árvores, além das "laranjeiras" (v. 375). *Ferrugem*. Ver nota ao v. 365.

V. 378 – *Nateiro*: lodo formado por detritos orgânicos e água de chuva, que se deposita em margens de rios, e que possui propriedades fertilizantes.

V. 390 – *Fastio*: falta de apetite.

V. 391 – A tuberculose "curvava" (v. 387) a irmã do narrador. De forma especular, a "desolação" (v. 389) pela enfermidade da filha "deu a curva" que "consome" o pai.

V. 393 – *Clorose*: doença que atacava meninas adolescentes, cujos sintomas eram palidez, fraqueza, cansaço, irritabilidade, desmaios e falta de apetite. No século XIX, a clorose tornou-se epidêmica em centros urbanos europeus. Raramente manifestava-se em camponesas. Nunca em homens. As cloróticas foram consideradas modelos de beleza na literatura gótica e ultrarromântica. Por isso, eram comum no século XIX adolescentes que buscavam aparência de languidez clorótica através de dietas rigorosas e ingestão periódica de doses de vinagre. A clorose desapareceu de registros médicos ainda na primeira metade do século XX. No poema, o narrador alude à doença como fato médico e trágico, e não estético. O termo também surge associado à *tuberculose*, quase como seu equivalente. A irmã de Cesário, aludida como personagem no fragmento, contraiu de fato tuberculose.

V. 397 – No manuscrito e na edição de Silva Pinto, não há vírgula depois de "nós". Esta surge a partir da 2ª edição e mantém-se em subsequentes. Joel Serrão prefere a versão do manuscrito.

Vv. 407-408 – A fusão da força antiga dos "serradores" com o saber moderno dos "engenheiros" gera imagem de poder físico e intelectual que caracteriza a coletividade familiar do narrador. Dentro desse contexto, a irmã surge como exceção trágica mas justificada por sua condição de flor frágil disposta em meio às brutezas do trabalho rural (cf. Rodrigues, p. 131).

V. 429 – *Paul*: pântano, terra alagadiça, brejo. *Junca*: ou *junco*, planta que cresce em água ou em lugares úmidos.

V. 430 – No manuscrito e na edição de Silva Pinto, não há vírgula depois de "nós". Esta surge a partir da 2ª edição e mantém-se em subsequentes. Joel Serrão prefere a versão do manuscrito. Mesmo caso do v. 397.

III

V. 4 – Considerando o conteúdo biográfico e a história familiar de Cesário, que servem de matéria ao poema, o verso faz referência a Joaquim Tomás, irmão de Cesário, que morreu em 1882, aos 24 anos. "Nós" se fecha com recurso próprio de narrativa ficcional: a intervenção do acaso, que problematiza a estória que vinha sendo narrada. Segundo o narrador, a morte do irmão impôs a terceira parte do poema, que não estava planejada: "Eu vinha de polir isto tranquilamente, / Quando nos sucedeu uma cruel desdita" (vv. 446-47). O *leitmotiv* de "Nós" é a morte prematura da irmã e a tentativa de sua justificação. A idealização da moça frágil, boa, pura, santa, entre rústicos e resistentes camponeses, no rigoroso meio rural, e o desconcerto do mundo buscam em suma esclarecer, e de certa forma legitimar, o desaparecimento precoce da jovem: "Porque, parece, ou fortes ou velhacos / Serão apenas os sobreviventes" (vv. 413-14). No entanto, a fatalidade inesperada da morte do irmão, um "forte", põe por terra o esforço argumentativo do narrador, que se vê agora ameaçado. O tom nesta parte final é, pois, de absoluta desolação. A consciência da precariedade a que todos estão sujeitos desfaz qualquer pretensão de raciocínio. A morte mostrou-se afinal ser mesmo o "Incognoscível infinito, / Que as ideias não podem abranger!" (vv. 427-28).

V. 11 – A plasticidade da poética cesária manifesta-se neste verso. A morte concretiza-se em imagem captada pelo olhar do irmão moribundo: "*Viu* o seu fim chegar como um *medonho muro*". O segundo hemistíquio é dominado por nasalização aliterativa: "coMo uM MedoNho Muro". Esta dominância sonora retroage e recupera o único termo nasalizado do primeiro hemistíquio: fiM. Sob este prisma, o verso constitui fino exemplo de processo associativo entre som e sentido, um dos princípios gerais do discurso poético.

V. 20 – O narrador manifesta desprezo por seus próprios versos depois de ter composto um longo poema (512 versos ao todo). O evento inesperado da morte do irmão, que inicia a terceira parte de "Nós", esclarece esta aparente incoerência. O acontecimento funesto e imprevisto desmoronou a estrutura narrativa que sustentava a argumentação do narrador. Com isso, tudo caiu por terra. Nada sobrou exceto o sentimento de devastação que aflige o eu lírico (ver nota ao v. 4), que paradoxalmente *despreza* e *busca esquecer* seus "*amados* versos".

❧ *Provincianas* ❧

I

Olá! Bons dias! Em março
Que mocetona e que jovem
A terra! Que amor esparso
Corre os trigos, que se movem
5   Às vagas dum verde garço!

Como amanhece! Que meigas
As horas antes de almoço!
Fartam-se as vacas nas veigas
E um pasto orvalhado e moço
10   Produz as novas manteigas.

Toda a paisagem se doura;
Tímida ainda, que fresca!
Bela mulher, sim senhora,
Nesta manhã pitoresca,
15   Primaveral, criadora!

Bom sol! As sebes d'encosto
Dão madressilvas cheirosas
Que entontecem como um mosto.
Floridas, às espinhosas
20   Subiu-lhes o sangue ao rosto.

Cresce o relevo dos montes,
Como seios ofegantes;

Murmuram como umas fontes
Os rios que dias antes
25   Bramiam galgando pontes.

E os campos, milhas e milhas,
Com povos d'espaço a espaço,
Fazem-se às mil maravilhas;
Dir-se-ia o mar de sargaço
30   Glauco, ondulante, com ilhas!

Pois bem. O inverno deixou-nos.
É certo. E os grãos e as sementes
Que ficam doutros outonos
Acordam hoje frementes
35   Depois duns poucos de sonos.

Mas nem tudo são descantes;
Por esses longos caminhos,
Entre favais palpitantes,
Há solos bravos, maninhos,
40   Que expulsam seus habitantes!

É nesta quadra d'amores
Que emigram os jornaleiros,
Ganhões e trabalhadores!
Passam *clans* de forasteiros
45   Nas terras de lavradores.

Tal como existem mercados
Ou feiras, semanalmente,
Para comprarmos os gados,
Assim há praças de gente
50   Pelos domingos calados!

Enquanto a ovelha arredonda,
Vão tribos de sete filhos,
Por várzeas que fazem onda,

Para as derregas dos milhos
55 E molhadelas da monda.

De roda pulam borregos;
Enchem então as cardosas
As moças desses labregos
Com altas botas borrosas
60 De se atirarem aos regos!

Ei-las que vêm às manadas,
Com caras de sofrimento,
Nas grandes marchas forçadas!
Vêm ao trabalho, ao sustento,
65 Com fouces, sachos, enxadas!

Ai, o palheiro das servas
Se o feitor lhe tira as chaves!
Elas chegam às catervas,
Quando acasalam as aves
70 E se fecundam as ervas!...

II

Ao meio-dia na cama,
Branca fidalga, o que julga
Das pequenas da su'ama?!
Vivem minadas da pulga,
5 Negras do tempo e da lama.

Não é caso que a comova
Ver suas irmãs de leite,
Quer faça frio, quer chova,
Sem uma mamã que as deite
10 Na tepidez duma alcova?!
. . . .
. . . .

. . . .
. . . .

Primeira publicação: 1887, em *O Livro de Cesário Verde*. O poema traz a seguinte nota ao final, de Silva Pinto: "Incompleta esta poesia. Foram os últimos versos do poeta".

Em "Provincianas", Cesário parece querer retornar ao lirismo de cunho social participante e político, cujo exemplo mais próximo dentro da obra cesárica, ainda que estilisticamente menos elaborado, é o poema "Desastre", de 1875. O espaço de "Provincianas" é o meio rural, perspectivado sob óptica problematizante, como já havia ocorrido em passagens de "Em Petiz" e "Nós". Mas a perspectiva em "Provincianas" possui diferente intensidade, muito mais enfática na denúncia de injustiças sociais que envolvem trabalhadores do campo. Serrão (*Cesário Verde: Interpretação*, pp. 110-111) afirma desconhecer outro poema da época que "tenha legado uma visão tão negra da vida dos jornaleiros, dos ganhões, das servas, – da plebe miserável dos campos que está ausente dos romances de Júlio Dinis como da visão 'parisiense' da serra portuguesa que Eça nos legou".

"Em Petiz", "Nós" e "Provincianas", três composições da fase final da produção cesárica, compartilham de perspectiva comum que poderia ser classificada de bucólico-realista ou bucólico-problematizante. Nesta perspectiva, o campo divide-se em espaço de beleza e miséria, delícia e dor, plenitude e injustiça. Do primeiro ao último poema, no entanto, há uma intensificação do discurso crítico, o que faz supor a direção que tomaria o lirismo cesário, interrompido prematuramente. Quando morreu, Cesário estava em vias de construir um novo bucolismo, moderno e crítico, ao mesmo tempo que atrelado à tradição. "Provincianas" deixa ver que, naquele momento, Cesário estava tentando afiar a dimensão crítica de seu bucolismo e adaptar seu estilo ao verso curto, que só esporadicamente e em suas primeiras composições havia sido utilizado. O modo como a fluência prosaica do lirismo cesário veste o redondilho em "Provincianas", com pausas, *enjambements* e rimas ricas, é notável. Considerando as notórias relações aproximativas entre as poéticas de Cesário e João Cabral de Melo Neto, não parece arriscado afirmar que, no plano estilístico, "Provincianas" é o mais cabralino dos poemas cesáricos.

I

V. 1 – *Bons dias. Bom-dia, bons-dias*, são expressões de cumprimento, saudação. *Bom dia, bons dias*, significa dia(s) bom(ns), agradável(is). *Março*: mês que inaugura a primavera no hemisfério Norte.

Vv. 4-5 – *Que se movem / Às vagas*: que se movimentam como ondas do mar.

V. 5 – *Verde garço*: verde-azulado.

V. 8 – *Veigas*: campo fértil e cultivado, várzea.

Vv. 12-13 – *Tímida / Bela mulher*: referências ao campo. A personificação feminina do espaço rural ocorre com frequência no poema e é convenção da poesia bucólica. // Na edição de Silva Pinto, o v. 12 inicia-se com o vocábulo "tíbida", inexistente no português. A emenda é proposta por Nascimento (p. 11). Barahona (pp. 248-249) discorda e considera a palavra um neologismo formado a partir dos adjetivos *tíbio* e *tépido*, do qual *tíbida* seria uma forma feminina, criada com três sílabas para se ajustar à métrica do verso.

V. 16 – *Sebes*: cercas de plantas ou arbustos, também chamadas "cercas vivas".

V. 18 – *Mosto*: sumo de uvas frescas, antes da fermentação. No verso, o termo alude ao aroma exalado por esse sumo.

V. 19 – *Às espinhosas*: ou seja, às plantas espinhosas.

Vv. 19-20 – Ao florescer, as plantas espinhosas aparentam vitalidade, força, vigor, qualidades representadas metaforicamente pelo "sangue". Na cor sanguínea das espinhosas, ressoa anterior referência ao "mosto" (ver nota ao v. 18).

Vv. 24-25 – Alusão às cheias típicas do final de inverno.

V. 29 – *Sargaço*: tipo de alga muito comum em mares do Atlântico. A oeste dos Açores, há uma vasta região marítima denominada "mar dos sargaços", assim chamada devido à abundante presença dessas algas.

V. 30 – *Glauco*: esverdeado, verde-claro, da cor do mar, citado no verso anterior.

V. 31 – *Pois bem*. Expressão prosaica e conclusiva do canto primaveril com que o poema se abre. Anuncia alteração de rumo no discurso poético que de fato ocorre a partir da próxima estrofe (ver nota ao v. 36).

V. 36 – *Mas*. Partícula adversativa que opõe o canto primaveril da primeira parte do poema à história, narrada na segunda parte, dos jornaleiros migratórios que oferecem sua força de trabalho no campo. Em suma, o outro lado do esplendor da primavera é a exploração do trabalho rural. // A divisão das partes é simétrica. A primeira ocupa as sete primeiras estrofes, e a segunda, as sete finais da seção de abertura. O senso de simetria é traço marcante na poética cesárica. // *Descantes*: canções, cantos, alegrias.

V. 38 – *Favais*: grandes aglomerados de favas, plantas altas (cerca de 1,20 m) de largas e compridas folhas.

V. 39 – *Maninhos*: estéreis, incultos, descampados.

V. 42 – *Jornaleiros*. Ver nota ao v. 314 de "Nós".

V. 43 – *Ganhões*: aqueles que executam qualquer tipo de trabalho.

V. 44 – *Clans* (ingl.): clãs, grupo de pessoas de uma família.

V. 45 – Na passagem, "lavradores" são camponeses proprietários de terra. Estes se opõem aos "jornaleiros" (v. 42), "ganhões e trabalhadores" (v. 43) "forasteiros" (v. 44), que formam o grupo dos camponeses despossuídos.

V. 48 – *Para comprarmos os gados*. A voz lírica provém das classes dominantes.

V. 49 – *Praças de gente*: locais públicos onde desempregados, com suas famílias, se oferecem para trabalho temporário ou fixo. No poema, essas pessoas são comparadas a "gados" (v. 48) em exposição. O tom da comparação, no entanto, é de inconformismo e denúncia. Homens são tratados como bestas de carga!

V. 51 – *Arredonda*: engorda.

V. 52 – *Tribo de sete filhos*. A expressão confirma a presença de léxico bíblico e cabalístico no poema, que retrata clãs de emigrantes lavradores, mercados e feiras de animais, paisagens com gado, vaca, ovelha. A "tribo de sete filhos" que vem de "grandes marchas forçadas" (v. 63) alude aos trabalhadores do campo. Pelo uso destas expressões, parece haver associação implícita entre camponeses despossuídos e tribos exiladas de Israel. Tal associação acentuaria o drama dos jornaleiros (cf. Macedo, *Nós*, p. 240).

V. 53 – *Várzeas que fazem onda*. Além do sentido visual (ondular) das várzeas, as ondas conotam ideia de fertilidade da terra que, por seu turno, em imagem especular, "arredonda a ovelha" (v. 51).

V. 54 – *Derregas*: ato ou efeito de derregar, ou seja, de abrir sulcos na terra lavrada para o escoamento de águas pluviais.

V. 55 – *Molhadelas*: atos ou efeitos de molhar ou molhar-se; chuvas finas que aos poucos encharcam as roupas. *Monda*: ato ou efeito de limpar terreno semeado, dele expurgando ervas daninhas.

V. 56 – *Borregos*: carneiros novos, cordeiros com menos de um ano de idade.

V. 57 – *Cardosas*: vivendas rústicas habitadas por diversas famílias, cortiços rurais. As cardosas são também chamadas *casas de malta*.

V. 58 – *Moças*. Filhas ou mulheres dos jornaleiros? Macedo (*Nós*, p. 240) refere-se a elas como filhas; Carter (p. 233), como esposas ou concubinas. O poema não resolve o impasse. No entanto, a segunda hipótese parece mais justa. A imagem do trabalho feminino "com fouces, sachos, enxadas" (v. 65) parece mais ajustada às mães que às filhas. Também, se quisesse o poeta aludir às *filhas* dos camponeses poderia usar este vocábulo sem prejuízo da métrica: "As filhas desses labregos". O mesmo não ocorre com esposas, mulheres, concubinas, cônjuges ou consortes, termos que implicariam alteração do verso.

V. 59 – *Barrosas*: cheias de barro.

V. 60 – *Regos*: sulcos cavados na terra para escoamento de águas. "De se atirarem aos regos" significa *em grande quantidade*. Havia barro em abundância nas botas das "moças" (ver nota ao v. 58).

V. 65 – *Sachos*: enxadas pequenas de duas pontas, uma achatada e outra pontiaguda simples, bifurcada ou de três dentes. O sacho é usado para mondar (ver nota ao v. 55) ou escavar a terra.

V. 66 – *Palheiro*: equivalente de *palhoça*, habitação rural pequena e pobre, com teto de palha.

Vv. 66-67 – O "feitor" detém as "chaves" dos "palheiros" onde vivem as "servas". As relações de trabalho descritas no poema remetem à ideia de exploração escravista.

V. 68 – *Às catervas*: em bandos. Caterva designa um grupo de vadios, desordeiros.

Vv. 69-70 – Os versos que fecham a primeira seção do poema recuperam sua primeira parte primaveril. A segunda parte (vv. 36-70) combina, em contraste, imagens de tranquilidade, inocência e abundância da natureza – a "ovelha [que] arredonda" (v. 51), as "várzeas que fazem onda" (v. 53), o pulo dos "borregos" (v. 56) – com quadros de extremo sofrimento humano. A cena final da chegada de grupos de mulheres exauridas na primavera, "quando acasalam as aves / e se fecundam as ervas!...", resume essa contradição.

II

V. 1 – *Meio-dia*. A marcação temporal serve para destacar hábitos de ociosidade da "branca fidalga" (v. 2). Mesmo recurso ocorre na cena de abertura de *O Primo Basílio* (1878), de Eça de Queirós.

Vv. 4-5 – Na estrofe, a brancura da fidalga (v. 2) contrasta com a escuridão das filhas da ama de leite, "minadas de pulga, / negras do tempo e da lama".

V. 5 – *Negras do tempo*. A expressão parece ter ao menos dois sentidos, um físico: *sujas, mal cuidadas*; e outro que associa tempo e destino: *desafortunadas, privadas de sorte*.

Vv. 6-10 – De modo contrastante, a estrofe retrata a indiferença da fidalga, representante das classes dominantes, frente ao desamparo de suas "irmãs de leite", e a desventura da ama de leite que precisa trabalhar e por isso vive distante de suas filhas.

❧ Notas ❧

Cesário Verde (José Joaquim Cesário Verde) nasceu em Lisboa, freguesia da Madalena, em 25 de fevereiro de 1855 e faleceu no Paço do Lumiar em 19 de julho de 1886. Era filho do sr. José Anastácio Verde, negociante, e da sra. D. Maria da Piedade dos Santos Verde.

. . .

A *estreia* do poeta nos domínios da publicidade data de 1873. Foi o autor destas *notas* e editor deste livro quem fez publicar no *Diário da Tarde* do Porto, em folhetim, os primeiros versos de Cesário Verde, precedendo-os de uma carta de apresentação à Manuel de Arriaga. Esses versos não se reproduzem no livro de Cesário Verde, porque o poeta os considerou muito inferiores aos que hoje se reproduzem. Realmente o eram – pela hesitação do neófito.

. . .

Outros versos foram condenados pelo autor e a condenação foi hoje respeitada: entre eles citaremos a Sátira ao *Diário Ilustrado*, as poesias "Vaidosa", "Subindo", "Desastre", e algumas outras composições de menos fôlego.

. . .

No Prefácio registra-se a promessa de um estudo crítico sobre a Obra de Cesário Verde. Essa obra dispersa nas colunas do *Diário da Tarde*, do *Porto*, da *Renascença*, da *Revista de Coimbra*, da *Tribuna*, da *Ilustração* etc., não será discutida pelo autor destas linhas. Não é hoje dicutida, nem o será jamais. Sobeja-lhe, ao autor da promessa, em enternecimento e amargura quanto lhe falta em serenidade; – ficam autorizados a dizer: quanto lhe falta em competência.

. . .

Também se registrou algures a promessa de um ajuste de contas com os insultadores do poeta. Inútil: – nenhum deles sobreviveu aos insultos.

. . .

Os duzentos exemplares deste livros serão distribuídos pelos parentes, pelos amigos e pelos admiradores *provados* do ilustre poeta, bem como por Bibliotecas do país e do estrangeiro. A lista da distribuição será publicada. As reclamações justificadas serão atendidas.

1887.

S. P.

Parte II

POEMAS DISPERSOS

❧ *A Forca* ❧

Já que adorar-me dizes que não podes,
Imperatriz serena, alva e discreta,
Ai, como no teu colo há muita seta
E o teu peito é peito dum Herodes,

5   Eu antes que encaneçam meus bigodes
Ao meu mister de amar-te hei de pôr meta,
O coração mo diz – feroz profeta,
Que anões faz dos colossos lá de Rodes.

E a vida depurada no cadinho
10   Das eróticas dores do alvoroço,
Acabará na forca, num azinho,

Mas o que há de apertar o meu pescoço
Em lugar de ser corda de bom linho
Será do teu cabelo um menos grosso.

Primeira publicação: 12 de novembro de 1873, no *Diário de Notícias*. Na mesma edição, foram publicados "Num Tripúdio de Corte Rigoroso" e "Ó Áridas Messalinas". Trata-se da estreia literária do jovem Cesário, que então contava dezoito anos. Um dos responsáveis por essa estreia foi Eduardo Coelho, que, em 1864, junto com Tomás Quintino Antunes, havia fundado o *Diário de Notícias*, periódico cuja existência se estende pelos séculos XX e XXI. Antes de se tornar jornalista, Coelho havia sido caixeiro na loja de ferragens do Sr. José Anastácio Verde, pai de Cesário. Lá conheceu o futuro poeta e deve de alguma forma tê-lo influenciado em matéria de arte e literatura. O Sr. Verde demitiu Coelho devido ao excessivo gosto que o empregado nutria pelas letras. Segundo o patrão, o mundo das artes era incompatível com o espírito do comércio. João de Figueiredo (*Álbum de Cesário Verde*, p. 12) vê o apoio de Coelho a Cesário como possível forma de vingança do ex-caixeiro contra o ex-patrão avesso à literatura. Seja como for, a amizade entre o poeta e o jornalista perdurou. Em páginas do *Diário de Notícias*, Cesário publicou outras composições inéditas, algumas das quais tornadas célebres, como "Num Bairro Moderno" (em folhetim coletivo avulso) e "Em Petiz". Cesário dedicou a Coelho o poema "De Verão", que, embora sem data, tudo faz crer tenha sido um dos últimos trabalhos do poeta.

Eduardo Coelho (*apud* Rodrigues, p. 195) assina o texto de apresentação de Cesário. Nele, diz sobre o poeta: "É um moço quase imberbe, ingênuo, rosto e alma serena, fronte espaçosa, olhar perscrutador, cheio de aspirações elevadas". Mas, adverte o apresentador, apesar da juventude –, o poeta não havia se enamorado "da musa dolorida dos vates dos ciprestais, das traições, dos desenganos e dos amores choramingas", como poderiam supor os leitores. Trata-se de um poeta moderno, que havia pedido "seus bafejos a uma camena [musa] original", o que não implica que seja um cético. "Longe disso", diz Coelho. "É crente, é puro, acata o que deve respeitar-se, é talvez amador ardente, mas chegou à perfeição filosófica de deixar a razão fria pairar, satirizadora e brincá, por cima de uns pequenos ridículos sociais, e vai como Boileau e Beranger rindo a propósito".

V. 2 – *Imperatriz*. O título, ainda que metafórico, transmite ideia de soberania. A musa do poema é descrita como mulher poderosa, superior, altiva,

habituada a receber dos que dela se aproximavam obediência e homena-
gens. Isso justificaria sua incapacidade para adorar o sujeito lírico (v. 1).

V. 4 – Herodes era rei da Judeia no tempo do nascimento de Jesus Cris-
to. Famoso por sua crueldade e frieza. Segundo relatos bíblicos, Herodes
ordenou a matança de todas as crianças com menos de três anos que viviam
na cidade de Belém, quando soube que entre elas havia nascido o novo rei
dos judeus.

V. 5 – *Encaneçam*: embranqueçam, tornem-se brancos por ação do
tempo.

Vv. 7-8 – O coração do eu lírico se diz preparado para cumprir tarefas
de difícil execução, como persistir em adorar a "imperatriz serena" (v. 2) ou
transformar em "anões" os "colossos lá de Rodes" (ver nota ao v. 8). O pa-
ralelo é irônico tanto pelo despropósito da transformação de "colossos" em
"anões", como pelo desajuste da justaposição de referência clássica e projeto
sentimental romântico.

V. 8 – Considerado uma das sete maravilhas do mundo antigo, Colosso
de Rodes é o nome dado à estátua de Apolo, erguida entre 292 e 280 a.C.,
na ilha grega de Rodes, para comemorar a vitória de seus habitantes numa
importante batalha. Com seus trinta metros de altura e setenta toneladas de
bronze, o monumento tornou-se símbolo de grandiosidade. A estátua foi
destruída por um terremoto em 223 a.C.

V. 9 – *Cadinho*: vaso de material resistente ao fogo, utilizado para mis-
turas à alta temperatura, em experiências com objetivos químicos ou físi-
co-químicos.

V. 11 – *Azinho*: árvore alta (pode chegar a 10 m), também conhecida
como azinheira ou azinheiro. Não confundir (como já canhestramente se
fez) com *asinha*, termo adverbial, portanto, invariável, equivalente a *sem
demora, depressa, rapidamente*.

Num tripúdio de corte rigoroso,
Eu sei quem descobriu Vênus linfática,
– Beleza escultural, grega, simpática,
Um tipo peregrino e luminoso. –

5   Foi lâmpada no mundo cavernoso,
Inspiradora foi de carta enfática,
Onde a alma candente mas sem tática
Se espraiava num canto lacrimoso.

Mas ela em papel fino e perfumado,
10 Respondeu certas coisas deslumbrantes,
Que o puseram, ó céus, desapontado!

Eram falsas as frases palpitantes
Pois que tudo, ó meu Deus, fora roubado
Ao bom do *Secretário dos Amantes!*

Primeira publicação: 12 de novembro de 1873, no *Diário de Notícias.*

V. 1 – *Tripúdio*: festa libertina. Uma possível paráfrase do verso é: *em uma agitada orgia na corte*, ou seja, *entre nobres.*

V. 2 – *Linfática*. Ver nota ao v. 2 do poema "Sardenta". *Vênus*: metáfora de beleza clássica, perfeita, universal. "Vênus" e "linfática" combina qualidades clássicas e românticas, como já ocorrera em "A Forca" (ver nota aos vv. 7-8 de "A Forca").

V. 3 – *Simpática*. O qualificativo destoa dos demais dispostos no verso. "Beleza escultural" e "grega" possuem histórico de tradição lírica. O prosaico e inesperado "simpática" pode ter sido usado para manter o esquema rímico da estrofe e/ou para prenunciar o final irônico do poema (cf. Carter, p. 196).

V. 4 – *Um tipo peregrino*: exótico por sua beleza impecável.

V. 5 – Referência ao mito da caverna de Platão. Com sua perfeição de deusa grega, a musa resplandece no "mundo cavernoso" dos sentidos, que passam a desejá-la.

V. 6 – *Enfática*: excessiva, verborrágica.

V. 7 – A carta do amante mostra conteúdo sincero – "alma candente" –, mas sua forma é inadequada – "sem tática" – ao retrato do sentimento.

V. 11 – *Ó céus*. A exclamação introduz o desfecho irônico do poema, que desmascara a musa "grega", cuja beleza não corresponde à sua pobre inteligência carente de imaginação.

V. 14 – *Secretário dos Amantes*: livro com variados modelos de cartas de amor. Era usado como fonte textual por pessoas de poucos recursos literários que o copiavam ou o diluíam. A musa do poema, enfim, é dotada de *forma* atraente – "beleza escultural, grega" (v. 3) – mas desprovida de *conteúdo* intelectual. O amante, por sua vez, possui *conteúdo* sentimental – "alma candente" (v. 7) – mas sua expressão escrita, "enfática" (v. 6) e "sem tática" (v. 7), carece de acabamento *formal*.

Ó áridas Messalinas
Não entreis no santuário,
Transformareis em ruínas
O meu imenso sacrário!

5 Oh! a deusa das doçuras,
A mulher! eu a contemplo!
Vós tendes almas impuras,
Não profaneis o templo!

A mulher é ser sublime,
10 É conjunto de carinhos,
Ela não propaga o crime,
Em sentimentos mesquinhos.

Vós sois umas vis afrontas,
Que nos dão falsos prazeres,
15 Não sei se sois más se tontas,
Mas sei que não sois mulheres!

Primeira publicação: 12 de novembro de 1873, no *Diário de Notícias*. Terceiro poema do tríptico de estreia de Cesário. Ao contrário dos outros dois, "Ó Áridas Messalinas" afasta-se do tom irônico, imitado a João Penha, que marca a primeira fase da poesia cesárica. O poema é um canto ao eterno feminino sublime e natural, ao mesmo tempo que uma crítica feroz às mulheres venais.

V. 1 – *Áridas*: agressivas, perigosas, cruéis, insensíveis. // Valéria Messalina (17?-48) foi esposa do imperador romano Cláudio. Famosa por seu comportamento dissoluto, seu nome está associado à depravação, libertinagem, lascívia.

V. 6 – *Eu a contemplo*. O ato de contemplar a "deusa das doçuras" (v. 5), gesto, segundo Carter (p. 149), carregado de sentido petrarquista, reveste a musa de espiritualidade e a opõe às carnais e "áridas Messalinas" (v. 1).

V. 9 – A exaltação do arquétipo da "mulher sublime", do ideal feminino, da *mulher vital* – em oposição à *mulher fatal* –, aparece com frequência em poemas de João de Deus e de poetas da Geração de 70.

❧ *Eu e Ela* ❧

Cobertos de folhagem, na verdura,
O teu braço ao redor do meu pescoço,
O teu fato sem ter um só destroço,
O meu braço apertando-te a cintura;

5   Num mimoso jardim, ó pomba mansa,
Sobre um banco de mármore assentados,
Na sombra dos arbustos, que abraçados,
Beijarão meigamente a tua trança,

Nós havemos de estar ambos unidos,
10   Sem gozos sensuais, sem más ideias,
Esquecendo p'ra sempre as nossas ceias,
E a loucura dos vinhos atrevidos.

Nós teremos então sobre os joelhos
Um livro que nos diga muitas cousas
15   Dos mistérios que estão p'ra além das lousas,
Onde havemos de entrar antes de velhos.

Outras vezes buscando distração,
Leremos bons romances galhofeiros,
Gozaremos assim dias inteiros,
20   Formando unicamente um coração.

Beatos ou pagãos, vida à *paxá*,
Nós leremos, aceita este meu voto,
O *Flos Sanctorum* místico e devoto
E o laxo *Cavaleiro de Faublas*...

Primeira publicação: 3 de dezembro de 1873, no periódico portuense *Diário da Tarde*, ao lado do poema "Lúbrica...".

V. 3 – *Fato*. Ver nota ao v. 69, ii, de "Em Petiz". *Destroço*: defeito, falha, imperfeição.

V. 5 – *Ó pomba mansa*. Metáforas ornitólogas são uma convenção literária de largo uso durante o Romantismo e o Realismo. Na poesia cesária, a pomba ora assume conotação erótica, como a "pomba tépida" de "Noite Fechada" (v. 74), ora sentido casto, como a "pomba mansa" de "Eu e Ela".

V. 7 – *Na sombra dos arbustos*. *Topos* da poesia bucólica, de raiz virgiliana. Remete à expressão *sub tegmine fagi* (sob frondosa faia), extraída de um verso de uma égloga de Virgílio.

V. 9 – O tema do poema é o amor senão senil – porque o narrador imagina que ele e sua amada vão morrer "antes de velhos" (v. 16) –, ao menos em sua fase sublimada, depois de os amantes já estarem saciados da "loucura dos vinhos atrevidos" (v. 12). Sob este prisma, o poema projeta um futuro bucólico, sob a "sombra dos arbustos" (v. 7), e platônico, "sem gozos sensuais" (v. 10) para o casal. Nesse futuro, o principal prazer é o intelectual, extraído da leitura de livros filosóficos ou "galhofeiros" (v. 18), "beatos ou pagãos" (v. 21).

Vv. 13-14 – *Nós teremos então sobre os joelhos / Um livro*. A cena remete à célebre passagem da *Divina Comédia* (Inferno, V), de Dante Alighieri (1265-1321), na qual Francesca Rimini e Paulo Malatesta encontram-se em círculos infernais por crime de adultério. O trágico casal, assassinado por Gianciotto Malatesta, marido de Franscesca e irmão de Paulo, teria incorrido em adultério por influência da leitura, que costumavam fazer juntos, de estórias sentimentais. O assunto reaparece em *O Primo Basílio* (1878), de Eça de Queirós, romance que constrói uma severa crítica ao excesso de sentimentalismo contido em narrativas românticas, e o efeito que esse excesso produzia no comportamento moral do leitor comum. No poema de Cesário, o livro, de variados estilos, e sua leitura pelos amantes, constitui mera fonte de prazer e conhecimento, sem implicações morais. No caso, em oposição ao livro, o "vinho" (v. 12) figura como símbolo de luxúria.

V. 21 – *À paxá*: com abundância de privilégios e regalias de toda a ordem. Paxá era título honorífico não-hereditário dado, em princípio, a governadores e vizires, depois a altos funcionários ou dignitários civis e militares, no Império Otomano. Na Turquia, foi extinto em 1934.

V. 23 – *Flos Sanctorum* (lat.): livro sobre a vida de santos.

V. 24 – *Laxo* /cs/: frouxo, relaxado. O cavaleiro de Faublas é personagem-título do romance libertino *Les Amours du Chevalier de Faublas*, do escritor francês Jean-Baptiste Louvet de Couvray (1760-1797).

❧ *Lúbrica...* ❧

Mandaste-me dizer,
No teu bilhete ardente,
Que hás de por mim morrer,
Morrer muito contente.

5   Lançaste no papel
As mais lascivas frases;
A carta era um painel
De cenas de rapazes!

Ó cálida mulher,
10   Teus dedos delicados
Traçaram do prazer
Os quadros depravados!

Contudo, um teu olhar
É muito mais fogoso
15   Que a febre epistolar
Do teu bilhete ansioso:

Do teu rostinho oval
Os olhos tão nefandos
Traduzem menos mal
20   Os vícios execrandos.

Teus olhos sensuais,
Libidinosa Marta,

Teus olhos dizem mais
Que a tua própria carta.

25 As grandes comoções
Tu neles sempre espelhas;
São lúbricas paixões
As vívidas centelhas...

Teus olhos imorais,
30 Mulher, que me dissecas,
Teus olhos dizem mais
Que muitas bibliotecas!

Primeira publicação: 3 de dezembro de 1873, no periódico portuense *Diário da Tarde*.

Vv. 3-4 – A tópica do amor fatal na tradição do lirismo português, sobretudo medieval e romântico, está associada a sentimento amoroso tão intenso quanto casto. Nesta mesma tradição, a voz lírica expressa perspectiva predominantemente masculina e, por conseguinte, o homem promete morrer de amor por sua amada. O poema de Cesário, pois, desajusta ou deforma estas convenções: a mulher jura morrer de amor pelo sujeito lírico, a quem comunica, seja por carta, seja pelo olhar, sentimentos sensuais e libidinosos.

V. 8 – *Cenas de rapazes*: cenas eróticas, "quadros depravados" (v. 12). Segundo a moralidade da época, a educação masculina era mais liberal que a feminina. Dessa feita, o tabu da sexualidade era maior para a mulher que para o homem. É dentro dessas generalizações que "cenas de rapazes" denota erotismo, costumes libertinos, indisciplina moral, da mesma forma que *cenas de moças* implicaria a ideia de *quadros domésticos* de castidade, inocência e sentimento religioso. Nesse sentido, a musa do poema é moralmente ambígua, com sua natureza feminina e seu comportamento masculino. Essa ambiguidade expressa-se em seus traços físicos, com seu "rostinho oval" (v. 17) e seus "olhos tão nefandos" (v. 18). Também seus "dedos delicados" (v. 10), de aparência suave e branda, que escrevem "quadros depravados" (v. 12), sintetizam essa contradição.

V. 13 – Ao lado da tópica do amor fatal (ver nota aos vv. 3-4), "Lúbrica..." desenvolve a do olhar, que ocupa cinco das oito estrofes do poema. Como a primeira, a segunda também está associada, na tradição lírica, à beleza feminina e à pureza do sentimento amoroso. No poema de Cesário, no entanto, os olhos da amada são "nefandos" (v. 18), "sensuais" (v. 21), "imorais" (v. 29), e denunciam, mais que qualquer palavra, sua licenciosidade.

V. 18 – *Nefandos*: moralmente degradados, corruptos, depravados.

V. 20 – *Execrandos*: deploráveis, detestáveis.

V. 28 – *Centelhas*: fagulhas, faíscas, pontos luzentes.

V. 31-32 – No poema, há um duelo de expressividade: quem é capaz de expressar-se de modo mais efetivo, as palavras ou os olhos da mulher? Ambos comunicam mesmo conteúdo: a licenciosidade da dama lúbrica. Porém, segundo a percepção do narrador, a linguagem gestual, executada pelo olhar da mulher imoral, fala com mais intensidade que suas palavras.

❧ *Ele* ❧

Ao Diário Ilustrado

Era um deboche enorme, era um festim devasso!
No palácio real brilhava a infame orgia,
E até bebiam vinho os mármores do paço!

O champanhe era a rodo, o deus era a Folia;
5   Entre o rumor febril soltava gargalhadas,
Pálido e embriagado o herói da monarquia!

Riam-se os cortesãos p'ra as taças empinadas,
E referviam sempre os ponches palacianos
Nas mesas de oiro e prata, em Roma cinzeladas.

10   Era a repercussão dos bodos luculianos!
E os áulicos boçais e os parasitas nobres
Bebiam doidamente os vinhos de mil anos.

Desmaiavam na rua, à fome, os Jobs, os pobres;
Em peles de leões os régios pés gozavam,
15   E o norte, nos salões, gemia uns tristes dobres.

À louca, os comensais, com força, arremessavam
Garrafas de cristal a espelhos de Veneza,
E à chuva, ao vento, ao frio, os povos soluçavam.

Tremia, vinolenta, a velha realeza,
20   Caíam na alcatifa os duques e os criados,
E, sujos, com fragor, rolavam sob a mesa.

A púrpura nadava em vinhos transbordados,
Cantava um cardeal não sei que *chansonnette*,
E o espírito subia aos cérebros irados.

25 Era um tripúdio infrene o festival banquete!
O rei, bêbedo enfim, vazando o copo erguido,
Quis saudar a caiu de bruços no tapete.

E o sultão europeu, em vinhos imergido,
Pisado, pelo chão, rojou-se p'ra janela,
30 Como um lagarto imundo, estúpido e comprido.

A brisa dessa noite, hiberna noite bela,
Deu na fronte real uma fugaz lufada,
E o rei, agoniado, à luz de cada estrela,

Curvou-se e vomitou nas pedras da calçada.

. . . .

35 Na praça, de manhã, havia, ó rei brutal,
Montões de sordidez horrível e avinhada...

– Nascera o *Ilustrado* – o vômito real!

Primeira publicação: janeiro de 1874, em folha solta.

"Hoje" [escreve João de Figueiredo (*A Vida de Cesário Verde*, p. 65)], desta folha volante existirão somente dois ou três exemplares – há anos apareceu um num alfarrabista – o que nos obriga a seguir a versão da *Obra Completa* – versão maculada por inúmeros erros, segundo afirma quem conhece o original, mas que não alteram, julgamos, o sentido do poema.

A presente edição toma como base o texto da *Obra Completa* de Cesário Verde, organizada por Serrão. Sobre a fonte textual que utilizou, Serrão (*OC*, p. 52) esclarece:

A versão que ... se apresenta foi cotejada por uma cópia do original em poder de Pedro da Silveira, que, por seu turno, a obteve de um traslado feito por D. João de Castro de um manuscrito que pertencera a Silva Pinto.

A edição a que alude João de Figueiredo acima é a de Henrique Marques (*apud* Rodrigues, p. 242), que em *Memórias de um Editor (publicação póstuma)*, de 1935, relata:

> Leu-me ele [Cesário] uma vez na redação uma poesia, que ou destinava a certo jornal, ou tinha acabado de publicar, não me recordo bem.
>
> Pedi-lhe que ma deixasse copiar, ao que ele de bom grado acedeu. Ainda a tenho; e como não tenha sido incluída na coletânea do *Livro de Cesário*, de que Silva Pinto fez uma tiragem de duzentos exemplares, com um dos quais este me brindou e ainda possuo, aqui a reproduzo visto naturalmente ser conhecida de poucos.

"Ele" é uma sátira caricata, que em certos momentos desce ao grotesco, contra o *Diário Ilustrado*, periódico monarquista de Lisboa. Não se sabem os motivos que levaram Cesário a escrever o poema-panfleto. Em 13 de novembro de 1873, um dia após Cesário publicar seus primeiros versos no *Diário de Notícias*, foi uma nota estampada no *Diário Ilustrado* que anunciou para "dentro em pouco" o lançamento de *Cânticos do Realismo*, livro que reuniria poemas de Cesário. Em 1879, o poeta voltará a se indispor publicamente com o referido diário por conta de polêmica envolvendo o poema "Em Petiz" (ver nota introdutória a "Em Petiz").

Embora o alvo principal seja o *Diário Ilustrado*, "Ele" critica a monarquia como sistema político. Para registrar o mundo aristocrático, o poema se vale de recursos considerados nobres da tradição poética, como o verso alexandrino e o terceto dantesco. A linguagem crua e realista, e o motivo orgiástico, portanto, contrastam de modo enfático com a "nobreza" dos recursos formais.

V. 4 – *A rodo*: expressão coloquial que significa *em abundância, em grande quantidade. Folia*: personagem alegórica símbolo da alegria, do divertimento, do prazer. É representada em geral por uma mulher que veste corpete com guizos e leva um títere na mão.

V. 9 – No poema, a presença de Roma alude à aliança entre monarquia e Igreja, ambas dividindo mesmo espaço de corrupção moral e vício. A figura do "cardeal" (v. 23) no "festim devasso" (v. 1), referida alguns versos mais, reforça essa ideia.

V. 10 – *Repercussão*: reprodução, cópia. *Bodos luculianos*: banquetes de Lúculo. Lúcio Licínio Lúculo (106?-57? a.C.) foi importante político e militar romano. Os banquetes promovidos por Lúculo tornaram-se famosos pela pompa, abundância e requinte que demonstravam.

V. 11 – *Áulicos*: próprios da corte, cortesãos, palacianos.

V. 13 – *Jobs*. Ver nota ao v. 1 de "Humilhações".

V. 15 – *Dobres*: toques de sinos anunciando a agonia ou a morte de alguém. Em princípio, os sinos anunciam os estertores dos "pobres" que "desmaiam na rua, à fome" (v. 13). Em sentido profético, prenunciam o martírio dos nobres, e especificamente do rei, causado pela ressaca da bebedeira.

Vv. 16-17 – O modo irresponsável, insensível e bárbaro com que "comensais" aristocratas tratam objetos de valor (garrafas de cristal e espelhos de Veneza) pode ser entendido como paralelo ao modo com que jornalistas do *Diário Ilustrado* julgavam obras de arte e/ou matérias de interesse público (cf. Carter, p. 192).

V. 19 – *Vinolenta*: bêbada de vinho.

V. 20 – *Alcatifa*: tapete espesso e grande, colorido de imagens, usado para cobrir o piso de salões de um palácio em dias de festa. *Os duques e os criados*. A degradação dos costumes atinge nobres e servos igualmente.

V. 22 – *A púrpura nadava*. Desde a Idade Média, a cor púrpura constitui símbolo do poder real e eclesiástico. No poema, o poder eclesiástico é representado pelo "cardeal" que canta no "festim devasso" (v. 1).

V. 23 – *Chansonnette* (fr.): cançoneta, canção breve, de desenho melódico simples e motivo bucólico ou cômico. No poema, a alegria musical da *chansonnette* contrasta com os gementes e fúnebres "tristes dobres" (v. 15) e o agônico soluçar do povo faminto e desabrigado (v. 18).

V. 25 – *Tripúdio*. Ver nota ao v. 1 de "Num Tripúdio de Corte Rigoroso".

V. 26 – *O rei*. O monarca do poema é personagem alegórica e não histórica. O poema é uma caricatura de um sistema político considerado vicioso e ultrapassado. Por meio desse quadro caricato, o poeta procurava atingir o *Diário Ilustrado*, periódico monarquista, e alvo principal da crítica do poema.

V. 28 – *Sultão*: título monárquico usado em países muçulmanos, equivalente a imperador ou rei. Trata-se de mais uma figuração do poder absolutista no poema.

V. 29 – *Rojou-se*: arrastou-se, movimentou-se lenta e dificultosamente.

V. 31 – *Hiberna*: invernal, gelada.

Vv. 31-33 – O retrato lírico da noite contrasta com o descritivismo cruel e caricato que perpassa o poema. A estrofe introduz de modo ameno e aprazível o ato torpe da vomição régia. Sua função é acentuar o contraste entre o sublime natural da noite fria e a decadência física e moral do rei, e por conseguinte da monarquia, como sistema, e dos nobres, como seus representantes.

V. 32 – *Lufada*: rajada de vento.

V. 36 – *Avinhada*: impregnada de vinho.

❧ *Impossível* ❧

Nós podemos viver alegremente,
Sem que venham, com fórmulas legais,
Unir as nossas mãos, eternamente,
    As mãos sacerdotais.

5   Eu posso ver os ombros teus desnudos,
Palpá-los, contemplar-lhes a brancura,
E até beijar teus olhos tão ramudos,
    Cor de azeitona escura.

Eu posso, se quiser, cheio de manha,
10   Sondar, quando vestida, p'ra dar fé,
A tua camisinha de *bretanha*,
    Ornada de *crochet*.

Posso sentir-te em fogo, escandecida,
De faces cor-de-rosa e vermelhão,
15   Junto a mim, com langor, entredormida,
    Nas noites de verão.

Eu posso, com valor que nada teme,
Contigo preparar lautos festins,
E ajudar-te a fazer o *leite-creme*,
20   E os mélicos pudins.

Eu tudo posso dar-te, tudo, tudo,
Dar-te a vida, o calor, dar-te cognac,

Hinos de amor, vestidos de veludo,
E botas de duraque.

25 E até posso com ar de rei, que o sou!
Dar-te cautelas brancas, minha rola,
Da grande loteria que passou,
Da boa, da espanhola.

Já vês, pois, que podemos viver juntos,
30 Nos mesmos aposentos confortáveis,
Comer dos mesmos bolos e presuntos,
E rir dos miseráveis.

Nós podemos, nós dois, por nossa sina,
Quando o sol é mais rúbido e escarlate,
35 Beber na mesma chávena da China
O nosso chocolate.

E podemos até, noites amadas!
Dormir juntos dum modo galhofeiro,
Com as nossas cabeças repousadas
40 No mesmo travesseiro.

Posso ser teu amigo até à morte,
Sumamente amigo! Mas por lei,
Ligar a minha sorte à tua sorte
Eu nunca poderei!

45 Eu posso amar-te como o Dante amou,
Seguir-te sempre como a luz ao raio,
Mas ir, contigo, à igreja, isso não vou,
Lá nessa é que não caio!

Primeira publicação: 20 de janeiro de 1874, no periódico
portuense *Diário da Tarde*.

"Impossível", "Lágrimas", "Proh Pudor!" e "Manias" formam série intitulada "Ecos do Realismo". A noção de realismo, quando aplicada à poesia, no século xix, implicava ideias como sátira, ironia, sarcasmo. Em sentido amplo, sátira e realismo sempre estiveram associados entre si à medida que o discurso satírico, entre outros aspectos, trabalha com o lado oculto ou privado da sociedade ou de certas convenções sociais. No caso da poesia do século xix, o lirismo chamado realista, em princípio e em linhas gerais, procurava desestabilizar através da ironia paródica convenções retóricas do Romantismo. Assim é que os poemas da série "Ecos do Realismo" satirizam posturas típicas da escola romântica. O modelo literário cuja presença se faz mais evidente na série é o do poeta João Penha (1838-1919).

V. 7 – *Ramudos*: diz-se de olhos que possuem pestanas espessas e longas.

V. 11 – *Bretanha*: tipo de tecido branco, muito fino, de algodão ou linho.

V. 13 – *Escandecida*: tornada brasa, corada, ruborizada.

V. 15 – *Entredormida*: em estado intermediário entre sono e vigília.

V. 18 – *Lautos*: fartos, ricos, magníficos pela abundância.

V. 19 – *Leite-creme*: doce, em forma de mingau, composto de leite, farinha de trigo, açúcar e gemas de ovos.

V. 20 – *Mélicos*: melífluos, cheios de doçura.

V. 24 – *Duraque*: tipo de tecido espesso e resistente usado em geral na confecção de calçados femininos.

V. 26 – *Cautelas*: unidades correspondentes à subdivisão do bilhete de loteria. A cor das cautelas parece conter significado específico para a época. *Rola*. Ver nota ao v. 14 do poema "De Tarde".

V. 28 – Embora loterias existam desde a Antiguidade, a Espanha foi o primeiro país a estatizá-las em 1763. Os espanhóis são ainda um dos povos mais aficcionados em jogos de azar, e os prêmios da loteria espanhola, um dos mais generosos.

V. 32 – A indiferença de personagens ricas e poderosas diante da dor dos "miseráveis" ou do sofrimento do amante rejeitado é traço frequente na sátira realista cesárica.

V. 34 – *Rúbido*: vermelho escuro, bastante avermelhado, rubro. O composto "rúbido e escarlate" constitui expressão pleonástica. O efeito humorístico pode ser um dos pretendidos com o recurso.

V. 45 – Dante Alighieri (1265-1321), poeta italiano, autor da *Divina Comédia*. Segundo certa tradição romântica, Dante teria escrito o monumental poema inspirado em seu amor por Beatriz, uma menina que contava oito anos quando Dante, aos nove, a conheceu.

❧ *Lágrimas* ❧

Ela chorava muito e muito, aos cantos,
Frenética, com gestos desabridos;
Nos cabelos, em ânsia desprendidos,
Brilhavam como pérolas os prantos.

5   Ele, o amante, sereno como os santos,
Deitado no sofá, pés aquecidos,
Ao sentir-lhe os soluços consumidos,
Sorria-se cantando alegres cantos.

E dizia-lhe então, de olhos enxutos:
10   " – Tu pareces nascida da rajada,
"Tens despeitos raivosos, resolutos;

"Chora, chora, mulher arrenegada;
"Lagrimeja por esses aquedutos...
" – Quero um banho tomar de água salgada."

Primeira publicação: 21 de janeiro de 1874, no *Diário da Tarde*. Segundo poema da série "Ecos do Realismo" (ver nota introdutória a "Impossível").

"Lágrimas" é um soneto narrativo em que o eu lírico atua como narrador distanciado, que descreve a ação narrativa sem dela participar. Trata-se, pois, de estrutura não-lírica enfeixada em forma lírica.

Vv. 1-8 – As duas primeiras estrofes do soneto retratam as personagens em separado. A separação disposta na forma do poema é índice de afastamento do casal confirmado pelo conteúdo das descrições. Uma síntese desse conteúdo encontra-se na primeira e última palavras de cada estrofe: (i) "ela–prantos"; (ii) "ele–cantos" (cf. Carter, p. 203).

V. 2 – *Desabridos*: violentos, irritados, rudes.

V. 4 – *Prantos*: lágrimas.

V. 10 – *Nascida da rajada*: nascida de súbito, de uma rajada repentina de vento (ou metralhadora). O modo abrupto de nascimento da mulher explicaria, em tese, seu temperamento incontrovável e explosivo.

V. 11 – *Despeitos*: ressentimentos, mágoas, desgostos.

V. 12 – *Arrenegada*: maldita, desprezível.

V. 13 – *Aquedutos*: antigos canais ou galerias para condução de água. No poema, o termo é usado em sentido metafórico e hiperbólico para descrever os olhos da mulher, abundantemente lacrimejantes.

V. 14 – Ao desejar banhar-se nas lágrimas da mulher, produto de sua dor, a indiferença do amante diante da amada transforma-se em atitude sádica.

✽ *Proh Pudor!* ✽

Todas as noites ela me cingia
Nos braços, com brandura gasalhosa;
Todas as noites eu adormecia,
Sentindo-a desleixada e languorosa.

5   Todas as noites uma fantasia
Lhe emanava da fronte imaginosa;
Todas as noites tinha uma mania
Aquela concepção vertiginosa.

Agora, há quase um mês, modernamente,
10   Ela tinha um furor dos mais soturnos,
Furor original, impertinente...

Todas as noites ela, oh! sordidez!
Descalçava-me as botas, os coturnos,
E fazia-me cócegas nos pés...

Primeira publicação: 22 de janeiro de 1874, no *Diário da Tarde*. Trata-se do terceiro poema da série "Ecos do Realismo" (ver nota introdutória a "Impossível").

O título do poema é composto de locução interjeitiva latina equivalente a *que vergonha*, *que horror*.

V. 1 – *Todas as noites*. O composto anafórico (vv. 1, 3, 5, 7, 12) cria expectativa progressiva que evolui até o atualizador temporal discursivo "agora" (v. 9), que intensifica o suspense e anuncia a proximidade do desfecho narrativo.

V. 2 – *Gasalhosa*: acolhedora, aconchegante.

V. 4 – *Desleixada e languorosa*. Segundo Carter (p. 122), trata-se de "imagem evocativa do langor *post coitum*".

V. 5 – *Fantasia*. Considerando a hipótese interpretativa de Carter (ver nota ao v. 4), o termo "fantasia" pressupõe conteúdo sexualmente ousado e transgressor.

V. 9 – *Modernamente*. No poema, o sentido de modernidade e originalidade (v. 11) está associado à "fantasia" (v. 5) que a mulher alimenta em sua "fronte imaginosa" (v. 6). O suspense narrativo deriva do conteúdo dessa "fantasia", que só no último verso se revela.

V. 14 – O poema se fecha em anticlímax narrativo. A expectativa criada se cumpre às avessas. Daí o efeito de ironia que o texto produz.

❧ *Manias* ❧

O mundo é velha cena ensanguentada,
Coberta de remendos, picaresca;
A vida é chula farsa assobiada,
Ou selvagem tragédia romanesca.

5 Eu sei um bom rapaz, – hoje uma ossada –,
Que amava certa dama pedantesca,
Perversíssima, esquálida e chagada,
Mas cheia de jactância quixotesca.

Aos domingos a deia já rugosa,
10 Concedia-lhe o braço, com preguiça,
E o dengue, em atitude receosa,

Na sugestão canina mais submissa,
Levava na tremente mão nervosa,
O livro com que a amante ia ouvir missa!

Primeira publicação: 23 de janeiro de 1874, no *Diário da Tarde*. Trata-se do quarto poema da série "Ecos do Realismo" (ver nota introdutória a "Impossível").

O poema é uma paródia caricata e grotesca das tópicas do amor cortês e da *femme fatale*.

Vv. 1-4 – A primeira quadra mescla imagens heroicas, solenes ("velha cena ensanguentada", "selvagem tragédia romanesca") e burlescas, prosaicas ("coberta de remendos, picaresca", "a vida é chula farsa assobiada"). O estilo mesclado prefigura a narrativa do poema que se inicia na segunda estrofe, uma cena entre distinta e cômica, sublime e patética. O conteúdo da primeira estrofe é axiomático, propõe uma teoria sobre a existência, que será demonstrada e particularizada na história do "bom rapaz" (v. 5) e da "dama pedantesca" (v. 6).

V. 3 – *Chula*: grosseira, rude, obscena.

V. 5 – *Ossada*: em sentido metafórico, muito magro; em sentido literal, morto.

V. 7 – *Esquálida*: desalinhada, descuidada, desarrumada. *Chagada*: cheia de chagas, coberta de feridas. Como figuração particular da teoria que abre o poema (vv. 1-4), a dama "esquálida" recupera a imagem do mundo coberto de "remendos" (v. 2); e sua aparência de anciã "chagada", a imagem do mundo como "velha cena ensanguentada" (v. 1).

V. 8 – *Jactância*: vaidade orgulhosa e arrogante. *Quixotesca*. Como D. Quixote, a mulher percebe o mundo por meio de uma consciência idealista. Mesmo fisicamente degradada, ela assume ares de superioridade arrogante. A atitude quixotesca da dama, em seu aspecto entre caricato e grotesco, mostra que a "vida é chula farsa" (v. 3).

V. 9 – *Deia*: deusa, divindade feminina. *Rugosa*: enrugada, engelhada, envelhecida.

V. 11 – *Dengue*: dengoso, manhoso. *Atitude receosa*: atitude que demonstra temor. O "bom rapaz" (v. 5) teme, de modo reverencial, a "dama pedantesca" (v. 6).

V 12 – Se a "dama pedantesca" (v. 6), "esquálida e chagada" (v. 7), particulariza o sentido de "chula farsa" (v. 3), exposto na primeira estrofe, o rapaz, em sua submissão canina, cego para os defeitos físicos e morais da amante, encarna a noção de "tragédia romanesca", também disposta na quadra introdutória.

❧ *Heroísmos* ❧

Eu temo muito o mar, o mar enorme,
Solene, enraivecido, turbulento,
Erguido em vagalhões, rugindo ao vento:
O mar sublime, o mar que nunca dorme.

5   Eu temo o largo mar, rebelde, informe,
De vítimas famélico, sedento,
E creio ouvir em cada seu lamento
Os ruídos dum túmulo disforme.

Contudo, num barquinho transparente,
10 No seu dorso feroz vou blasonar,
Tufada a vela e n'água quase assente,

E ouvindo muito ao perto o seu bramar,
Eu rindo, sem cuidados, simplesmente,
Escarro, com desdém, no grande mar!

Primeira publicação: 7 de fevereiro de 1874, no *Diário da Tarde*.

V. 3 – *Vagalhões*: ondas enormes. *Rugindo ao vento*: hipálage personificadora do mar.

V. 6 – *Famélico*: faminto, esfaimado.

Vv. 7-8 – Devorador de suas "vítimas" (v. 6), o mar é um "túmulo disforme". O lamento oceânico que o narrador julga ouvir confunde-se com os gemidos dos que morreram tragados pelo mar.

V. 9 – *Contudo*. O modulador adversativo introduz a segunda parte do discurso poemático. *Transparente*: claro, luminoso.

V. 10 – *Blasonar*: vangloriar-se, jactar-se, tomar uma atitude para chamar a atenção.

V. 11 – *Tufada*: inchada pelo ar. *Assente*: estável (no caso, o "barquinho", v. 9).

V. 14 – *Grande mar*. O narrador descreve o mar como excelso, terrível, grandioso nas duas primeiras estrofes para depois, em atitude heroica, dele desdenhar. De fato, o reconhecimento da grandiosidade do mar é condição para que o ato pretensioso do eu lírico possa ser considerado heroico. No final do poema, portanto, a expressão distintiva "grande mar" assume viés semântico ao mesmo tempo sincero e irônico. // Por sua estrutura narrativa simbólica, com o mar em seu centro, "Heroísmos" parece requerer leitura alegórica. Macedo (*Nós*, p. 73) e Carter (p. 185) entendem o mar como símbolo feminino. Em síntese, desdenhar o mar equivaleria a desdenhar a mulher, atitude demonstrada em outros poemas da mesma fase como "Lágrimas" e "Cinismos". O mesmo mar, no entanto, pode ser lido como mar épico, "mar tenebroso" ou "mar oceano" da tradição antiga e renascentista, de funda raiz na cultura portuguesa, e cuja presença sublime e feroz se faz sentir nas quadras do poema. Sob este prisma, o gesto do narrador de enaltecer e insultar o mar representaria atitude ambígua própria da modernidade finissecular, ansiosa por superar o passado, tomando-o como base dessa superação.

❧ *Cinismos* ❧

Eu hei de lhe falar lugubremente
Do meu amor enorme e massacrado,
Falar-lhe com a luz e a fé dum crente.

Hei de expor-lhe o meu peito descarnado,
5   Chamar-lhe minha cruz e meu Calvário,
E ser menos que um Judas empalhado.

Hei de abrir-lhe o meu íntimo sacrário
E desvendar a vida, o mundo, o gozo,
Como um velho filósofo lendário.

10   Hei de mostrar, tão triste e tenebroso,
Os pegos abismais da minha vida,
E hei de olhá-la dum modo tão nervoso,

Que ela há de, enfim, sentir-se constrangida,
Cheia de dor, tremente, alucinada,
15   E há de chorar, chorar enternecida!

E eu hei de, então, soltar uma risada...

Primeira publicação: 12 de março de 1874, no *Diário da Tarde*.

V. 6 – *Judas*. Judas Iscariotes (ver nota ao v. 44 de "Flores Velhas"). *Judas empalhado*: espantalho confeccionado para representar Judas Iscariotes em festas de Sábado de Aleluia. Símbolo da deslealdade, a alusão a Judas prenuncia o caráter traiçoeiro do sujeito lírico, revelado no último verso do poema.

V. 11 – *Pegos*: partes mais fundas e entranhadas do mar ou de um rio profundo.

V. 16 – Final à João Penha. A ironia que explode no último verso do poema funciona como travão relativizador do lirismo sentimental que vinha até então se desenvolvendo, e justifica o título da composição. // A construção de uma voz lírica cínica, no sentido de não-confiável, ou fictícia, ou fingida, será um dos traços mais marcantes da obra poética de Cesário. Nesse sentido, "Cinismos" aponta, ainda que de modo ingênuo, para um caminho que será muito explorado na trajetória do lirismo cesárico.

❧ *Esplêndida* ❧

Ei-la! Como vai bela! Os esplendores
Do lúbrico Versailles do Rei-Sol
Aumenta-os com retoques sedutores.
É como o refulgir dum arrebol
5   Em sedas multicores.

Deita-se com languor no azul celeste
Do seu *landau* forrado de cetim;
E os seus negros corcéis, que a espuma veste,
Sobem a trote a rua do Alecrim,
10   Velozes como a peste.

É fidalga e soberba. As incensadas
Dubarry, Montespan e Maintenon
Se a vissem ficariam ofuscadas.
Tem a altivez magnética e o bom tom
15   Das cortes depravadas.

É clara como os *pós à marechala.*
E as mãos, que o *Jock Club* embalsamou,
Entre peles de tigre as regala;
De tigres que por ela apunhalou,
20   Um amante, em Bengala.

É ducalmente esplêndida! A carruagem
Vai agora subindo devagar;
Ela, no brilhantismo da equipagem,

Ela, de olhos cerrados, a cismar
25   Atrai como a voragem!

Os lacaios vão firmes na almofada;
E a doce brisa dá-lhes de través
Nas capas de borracha esbranquiçada,
Nos chapéus com roseta, e nas librés
30   De forma aprimorada.

E eu vou acompanhando-a, corcovado,
No *trottoir*, como um doido, em convulsões,
Febril, de colarinho amarrotado,
Desejando o lugar dos seus truões,
35   Sinistro e mal trajado.

E daria, contente e voluntário,
A minha independência e o meu porvir,
Para ser, eu poeta solitário,
Para ser, ó princesa sem sorrir,
40   Teu pobre trintanário.

E aos almoços magníficos do Mata
Preferiria ir, fardado, aí,
Ostentando galões de velha prata,
E de costas voltadas para ti,
45   Formosa aristocrata!

Primeira publicação: 22 de março de 1874, no *Diário de Notícias*.

"Caprichos", que em *O Livro de Cesário Verde* teve o título alterado para "Responso", "Esplêndida" e "Arrojos" formam tríptico intitulado "Fantasias do Impossível". As três composições foram publicadas em conjunto na mesma edição do *Diário de Notícias*.

Logo após sua publicação, "Esplêndida" foi alvo de violenta "farpa" de Ramalho Ortigão. Também Teófilo Braga teria condenado o poema. Segundo relata Cesário (*OC*, p. 203) em carta a Silva Pinto, Teófilo teria declarado a um amigo em comum que considerava censurável "um homem" ter que descer "ao lugar dos lacaios" "para captar as simpatias de uma mulher". "Um poeta amante e moderno", teria completado, "devia ser trabalhador, forte e digno e não se devia rebaixar assim".

Em sua crônica, Ramalho Ortigão identifica uma tendência poética considerada por ele deletéria às letras portuguesas: o epigonismo da poesia de Baudelaire. "Esplêndida" seria apenas um exemplo modelar dessa imitação diluidora de uma moda francesa: o lirismo satânico (prosaico, cínico, crítico, provocativo) baudelairiano. Ortigão lamenta que essa moda estivesse se difundindo entre jovens poetas portugueses.

Amigo de Cesário, Mariano Pina (*apud* Rodrigues, p. 211) atribui a reação provocada por "Esplêndida" ao contexto cultural português da época, avesso a novidades como as que o poeta trazia:

O escândalo – pois que é necessário chamar as coisas pelos seus verdadeiros nomes – produzido pelos primeiros versos de Cesário Verde está explicado pelo marasmo, pela modorra em que viviam os poetas lisboetas daquele tempo.

Sobre o impacto que a crítica de Ortigão produziu em Cesário, Pina escreve: "Isso melindrou a princípio Cesário Verde, que esperava aplausos do lado dos grandes revolucionários". A exclusão de "Esplêndida" – por Cesário ou Silva Pinto – de *O Livro de Cesário Verde* pode estar associada à sua recepção crítica.

O século xx dividiu-se entre considerar "Esplêndida" um poema mais ou menos representativo dentro da obra de

Cesário. Primeiro biógrafo do poeta, Oliveira (p. 30), por exemplo, alude à composição como "uma das melhores entre as melhores". Já Lourenço (p. 123) refere-se a "Esplêndida" em termos de "pseudocinismo baudelairiano, coado por João Penha".

Sobre possíveis fontes de "Esplêndida", João de Figueiredo (*A Vida de Cesário Verde*, p. 67) lembra que o poema "nos faz pensar nas aguarelas de Constantin Guys [1802-1892] representando carruagens com elegantes". E complementa:

> Baudelaire, em *Le Peintre de la vie moderne*, refere-se longamente a essas aguarelas em que há sempre uma vitória ou um faetonte levando "au grand trot... les beautés couchées comme dans une nacelle, indolentes, écoutant vaguement les galanteries qui tombent dans leurs oreilles" [em trote acelerado... formosas deitadas como em uma gôndola, indolentes, ouvindo vagamente os elogios que caem em seus ouvidos].

V. 1 – *Ei-la! Como vai bela!* O tempo de apreensão da cena e o do enunciado narrativo coincidem. O sujeito lírico está como que diante do evento que narra para o leitor em tempo real. Essa temporalidade imediata associada à valorização de aspectos sensoriais dos objetos descritos e à pulsão psicológica do narrador definem o sentido impressionista da narração lírica.

Vv. 1-10 – Sobre as duas primeiras estrofes, Ortigão (*As Farpas*, 1874, p. 80) tece o seguinte comentário: "Nestas duas estrofes observamos que o poeta abusa um pouco dos adornos com que veste a sua dama, já envolvendo-a em sedas multicores, o que é de um mal gosto inadmissível, já fazendo-a portadora dos esplendores de Versailles, donde é lícito deduzirmos que traria à cabeça o Trianon ou que viria dentro da carruagem fazendo jogar as suas grandes águas. Depois tem um landau forrado de cetim 'azul celeste', coisa que nunca ninguém teve e que a ninguém se permite. Os seus cavalos são pretos, o que é de saber que nenhuma mulher elegante usa senão uma única vez – para se ir enterrar; e além disso vão *velozes como a peste* e cheios de espuma, o que se não sofre senão na parelha de um tipoia em uma tarde de touros pela calçada de Carriche. De sorte que destes versos salva-se unicamente uma coisa verdadeira e sensata, que é a rua do Alecrim".

V. 2 – *Versailles*: palácio francês, edificado a partir de 1668, sob reinado de Luís XIV (1643-1715), na cidade de Versalhes. A partir de 1682, e até 1789, o palácio tornou-se domicílio permanente da família real francesa. Com seu luxo e requinte exuberantes (2000 janelas, 700 quartos, 1250 lareiras, 700 hectares de parque), a edificação simboliza o esplendor do Absolutismo na França. *Rei-Sol*: Luís XIV, idealizador do palácio de Versalhes. Seu nome está associado a estilo rococó ultraornamental. Com sua solenidade pomposa, suas "sedas multicores" (v. 5) que "refulgem como um arrebol" (v. 4), sua languidez altiva e soberba, a "esplêndida" encarna o estilo Luís XIV.

V. 4 – *Refulgir*: brilhar com intensidade, resplandecer. *Arrebol*: período em que o sol nasce ou morre no horizonte. No poema, o "arrebol" pode ter sentido auroral ou crepuscular, dependendo da perspectiva que se adote.

V. 7 – *Landau* (fr.): carruagem de quatro rodas com dupla capota conversível.

V. 9 – *Rua do Alecrim*: rua de Lisboa. No século XIX, a rua do Alecrim era um espaço provinciano, quase agrário. A presença da "esplêndida" com seus luxos e pompa nesse logradouro por onde costumavam passar carros de boi e pedestres descalços tem efeito – sobretudo para o leitor da época – de provocação ou gracejo.

V. 11 – *Incensadas*: perfumadas, cheirosas.

V. 12 – A Condessa du Barry (1743-1793) foi amante de Luís XV, rei da França. Morreu decapitada durante o período revolucionário. A Marquesa de Montespan (1641-1707), mulher altiva e imperiosa, foi amante de Luís XIV, rei da França, com quem teve oito filhos. A Marquesa de Maintenon (1635-1719) foi preceptora dos filhos de Luís XIV com a Marquesa de Montespan. Foi também amante de Luís XIV, com quem se casou secretamente em 1684, depois de o rei ter enviuvado. Termos de comparação da "esplêndida", du Barry (ou Dubarry), Montespan e Maintenon compartilham o fato de serem cortesãs de luxo do Antigo Regime.

Vv. 16-20 – Ortigão (*As Farpas*, 1874, p. 81), sobre a estrofe, anota: "Aqui repreende-se em primeiro lugar a comparação da alvura com os *pós à marechala*, os quais podem ser pardos, louros, encarnados, ou castanhos; em segundo lugar a escolha do bálsamo *Jock*, que temos por suspeito; e por último o mal gosto do amante, que em vez de lhe dar um *manchon* de marta zibelina ou raposa azul, lhe deu uma pele de tigre, que não serve senão para capachos, obrigando a altiva bela a *regalar* as mãos na mesma coisa em que a gente embrulha os pés".

V. 16 – *Pós à marechala*: referência a cosmético em pó usado para matizar a pele.

V. 17 – *Jock Club*: referência a perfume de marca Jock (ou Jockey) Club. Também as cortesãs francesas, com quem a "esplêndida" é comparada, são damas artificialmente perfumadas (v. 11). *Embalsamou*. Sobre a ambiguidade do verbo *embalsamar*, ver nota ao v. 17 de "Ironias do Desgosto".

V. 20 – *Um amante*. O artigo indefinido indicia comportamento amoroso liberal da cortesã moderna: *um* entre outros, ou entre muitos, amantes da "esplêndida". *Bengala*: antiga província da Índia. A cena referida, com tigres orientais apunhalados por um amante supostamente apaixonado, constitui paródia do exotismo ao gosto romântico. A beleza da "esplêndida" e "formosa aristocrata" (v. 45), entre peles de tigres-de-bengala, se mostra a um tempo requintadamente urbana e exótica.

V. 21 – *Ducalmente*: advérbio derivado de *duque*. O termo reforça a condição aristocrática da dama "esplêndida".

V. 23 – *Equipagem*: comitiva, que pode incluir servos, cavalos, veículos e toda sorte de aparatos.

V. 26 – *Lacaios*: criados uniformizados.

V. 29 – *Librés*: uniformes de gala, ou seja, ornamentados com galões (ver nota ao v. 56 de "Noite Fechada") e outros adereços distintivos, usados por criados de casas nobres.

Vv. 31-35 – Sobre a representação do sujeito lírico, Ortigão (*As Farpas*, 1874, p. 82) anota: "Nesta parte um conselho: quando um poeta é de natureza tal que ao passar por senhoras de carruagem se vê obrigado, pelo seu temperamento, pela sua veia poética ou pelos seus princípios políticos, a corcovar, a endoidecer, a ter convulsões e febre e a amarrotar os colarinhos, esse poeta é perigoso na rua do Alecrim, e deverá ir, 'sinistro e mal trajado', desejar o lugar dos truões e amarrotar a roupa branca para a Circunvalação".

V. 32 – *Trottoir* (fr.): calçada de rua, passeio. No século XIX, o termo também passou a significar *prostituição de rua*. *Faire le trottoir*, em francês, significa *prostituir-se na rua, aliciar transeuntes publicamente*. E *le trottoir* equivale a *mundo da prostituição*.

V. 34 – *Truões*: palhaços, pessoas que têm por função divertir outras. No poema, o vocábulo equivale a lacaios da "esplêndida", cuja função não era exatamente diverti-la mas amimá-la, adorá-la.

Vv. 36-40 – Sobre o desejo do narrador de se tornar lacaio da "esplêndida", Ortigão (*As Farpas*, 1874, p. 82) observa: "E eis aqui está finalmente a que uma fingida perversão leva um homem, talvez perfeitamente digno e brioso: a afirmar de si mesmo como a fina flor predileta do ideal, que quer ser lacaio!". Ramalho considera neste comentário a existência de discurso fictício, de "fingida perversão", no poema. Mas não aceita que um homem (ser social) "talvez perfeitamente digno e brioso" crie para si uma representação (personagem), ainda que fictícia, moralmente rebaixada e perversa. Macedo (*O Romântico*, pp. 16-17) comenta que, na poesia cesárica, o sujeito lírico "é sempre contextualmente definido como um personagem – e como tal deve ser entendido sob pena de confusão entre representação

324 ⁖ CESÁRIO VERDE

estética e revelação pessoal. Essa confusão esteve na base da reacção escandalosamente moralística dos contemporâneos de Cesário ao seu poema *Esplêndida...*".

V. 40 – *Trintanário*: criado ajudante de cocheiro, que viajava ao lado do condutor de carruagem e atuava em pequenos serviços, como abrir a portinhola ao passageiro, entregar ou receber bilhetes etc.

V. 41 – *Mata*: referência a João da Mata, proprietário de um restaurante que era ponto de encontro de literatos em Lisboa.

V. 43 – *Galões*: ver nota ao v. 56 de "Noite Fechada".

V. 44 – Diversos comentaristas do poema destacam a ambiguidade da postura do sujeito lírico voltado de costas para a "esplêndida". Segundo Laidlar (p. 95), "as costas voltadas para a 'esplêndida' representam a verdadeira opinião do narrador sobre a mulher".

❧ *Arrojos* ❧

Se a minha amada um longo olhar me desse
Dos seus olhos que ferem como espadas,
Eu domaria o mar que se enfurece
E escalaria as nuvens rendilhadas.

5   Se ela deixasse, extático e suspenso,
Tomar-lhe as mãos *mignonnes* e aquecê-las,
Eu com um sopro enorme, um sopro imenso
Apagaria o lume das estrelas.

Se aquela que amo mais que a luz do dia,
10   Me aniquilasse os males taciturnos,
O brilho dos meus olhos venceria
O clarão dos relâmpagos noturnos.

Se ela quisesse amar, no azul do espaço,
Casando as suas penas com as minhas,
15   Eu desfaria o sol como desfaço
As bolas de sabão das criancinhas.

Se a Laura dos meus loucos desvarios
Fosse menos soberba e menos fria,
Eu pararia o curso aos grandes rios
20   E a terra sob os pés abalaria.

Se aquela por quem já não tenho risos
Me concedesse apenas dois abraços,

Eu subiria aos róseos paraísos
E a lua afogaria nos meus braços.

25 Se ela ouvisse os meus cantos moribundos
E os lamentos das cítaras estranhas,
Eu ergueria os vales mais profundos
E abateria as sólidas montanhas.

E se aquela visão da fantasia
30 Me estreitasse ao peito alvo como arminho,
Eu nunca, nunca mais me sentaria
Às mesas espelhentas do Martinho.

Primeira publicação: 22 de março de 1874, no *Diário de Notícias*. Trata-se do terceiro poema da série "Fantasias do Impossível".

Cada quadra de "Arrojos" divide-se em dois dísticos. No primeiro, o eu lírico imagina uma situação condicionante em que a amada realizasse desejos do amante. No segundo, o narrador-amante registra sua reação diante da condição eventualmente cumprida. As situações condicionantes a que o amante aspira são simples e ingênuas: "Se a minha amada um longo olhar me desse" (v. 1), "fosse menos soberba e menos fria" (v. 18), "me concedesse apenas dois abraços" (v. 22). Mas suas reações são grandiosas e fantásticas: "eu domaria o mar que se enfurece" (v. 3), "apagaria o lume das estrelas" (v. 8), "e abateria as sólidas montanhas" (v. 28). Em suma, a mínima correspondência amorosa da amada proporcionaria no amante vitalidade e entusiasmo tão vigorosos que o capacitariam a executar ações as mais fantásticas.

V. 4 – *Rendilhadas*: ornadas com rendilha, tipo de renda muito delicada.
V. 6 – *Mignonnes* (fr.): delicadas, pequenas.
V. 17 – Laura é musa do poeta italiano Francesco Petrarca (1304-1374). Segundo certa tradição histórica, trata-se de Laura de Noves (1310-1348), es-

posa do Conde Hugues II de Sade (provável ancestral do Marquês de Sade), com quem teve onze filhos. Laura de Noves casou em 1325. Dois anos depois, Petrarca a viu em uma missa de Páscoa na Igreja Santa Clara em Avinhão. Apaixonado à primeira vista, Petrarca teria seguido os passos de sua amada e a cantando platonicamente na série de poemas líricos que lhe dedicou. Em "Arrojos", a figura de Laura coaduna-se com o amor algo sublimado, de olhares, mãos e abraços, que surge da fantasia do narrador. No entanto, o orgulho e a frieza (v. 18) da musa do poema de Cesário contradizem a imagem espiritualizada e pura da Laura de Petrarca.

V. 24 – *Afogaria*: ocultaria, abafaria.

V. 26 – *Cítaras estranhas*. A cítara é um instrumento de cordas da família das antigas liras gregas. De modo ampliado, a expressão pode ser lida como metalinguística e autodescritiva do lirismo cesário, considerado "estranho" ou original à época de sua publicação.

V. 30 – *Arminho*. Ver nota ao v. 39 de "Setentrional".

V. 32 – *Martinho*: tradicional bar-café de Lisboa, ponto de encontro de artistas e intelectuais. Tal como "Esplêndida", "Arrojos" também se fecha com uma ironia de tipo realista-gastronômica. O efeito irônico provém do choque entre a prosaica alusão ao bar-café Martinho e o tom romântico--idealista do resto do poema.

✺ *Vaidosa* ✺

Dizem que tu és pura como um lírio
E mais fria e insensível que o granito,
E que eu que passo aí por favorito
Vivo louco de dor e de martírio.

5   Contam que tens um modo altivo e sério,
Que és muito desdenhosa e presumida,
E que o maior prazer da tua vida,
Seria acompanhar-me ao cemitério.

Chamam-te a bela imperatriz das fátuas,
10   A déspota, a fatal, o figurino,
E afirmam que és um molde alabastrino,
E não tens coração como as estátuas.

E narram o cruel martirológio
Dos que são teus, ó corpo sem defeito,
15   E julgam que é monótono o teu peito
Como o bater cadente dum relógio.

Porém, eu sei que tu, que como um ópio
Me matas, me desvairas e adormeces,
És tão loura e dourada como as messes
20   E possuis muito amor... muito *amor-próprio*.

Primeira publicação: março de 1874, na revista portuen-
se *A Harpa*. Fundada e dirigida pelo poeta e jornalista Joa-

quim de Araújo, *A Harpa* foi uma publicação modesta mas importante, que estampou em suas páginas inéditos de Antero, Junqueiro, Guilherme Braga e Gonçalves Crespo, além de Cesário, entre outros.

"Vaidosa" se estrutura em duas partes. Na primeira, composta das quatro estrofes iniciais, o sujeito lírico elenca rumores sobre a musa, provenientes de fontes indeterminadas – "dizem" (v. 1), "contam" (v. 5), "afirmam" (v. 11), "narram" (v. 13), "julgam" (v. 15). Na segunda, o narrador relata sua versão sobre a "vaidosa": "Porém eu sei..." (v. 17). Apesar desta divisão, o testemunho do narrador não contradiz, antes complementa, os depoimentos sobre a musa vaidosa.

V. 1 – O verso contrasta com o retrato da musa descrito no poema. Segundo a versão alheia e a do narrador, a musa possui perfil de mulher fatal, sedutora e insensível, bela e cruel, hipnótica e predadora. O lírio é símbolo de pureza, virgindade, inocência, de larga tradição na cultura ocidental (ver nota ao v. 48 de "Flores Velhas"). Duas hipóteses para compreensão do verso são: *1.* uso pontual da ironia, que inverte o significado da simbologia do lírio, *2.* uso de simbologia alternativa do lírio. Na mitologia, Perséfone foi arrastada aos infernos por Hades, no momento em que colhia um lírio (ou jacinto). Desse modo, a flor seria como uma senha ou porta de entrada ao inframundo. Por causa de seu longo pistilo, que lembra um falo, o lírio também é associado, em certa tradição pagã, a Vênus e aos Sátiros.

V. 3 – *Favorito*: amante favorito. O termo pressupõe a existência de outros amantes. Usado no feminino e aplicado ao Antigo Regime, o vocábulo designa cortesãs de reis ou nobres poderosos. No poema, às avessas, o eu lírico passa por favorito da "imperatriz" (v. 9), da "déspota" (v. 10).

V. 9 – *Fátuas*: vaidosas e ocas. Mulheres lindas e presunçosas.

V. 13 – *Martirológio*: lista de mártires que morreram por uma causa.

V. 17 – *Porém*. A conjunção não tem valor adversativo mas aditivo. Em sentido amplo, a segunda parte do poema confirma a primeira.

V. 19 – *Messes*. Ver nota ao v. 24 de "Setentrional".

❧ *Cadências Tristes* ❧

A João de Deus

Ó bom João de Deus, ó lírico imortal,
Eu gosto de te ouvir falar timidamente
Num beijo, num olhar, num plácido ideal;
Eu gosto de te ver contemplativo e crente,
5   Ó pensador suave, ó lírico imortal!

E fico descansada, à noite, quando cismo
Que tentam proscrever a sensibilidade,
E querem denegrir o cândido lirismo;
Porque o teu rosto exprime uma serenidade,
10   Que vem tranquilizar-me, à noite, quando cismo!

O enleio, a simpatia e toda a comoção
Tu mostras no sorriso ascético e perfeito;
E tens o edificante e doce amor cristão,
Num trono de bondade, a iluminar-te o peito,
15   Que é toda a melodia e toda a comoção!

Poeta da mulher! Atende, escuta, pensa,
Já que és o nosso irmão, já que és o nosso mestre,
Que ela, ou doente sempre ou na convalescença,
É como a flor de estufa em solidão silvestre,
20   Ao tempo abandonada! Atende, escuta, pensa.

E ó meigo visionário, ó meu devaneador,
O sentimentalismo há de mudar de fases;

Mas só quando morrer a derradeira flor
É que não há de ler-se os versos que tu fazes,
25 Ó bom João de Deus, ó meu devaneador!

Primeira publicação: 27 de dezembro de 1874, em *A Tribuna*, sob o pseudônimo Margarida. O poema não traz então nenhum esclarecimento acerca de seu verdadeiro autor. Sobre a atribuição a Cesário, Serrão (*OC*, p. 93) esclarece:

> Vinte e um anos depois, em 1895 e, portanto, postumamente, ["Cadências Tristes"] foi republicada na *Revista Portuguesa*, dirigida por Joaquim de Araújo [editor de *A Harpa*, quando Cesário lá publicou "Vaidosa"], nº 4, Março, a pp. 148-149, onde apareceu subscrita por *Cesário Verde*, e acompanhada da seguinte nota da redação: "O simples nome de *Margarida* constituía a assinatura destes formosos versos, quando Cesário Verde os enviou a João de Deus".

Trata-se pois de poema apócrifo. Serrão (*Cesário Verde: Interpretação*, p. 151) o inclui na obra completa de Cesário, mas pondera: "Apresenta-se ... muito duvidosa a autenticidade deste poema". Teresa Cunha (p. 23) atribui a Silva Pinto uma carta anônima de 21 de julho de 1886, dirigida ao *Correio da Manhã*, na qual o enunciador afirma que Cesário havia publicado "uma amorosa e lugentíssima saudação a João de Deus, o grande Mestre, finamente assinada com o pseudônimo de Margarida".

João de Deus foi uma espécie de unanimidade em seu tempo. Antero de Quental e Teófilo Braga, por exemplo, o consideravam o maior poeta português depois de Camões. Cesário conhecia João de Deus pessoalmente e por certo admirava sua obra. A naturalidade discursiva ou fluência coloquial estilizada foi o aspecto que a poética cesárica mais tentou assimilar da obra de João de Deus. Em 1882, esteve prestes a sair um jornal, que se chamaria *O Mercantil*, cujos principais redatores seriam Cesário, João de Deus e Teófilo Braga.

Sobre a contradição existente entre forma e conteúdo no poema, Mourão-Ferreira ("Notas", pp. 98-99) assinala:

> Colocada no início de sua breve carreira poética, esta velada e indireta apologia do nosso lirismo tradicional apresenta-se, todavia, sob o aspecto estrófico, em moldes muito pouco tradicionais e que, até na sua própria obra, nunca mais voltarão a aparecer: são quintilhas, formadas por alexandrinos, com rima cruzada, e em que o quinto verso é a repetição quase textual do primeiro. Pelo que tivemos ocasião de averiguar, aventamos que tal estrofe fosse, à data, pouco frequente, se não inédita, na poesia portuguesa; e mais sugerimos: que o modelo o tivesse Cesário ido buscar a Baudelaire.

Mourão-Ferreira cita a seguir cinco peças de *Les Fleurs du Mal* que apresentam mesma estrutura estrófica – "Le Balcon", "Reversibilité", "Moesta et Errabunda", "Lesbos" e "L'Irréparable" (este com variações). E conclui: "tal insinuação de modernidade formal, neste hino de Cesário ao tradicionalíssimo 'cândido lirismo' [v. 8] não pode deixar de ser considerada".

V. 6 – *E fico descansada*. Mourão-Ferreira ("Notas", p. 99) considera "duplamente significativa" a utilização de voz lírica feminina no poema: "revela, antes de mais, da parte de Cesário Verde, o desejo de se furtar à responsabilidade de 'assinar com o seu nome' essa discreta apologia do nosso lirismo tradicional; e, por outro lado, na medida em que a acha digna de ser feita por uma mulher, assim retoma ele, inconscientemente porventura, o processo que está na raiz das Cantigas de Amigo e da *Menina e Moça* de Bernardim".

V. 11 – *Enleio*: encanto, algo que maravilha.

V. 12 – *Ascético*: místico, devoto, contemplativo.

V. 16 – *Atende*: dê atenção, responda.

Vv. 18-20 – Retrato romântico da condição física e social da mulher no século XIX.

V. 18 – *Ela*: a "mulher" (v. 16).

V. 22 – Sobre o verso e seu significado para o entendimento da formação do lirismo cesárico, Mourão-Ferreira ("Notas", p. 99) anota: "Inscrito na antecâmara da obra de Cesário, este verso é um aviso: ressalvando embora a perenidade daquela fase do nosso sentimentalismo que *termina* com o próprio João de Deus, Cesário Verde *prepara-nos* para nova fase, que virá, aliás, a ser em grande parte inaugurada por ele. Os seus 'versos magistrais, salubres e sinceros' serão a marca de um 'homem varonil' sobre o corpo delicado e feminino da nossa poesia tradicional. No entanto, esse corpo não deixa de estar presente, nem de ser de começo contemplado, apreciado, definido – com a gravidade e o respeito de quem sabia que iria fecundá-lo". // Em sentido amplo e histórico, o verso faz alusão ao período revolucionário, pós-Questão Coimbrã (1865), em que se discutia a necessidade de renovação da poesia (e das artes em geral) portuguesa. Esta, diz o verso, como produto da revolução de ideias, vai alterar sua forma, seus modelos, seus critérios de composição e recepção, mas isso não significará a morte da poesia de João de Deus. Pois a revolução – traz implícito o poema – é fruto da ação dos homens e o lirismo de João de Deus fala de fato às mulheres (ver nota aos vv. 23-24).

V. 23 – *Flor*: a "mulher" (v. 16).

Vv. 23-24 – Enquanto houver mulheres no mundo, a poesia de João de Deus, que a elas em princípio se destina, será lida com devoção.

❧ *Desastre* ❧

Ele ia numa maca, em ânsias, contrafeito,
Soltando fundos ais e trêmulos queixumes;
Caíra dum andaime e dera com o peito,
Pesada e secamente, em cima duns tapumes.

5   A brisa que balouça as árvores das praças,
Como uma mãe erguia ao leito os cortinados,
E dentro eu divisei o ungido das desgraças,
Trazendo em sangue negro os membros ensopados.

Um preto, que sustinha o peso dum varal,
10   Chorava ao murmurar-lhe: "Homem não desfaleça!"
E um lenço esfarrapado em volta da cabeça
Talvez lhe aumentasse a febre cerebral.

Flanavam pelo Aterro os dândis e as *cocottes*,
Corriam *char-à-bancs* cheios de passageiros
15   E ouviam-se canções e estalos de chicotes,
Junto à maré, no Tejo, e as pragas dos cocheiros.

Viam-se os quarteirões da Baixa: um bom poeta,
A rir e a conversar numa cervejaria,
Gritava para alguns: "Que cena tão faceta!
20   Reparem! Que episódio!" Ele já não gemia.

Findara honradamente. As lutas, afinal,
Deixavam repousar essa criança escrava,

E a gente da província, atônita, exclamava:
"Que providências! Deus! Lá vai para o hospital!"

25   Por onde o morto passa há grupos, murmurinhos;
Mornas essências vêm duma perfumaria,
E cheira a peixe frito um armazém de vinhos,
Numa travessa escura em que não entra o dia!

Um fidalgote brada a duas prostitutas:
30   "Que espantos! Um rapaz servente de pedreiro!"
Bisonhos, devagar, passeiam uns recrutas
E conta-se o que foi na loja dum barbeiro.

Era enjeitado, o pobre. E, para não morrer,
De bagas de suor tinha uma vida cheia;
35   Levava a um quarto andar cochos de cal e areia,
Não conhecera os pais, nem aprendera a ler.

Depois da sesta, um pouco estonteado e fraco,
Sentira a exalação da tarde abafadiça;
Quebravam-lhe o corpinho o fumo do tabaco
40   E o fato remendado e sujo de caliça.

Gastara o seu salário – oito vinténs ou menos –,
Ao longe o mar, que abismo! e o sol, que labareda!
"Os vultos, lá em baixo, oh! como são pequenos!"
E estremeceu, rolou nas atrações da queda.

45   O mísero a doença, as privações cruéis
Soubera repelir – ataques desumanos!
Chamavam-lhe garoto! E apenas com seis anos
Andara a apregoar diários de dez-réis.

Anoitecia então. O féretro sinistro
50   Cruzou com um *coupé* seguido dum correio,
E um democrata disse: "Aonde irás, ministro!
Comprar um eleitor? Adormecer num seio?"

E eu tive uma suspeita. Aquele cavalheiro,
– Conservador, que esmaga o povo com impostos –,
55   Mandava arremessar – que gozo! estar solteiro! –
Os filhos naturais à roda dos expostos...

Mas não, não pode ser... Deite-se um grande véu...
De resto, a dignidade e a corrupção... que sonhos!
Todos os figurões cortejam-no risonhos
60   E um padre que ali vai tirou-lhe o solidéu.

E o desgraçado? Ah! Ah! Foi para a vala imensa,
Na tumba, e sem o adeus dos rudes camaradas:
Isto porque o patrão negou-lhes a licença,
O inverno estava à porta e as obras atrasadas.

65   E antes, ao soletrar a narração do fato,
Vinda numa local hipócrita e ligeira,
Berrara ao empreiteiro, um tanto estupefato:
"Morreu!? Pois não caísse! Alguma bebedeira!"

Primeira publicação: 30 de outubro de 1875, no jornal *O Porto*.

Em "Desastre", Cesário abandona o discurso irônico, tão característico de sua obra, e cria um poema que trata da questão social de modo direto e engajado. Na poesia cesárica, o efeito de ironia provém, entre outros fatores, da ficcionalização do sujeito lírico e de sua contextualização narrativa. Em "Desastre", no entanto, a narração se dá por meio de um eu lírico-testemunha, distanciado, preocupado com a objetivação dos fatos, como um narrador de estórias realistas. Estrutura dominante à época, o poema funde em seu discurso eu lírico e eu autoral, ambos buscando expressar e revestir-se de sentimentos nobres, para educar sentimental e moralmente o leitor, e com isso participar da edificação de uma sociedade mais justa. Por tudo isso, "Desastre" é uma composição atípica na obra de Cesário.

É possível que "Desastre" seja produto da polêmica que a publicação de "Esplêndida" provocou (ver nota introdutória a "Esplêndida"). Depois de tentar se aproximar dos "grandes revolucionários" por meio do humorismo irônico, Cesário talvez tenha escrito "Desastre" como forma de *mea culpa*. Muito próximo do estilo que então se praticava, "Desastre" diluiu-se em seu meio e passou sem repercussão. O século XX, que resgatou a obra de Cesário, marginalizou o poema. Um dado que ajuda a compreender essa trajetória é o de sua publicação: depois de outubro de 1875 não houve reimpressão completa de "Desastre" até 1963 (cf. Moreira).

Em carta sem data a Silva Pinto, Cesário refere-se a um poema seu mas não o especifica. Por seu conteúdo, a referência pode ser a "Desastre". Diz Cesário (*OC*, p. 216):

> A poesia que eu hoje te mando é a minha última maneira. Vês por ela que eu não desprezo de modo algum o coração, que quando desprezado não deixa brotar *nenhuma* obra de arte. Mas o que eu desejo é aliar ao lirismo a ideia de justiça (cf. Moreira, p. 21).

Último poema de Cesário, incompleto por causa de sua morte, "Provincianas" recupera em parte a perspectiva presente em "Desastre" (ver nota introdutória a "Provincianas"). Todavia, a fatura linguística do poema derradeiro de Cesário difere muito do descritivismo realista coado em sentimentos românticos de "Desastre".

V. 1 – Em termos narrativos, "Desastre" se inicia *in medias res*, como uma moderna epopeia urbana. O herói do poema é um operário da construção civil acidentado. O acidente já ocorrera, e o ajudante de pedreiro agoniza sobre uma maca. O início abrupto e violento surpreende, mas o fato trágico em si não chega a perturbar o cotidiano citadino no qual ele se insere. *Contrafeito*: desfigurado, deformado.

V. 7 – *Ungido*: diz-se do que recebeu óleos sagrados da Igreja em cerimônias que celebram sacramentos cristãos. No poema, "o ungido das desgraças" é o "sangue negro" (v. 8) que banha o acidentado.

V. 9 – *Varal*: cada uma das varas longas de um veículo de tração animal entre as quais as bestas são presas. Pode ser também cada uma das varas de uma liteira ou de um andor.

V. 13 – *Flanavam*: caminhavam lentamente, ociosamente. O termo é derivado dos vocábulos franceses *flâneur, flânerie* (ver nota aos vv. 12-13 de "Num Bairro Moderno"). *Aterro*: logradouro de Lisboa paralelo ao rio Tejo, utilizado pela burguesia no século XIX como passeio público. *Dândis*: do inglês *dandy*, homens elegantes e afetados. *Cocottes* (fr.): mulheres elegantes e esnobes. // Em uma crônica de *As Farpas* datada de dezembro de 1871, mas publicada em volume no ano seguinte, Eça de Queirós (p. 16), assim descreve o *Aterro* de Lisboa: "A glória da capital, o *Aterro*, a maravilha, é ladeado ao seu comprimento, de duas suaves circunstâncias: o cheiro da imundície dos canos, e o pó da *houille* [hulha, carvão] das fábricas, dando assim a perspectiva de uma sociedade gentil, rica e dandy – que passeia, no aparato da riqueza e nos vagares do luxo – com a palma da mão sobre a boca e o lenço no nariz!"

Vv. 13-16 – O acidente não interrompe o ritmo cotidiano da cidade de Lisboa. Na estrofe, não parece que as personagens demonstram indiferença perante o acidente – sentimento demonstrado por outras personagens do poema –, antes, parece que eles desconhecem o fato trágico. A estrofe assim funciona como composição do espaço urbano, cujo efeito é o de intensificar a verossimilhança da narrativa.

V. 14 – *Char-à-bancs* (fr.): carruagens providas de assentos laterais para mais de quatro pessoas, espécie de carruagens-ônibus.

V. 17 – *Baixa*: Baixa Pombalina (ver nota II, v. 17 de "O Sentimento dum Ocidental").

V. 17-18 – O insensível e sarcástico "poeta" possui perfil algo estrangeirado. Em um país produtor e exportador de vinhos, a "cervejaria" que ele frequenta representa espaço de cultura estrangeira.

V. 19 – *Faceta*: burlesca, divertida, engraçada.

V. 23 – *Gente da província*. Na cena, os provincianos se opõem ao "poeta" (v. 17). Este é burguês, culto e insensível diante da dor alheia, aqueles são simples social e culturalmente, e demonstram compaixão pelo operário acidentado.

Vv. 26-27 – Através de odores em contraste, o poema flagra a convivência de classes sociais distintas no mesmo espaço urbano. Este tópico tornar-se-á recorrente em poemas citadinos de Cesário.

Vv. 33-48 – Depois do início *in medias res*, outro recurso próprio da narrativa ficcional usado no poema é o *flashback* ou a analepse, que consiste em retroação da estória para que se narrem fatos do passado que expliquem cir-

POEMAS REUNIDOS ∻ 341

cunstâncias do presente. Por razões estruturais, a analepse está associada a narrativas com abertura *in medias res*: para que o círculo narrativo se feche, necessário se fazem começo, meio e fim. Estas quatro estrofes de "Desastre" narram o começo da narrativa, constroem um esboço biográfico da vítima. Sua função é compor a personagem, ou torná-la mais verossímil para o leitor; sensibilizar o leitor através da extensão retroativa da tragédia, ou seja, da demonstração de que o acidente fatal é apenas a culminação trágica de uma existência sempre penosa; e, por fim, racionalizar a ocorrência central da narrativa, ou justificar metodicamente o acontecimento infausto. Em sentido amplo, o uso da analepse em "Desastre" possui objetivos e efeitos similares aos da prosa de ficção realista e naturalista, que comumente se valem de mesmo recurso narrativo.

V. 35 – *Cochos*: recipientes de madeira em forma de caixa retangular aberta usado para o transporte de materiais (cal, cimento, areia etc.) na construção civil.

V. 40 – *Caliça*: pó formado por diversos materiais (cal, argamassa, cimento, tijolo esfarelado etc.) usados na construção ou derivados da demolição de um edifício, uma casa etc.

V. 44-46 – Os versos sugerem que a morte do operário talvez tenha se dado, não por acidente, mas por motivação voluntária. Sentindo as "atrações da queda", diz o texto, o "mísero" "soubera repelir" "a doença" e "as privações cruéis". Nesse caso, o "desastre" do título aludiria ao suicídio do pobre trabalhador.

V. 50 – *Coupé* (fr.). Ver nota ao v. 12 de "Humilhações". *Correio*: veículo do serviço postal.

V. 53 – *E eu tive uma suspeita*. A partir de um fato prosaico do cotidiano citadino (vv. 51-52), o narrador idealiza uma realidade paralela, como uma digressão ou fuga narrativa. O procedimento está na base de futuras digressões líricas como a "vista de poeta" em "A Débil" e a "visão de artista" em "Num Bairro Moderno".

V. 56 – *Roda dos expostos*: armário cilíndrico giratório, utilizado como meio de passagem de objetos de um espaço externo para outro, interno, sem que o usuário seja identificado. Desde a Idade Média até o século xx, casas de caridade mantinham uma roda dos expostos para que nela fossem depositadas anonimamente crianças enjeitadas (expostas).

V. 60 – *Solidéu*: pequeno barrete com que eclesiásticos tonsurados cobrem a coroa (parte tonsurada ou raspada no alto da cabeça).

V. 65 – *Soletrar*. O verbo indicia o baixo grau de cultura do "empreiteiro" (v. 67), que descreve o acidente do operário a um repórter local com pausas de quem *soletrasse* e não com fluência de quem *relatasse* o fato.

V. 66 – *Local*: publicação local, jornal da região. // Sobre o tempo em "Desastre", duas formas de representação, entre outros procedimentos vin-

342 ᴽ CESÁRIO VERDE

culados, são atípicas na poesia urbana de Cesário. Primeiro, a larga extensão temporal da narrativa, que se desenvolve em várias horas, desde o acidente, durante o horário do almoço, até a noite, com a passagem do carro funerário (v. 49). Durante esse período, há ainda uma digressão analéptica (ver notas ao vv. 33-48) à infância do operário acidentado. Segundo, a quebra da unidade de tempo. Terminado o episódio, o "empreiteiro" (v. 67) dá sua versão sobre o fato a um repórter em algum momento indefinido após o enterro do operário.

V. 67 – *Empreiteiro*. O foco de "Desastre" é amplo e compõe vasto painel social da cidade de Lisboa. Neste poema, Cesário mostra-se menos retratista e mais muralista. Um dado sobre as personagens da narrativa corrobora esta afirmação. Última personagem do poema, o "empreiteiro" é o décimo--sétimo tipo social a aparecer no poema, composto de dezessete quadras. Sem contar o narrador, que não possui identidade social, e personagens referidas de modo implícito, como o repórter que entrevista o "empreiteiro" (vv. 65-66) ou o carteiro que dirige o veículo do correio (v. 50), as outras personagens são: *1.* o operário acidentado (v. 1); *2.* o negro, também operário, amigo da vítima (v. 9); *3.* os "dândis" (v. 13); *4.* as *"cocottes"* (v. 13); *5.* os "passageiros" das carruagens-ônibus (v. 14); *6.* os "cocheiros" (v. 16); *7.* o "poeta" (v. 17); *8.* "gente da província" (v. 23); *9.* o "fidalgote" (v. 29); *10.* as "prostitutas" (v. 29); *11.* os "recrutas" (v. 31); *12.* o "barbeiro" (v. 32); *13.* o "democrata" (v. 51); *14.* o "ministro" (v. 51); *15.* o "padre" (v. 60); *16.* o "patrão" (v. 63).

❧ *Num Álbum* ❧

I

És uma tentadora: o teu olhar amável
Contém perfeitamente um poço de maldade,
E o colo que te ondula, o colo inexorável
Não sabe o que é paixão, e ignora o que é vaidade.

II

5   Quando me julgas preso a eróticas cadeias
Radia-te na fronte o céu das alvoradas,
E quando choro então é quando garganteias
As óperas de Verdi e as árias estimadas.

III

Mas eu hei de afinal seguir-te a toda a parte,
10   E um dia quando eu for a sombra dos teus passos,
Tantos crimes terás, que eu hei de processar-te,
E enfim hás de morrer na forca dos meus braços.

Primeira publicação: 1880, no *Cancioneiro Português* –
"Coleção de poesias inéditas dos principais poetas portugue-
ses – Primeiro ano – 1879-1880", coletânea organizada por J.
Leite de Vasconcelos & Ernesto Pires. Na antologia, o poema
aparece entre os compilados em 1879. Serrão (*OC*, p. 132) su-
põe que a composição seja de data anterior. De fato, sob cer-

tos aspectos, "Num Álbum" assemelha-se a poemas da fase juvenil de Cesário.

A palavra *álbum*, no contexto em que ela se insere, designava um caderno no qual, por solicitação de seu proprietário – em geral uma mulher –, amigos ou convidados escreviam frases de homenagem ao solicitante ou versos de circunstância. A poesia de álbum foi muito popular durante o Romantismo. Seu caráter circunstancial propunha um desafio ao poder de improvisação de poetas ou de simples versejadores. Pode-se dizer que a poesia de álbum constituiu um gênero (ou subgênero) lírico no século XIX, dotado de convenções retóricas e horizonte de expectativa próprios. Cesário, ou o modo típico cesárico, recorrente em sua obra, rompe com estas convenções, sem de todo revertê-las, e cria um poema de álbum que problematiza a poesia de álbum, ou, no mínimo, um poema de álbum *sui generis*.

V. 1 – *És uma tentadora*. Dentro das convenções da poesia de álbum, a dama a quem o eu lírico se dirige é a dona do caderno, que lhe solicitou versos.

Vv. 1-2 – A mescla de amabilidade e maldade que o eu lírico identifica na mulher fazem dela um modelo de *femme fatale*. Outras referências no poema à musa do álbum confirmam esse perfil.

V. 3 – *Inexorável* /z/: inflexível, que não cede a rogos.

V. 8 – Giuseppe Verdi (1813-1901) foi compositor italiano. Suas óperas fizeram enorme sucesso durante o Romantismo. Na época de Cesário, no entanto, seu prestígio estava em decadência dentro dos círculos intelectuais que consideravam a arte romântica ultrapassada. Para a Geração de 70, as óperas de Verdi eram símbolo de superficialismo e mau gosto. Eça de Queirós expressou esse conceito em alguns momentos de sua obra (ver ensaio introdutório). E no poema de Cesário é com essa perspectiva que o nome do compositor italiano é usado.

❧ Obras Citadas ❧

Nas remissões a obras, citam-se na ordem e quando necessários o sobrenome do autor, o título da publicação e o(s) número(s) de página(s).

ABREVIAÇÃO

OC: *Obra Completa de Cesário Verde*. Joel Serrão (Org.). 5ª ed. s.l. [Lisboa], Livros Horizonte, 1988.

. . .

ALMEIDA, Fernando António. *Operários de Lisboa na Vida e no Teatro (1845-1870)*. Lisboa, Caminho, 1994.

ALMEIDA, Fialho de. *Vida Ironica*. Lisboa, Monteiro & Cª, 1892.

_____. "Cesário Verde." *Fialho de Almeida: in memoriam*. Porto, Renascença Portuguesa, 1917.

BARAHONA, António (Org.). *O Livro de Cesário Verde*. Lisboa, Assírio & Alvim, 2004.

BÉCQUER, Gustavo Adolfo. *Rimas*. 3ª ed. Madrid, Ediciones Cátedra, 1977.

BELL, Aubrey F. G. *Studies in Portuguese Literature*. Oxford, B. H. Blackwell, Broad Street, 1914.

_____. *Portuguese Literature*. Oxford, At the Claredon Press, 1922.

BUESCU, Helena Carvalhão. "Dois Poetas da Invocação: Cesário Verde e António Nobre." *Colóquio-Letras* 75 (1983).

CARTER. Janet E. *Cadências Tristes: O Universo Humano na Obra Poética de Cesário Verde*. Lisboa, IN-CM, 1989.

CASTELO BRANCO, Camilo. *A Mulher Fatal*. Sintra, Publicações Europa-América, s.d.

Castro, Eugenio de. "Cesário Verde." *Cartas de Torna-Viagem*. Vol. I. Lisboa; Porto; Coimbra; Rio de Janeiro, "Lvmen" – Empresa Internacional Editora, 1926.

Cunha, Teresa Sobral (Org.). *Cânticos do Realismo e Outros Poemas / 32 Cartas*. Lisboa, Relógio D'Água Editores, 2006.

Deus (Ramos), João de. *Flores do Campo*. Ed. José António Garcia Blanco. Lisboa, Em casa de Ferin & Robin, s.d. [1868]

Ferreira, Maria Ema Tarracha (Org.). *O Livro de Cesário Verde*. Lisboa; São Paulo, Verbo, 1983.

Ferreira, Vergílio. "Relendo Cesário." *O Espaço do Invisível III*. 2ª ed. Lisboa, Bertrand, 1993.

Figueiredo, Fidelino (Org.). *Antologia Geral da Literatura Portuguesa (1189-1900)*. Lisboa, Livraria Clássica Editora de A. M. Teixeira, 1917.

————. *Literatura Portuguesa: Desenvolvimento Histórico das Origens à Atualidade*. 3ª ed. Rio de Janeiro, Livraria Acadêmica, 1955.

Figueiredo, João Pinto de. *Álbum de Cesário Verde*. Paris, Calouste Gulbenkian, 1979.

————. *A Vida de Cesário Verde*. 2ª ed. Lisboa, Presença, 1986.

Formont, Maxime. *Le Mouvement Poétique Contemporain en Portugal*. Lyon, imprimerie A. Storck (*Revue de Siècle*), 1892.

Gomes, Álvaro Cardoso. "O Jóquei da Tartaruga." *O Poético: Magia e Iluminação*. São Paulo, Perspectiva/Edusp, 1989.

Hauser, Arnold. *História Social da Arte e da Literatura*. Trad. Álvaro Cabral. São Paulo, Martins Fontes, 1998.

Laidlar, John. "A Interpretação de Cesário Verde." In: Buescu, Helena Carvalhão (Org.). *Cesário Verde: Comemorações do Centenário da Morte do Poeta*. Lisboa, Calouste Gulbenkian/ACARTE, 1993.

Lôbo, Danilo. "'O Sentimento dum Ocidental': Uma Leitura Intersemiótica." *Literatura e Sociedade* 2 (1997).

Lopes, Óscar. "Cesário Verde, ou do Romantismo ao Modernismo." *História Ilustrada das Grandes Literaturas – Literatura Portuguesa*. Vol. II. Lisboa, Estúdios Cor, 1973.

_____. "Cesário e O'neill." In: BUESCU, Helena Carvalhão (Org.). *Cesário Verde: Comemorações do Centenário da Morte do Poeta.* Lisboa, Calouste Gulbenkian/ACARTE, 1993.

LOURENÇO, Eduardo. "Os Dois Cesários." In: BUESCU, Helena Carvalhão (Org.). *Cesário Verde: Comemorações do Centenário da Morte do Poeta.* Lisboa, Calouste Gulbenkian/ACARTE, 1993.

MACEDO, Helder. *Nós: Uma Leitura de Cesário Verde.* 3ª ed., Lisboa, Dom Quixote, 1986.

_____. *O Romântico e o Feroz (Cesário Verde).* Lisboa, & etc, 1988.

MARTINS, Cabral. *Cesário Verde ou a Transformação do Mundo.* Lisboa, Comunicação, 1988.

MELLO E SOUZA, Gilda. *O Espírito das Roupas.* São Paulo, Companhia das Letras, 1987.

MELO, Martinho Nobre de. "Apresentação." *Cesário Verde – Poesia.* 4ª ed. Rio de Janeiro, Agir, 1984.

MENDES, Margarida Vieira. "Escrever-sobreviver." *Poesias de Cesário Verde.* 4ª ed. rev. Lisboa, Comunicação, 1992.

MONTEIRO, Adolfo Casais. "Cesário Verde." *Perspectiva da Literatura Portuguesa do Século XIX.* Vol. II. João Gaspar Simões (direção, prefácio e notas biobibliográficas de). Lisboa, Ática, 1948.

_____. "Cesário Verde." *A Poesia Portuguesa Contemporânea.* Lisboa, Sá da Costa, 1977.

MOREIRA, Alberto. *Cesário Verde e a "Cidade Heroica".* Porto, Tipografia Modesta, 1963.

MOURA, Vasco Graça. "Um Poema de Cesário." *Várias Vozes.* Lisboa, Editorial Presença, 1987.

MOURÃO-FERREIRA, David. "Notas Sobre Cesário Verde – I a IV." *Hospital das Letras.* Lisboa, Guimarães, 1966.

_____. "Cesário e Camões: Uma Leitura Complementar de 'O Sentimento dum Ocidental.'" *Colóquio-Letras* 135/136 (1995).

MURICY, Andrade. *Panorama do Movimento Simbolista Brasileiro.* 2ª ed. Vol. II. Brasília, Ministério da Educação e Cultura/Instituto Nacional do Livro, 1973.

Nascimento, Cabral do. *O Livro de Cesário Verde*. 9ª ed. revista por. Lisboa, Minerva, 1952.

Oliveira, Luís Amaro. *Cesário Verde (Novos Subsídios para o Estudo da sua Personalidade)*. Coimbra, Nobel, 1944.

Ortigão. Ramalho e Queirós, Eça de. *As Farpas*. Março a abril de 1874. Lisboa, Typographia Universal, 1874.

———. *As Farpas*. Fevereiro a maio de 1878. Lisboa, Typographia Universal, 1878.

Padula, Antonio. *I Nuovi Poeti Portoghesi*. Napoli, Edizione fuori di commercio (Stab. Tip. Pierro e Veraldi), 1896.

Queirós, Eça de e Ortigão, Ramalho. *As Farpas*. Maio de 1871. Lisboa, Typographia Universal, 1871.

———. *As Farpas*. Dezembro de 1871. Lisboa, Typographia Universal, 1872.

———. *O Primo Bazilio*. 3ª ed. Porto, Livraria Internacional de Ernesto Chardron / Casa editora Lugan & Genelioux, sucessores, 1887.

———. *A Correspondência de Fradique Mendes*. 2ª ed. Porto, Livraria Chardron, 1902.

———. *A Relíquia*. Porto, Livraria Lello & Irmão, 1945.

———. *Os Maias*. 33ª ed. Lisboa, Edição "Livros do Brasil", s.d.

Quental, Antero. "Introdução aos *Cantos na Solidão* de Manuel Ferreira da Portela." *Prosas da Época de Coimbra*. 2ª ed. Lisboa, Livraria Sá da Costa, 1982.

———. "Sobre a Missão Revolucionária da Poesia." *Odes Modernas*. 4ª ed. Lisboa, Ulmeiro, 1996.

Reckert, Stephen. "O Mistério da Rua das Trinas." *Colóquio-Letras* 93 (1986).

———. "Radiografia de uma Aguarela." In: Buescu, Helena Carvalhão (Org.). *Cesário Verde: Comemorações do Centenário da Morte do Poeta*. Lisboa, Calouste Gulbenkian/ACARTE, 1993.

Reis, Carlos. "Cesário Verde: Realismo e Criação Poética." *História da Literatura Portuguesa*. Vol. v. Carlos Reis (Dir.). Lisboa, Publicações Alfa, 2001.

ROCHA, Andrée Crabbé. "Cesário Verde, Poeta Barroco?" *Colóquio- -Letras* 1 (1971).

_____. "Cesário Verde e o Mito de Anteu." In: BUESCU, Helena Carvalhão (Org.). *Cesário Verde: Comemorações do Centenário da Morte do Poeta*. Lisboa, Calouste Gulbenkian/ACARTE, 1993.

RODRIGUES, Fátima. *Cesário Verde: Recepção Oitocentista e Poética*. Lisboa, Cosmos, 1998.

SACRAMENTO, Mário. "Lírica e Dialéctica em Cesário Verde." *Ensaios de Domingo*. Coimbra, Coimbra Editora, 1959.

SENA, Jorge de. "Sobre a Poesia de Cesário Verde"; "A Linguagem de Cesário Verde." *Estudos de Literatura Portuguesa I*. Lisboa, Edições 70, 1981.

SERRÃO, Joel. *Cesário Verde: Interpretação, Poesias Dispersas e Cartas*. 2ª ed. rev. Lisboa, Delfos, 1961.

_____. *O Essencial Sobre Cesário Verde*. Lisboa, IN-CM, 1986.

_____. (Org.). *Obra Completa de Cesário Verde*. 5ª ed., Lisboa, Livros Horizonte, 1988.

SILVEIRA, Pedro da (Org.) *Cesário Verde (1855-1886)*. "Catálogo da Exposição Comemorativa do Primeiro Centenário da sua Morte." Lisboa, Biblioteca Nacional, 1986.

SIMÕES, João Gaspar. "Introdução a Cesário Verde." *O Mistério da Poesia*. Coimbra, Imprensa da Universidade, 1931.

_____. "A 'Naturalidade' de Cesário Verde"; "De Carlos Fradique Mendes a Cesário Verde." *Literatura, Literatura, Literatura...* Lisboa, Portugália, 1964.

VASCONCELLOS, Carolina Michaëlis de (Org.). *As Cem Melhores Poesias (líricas) da Língua Portuguesa*. Philadelphia, George W. Jacobs & CO. Publishers, s.d. [1909]

YOUNG, George (Ed.). *Portugal: An Anthology*. Oxford, At the Claredon Press, 1916.

❧ Bibliografia Complementar ❧ sobre Cesário Verde

1. Livros

ANTONIO, Jorge Luiz. *Cores, Forma, Luz, Movimento: A Poesia de Cesário Verde*. São Paulo, Musa Editora/Fapesp, 2002.

BOM, Laurinda e AREIAS, Laura. *"Subitamente – Que Visão de Artista!": Cesário Verde, Uma Proposta de Trabalho*. Lisboa, Livros Horizonte, 1983.

CASTRO, Sílvio. *O Percurso Sentimental de Cesário Verde*. Lisboa, ICALP, 1990.

CUNHA, Carlos. *Cesário, Poeta Moderno*. Braga, Livraria Cruz, 1955.

LÔBO, Danilo. *O Pincel e a Pena: Outra Leitura de Cesário Verde*. Brasília, Thesaurus/Núcleo de Estudos Portugueses-UnB, 1999.

LOPES, Rita Sousa. *Para uma Leitura de Cesário Verde*. Lisboa, Presença, 2000.

MALPIQUE, Manuel da Cruz. *Cesário Verde: Poeta do Quotidiano ou dos Cinco Sentidos*. S. l.: Estudos Castelo Branco – Revista de História e Cultura, 1967.

RECKERT, Stephen. *Um Ramalhete para Cesário*. Lisboa, Assírio & Alvim, 1987.

TEIGA, Carlos. *O Livro de Cesário Verde: Ensaio Interpretativo e Crítico*. Setúbal, [s.e.], 1993.

2. Ensaios, verbetes e textos em geral

AA. VV. *Prelo* 12 (1986). (Com textos de Maria Filomena Mónica, José Carlos Seabra Pereira, Clara Rocha, Silvina Rodrigues Lopes, Isabel Oliveira e Silva, Júlio Brandão e Jorge Custódio)

Aa. vv. *Colóquio-Letras* 93 (1986). (Com textos de Joel Serrão, Helder Macedo, Georg Rudolf Lind, Stephen Reckert, Jonh Laidlar, Alfredo Margarido, Helena Carvalhão Buescu, David Mourão-Ferreira, José Carlos Seabra Pereira)

Aa. vv. *Cesário Verde: Comemorações do Centenário da Morte do Poeta*. Lisboa, Calouste Gulbenkian/ACARTE, 1993. (Com textos de Helena Carvalhão Buescu (Org.), David Mourão-Ferreira, Helder Macedo, Stephen Reckert, José-Augusto França, Luzia Maria Martins, Andrée Rocha, Joel Serrão, Jonh Laidlar, Óscar Lopes, Eduardo Lourenço)

Coelho, Jacinto do Prado. Verbete "Cesário Verde." *Dicionário das Literaturas Portuguesa, Brasileira e Galega*. Jacinto do Prado Coelho (Direcção de). Porto, Livraria Figueirinhas, 1960.

_____. "Um Clássico da Modernidade: Cesário Verde"; "Cesário e Baudelaire"; "Cesário Verde Escritor." *Problemática da História Literária*. 2ª ed. rev. e ampl. Lisboa, Ática, 1961.

_____. "Cesário Verde, Poeta do Espaço e da Memória." *Ao Contrário de Penélope*. Lisboa, Amadora/Bertrand, 1976.

_____. "O Verso e a Frase em 'O Sentimento dum Ocidental.'" *A Letra e o Leitor*. 3ª ed. Porto, Lello & Irmão, 1996.

Daunt, Ricardo. "Duelo Poético na Cidade: as Peripécias do Herói Moderno." *Colóquio-Letras* 125/126 (1992).

_____. "Apresentação; Tábua Cronológica; Critérios Editoriais Adotados." In: Daunt, Ricardo (Org.). *Obra Poética Integral de Cesário Verde*. São Paulo, Landy, 2006

Ferreira, J. Tomaz. "Nota Introdutória: Cesário Verde – O Homem e a Obra." *O Livro de Cesário Verde e Poesias Dispersas*. Lisboa, Europa-América, 1988.

Ferreira, Joaquim. "Cesário Verde." *História da Literatura Portuguesa*. 2ª ed. Porto, Domingos Barreira, s/d.

Figueiredo, Fidelino de. "Cesário Verde." *História da Literatura Realista*. 3ª ed. rev. São Paulo, Anchieta, 1946.

Gomes, Álvaro Cardoso. "A Consciência em Crise em Cesário Verde." *Língua e Literatura* 5 (1976).

GUIMARÃES, Fernando. Verbete "Cesário Verde." *Dicionário de Literatura Portuguesa*. Álvaro Manuel Machado (Org. e dir.). Lisboa, Presença, 1996.

LISBOA, Eugénio (Coord.). Verbete "Cesário Verde." *Dicionário Cronológico de Autores Portugueses*. Vol. II. Organizado pelo Instituto Português do Livro e da Leitura. Sintra, Publicações Europa-América, 1990.

LOPES, Óscar. "De Tolentino a Cesário"; "Sobre Cesário Verde". *Modo de Ler: Crítica e Interpretação Literária II*. Porto, Editorial Inova, 1969.

MARQUES, Ângela. "Vida e Obra de Cesário Verde"; "Critérios da Edição e Organização do Volume." In: MARQUES, Ângela (Org.). *Cesário Verde: Obra Poética e Epistolografia*. Porto, Lello Editores, 1999.

MARTINS, Fernando Cabral. "Ao Raio x da 'Visão de Artista.'" In: BASÍLIO, Kelly & GUSMÃO, Manuel (Orgs.). *Poesia & Ciência*. Lisboa, Cosmos/GUELF, 1994.

MOISÉS, Carlos Felipe. "Prefácio." *Cesário Verde: Poesia Completa & Cartas Escolhidas*. São Paulo, Cultrix, 1982.

_____. "Modernidade (Cesário Verde)." *O Desconcerto do Mundo: do Renascimento ao Surrealismo*. São Paulo, Escrituras, 2001.

MOISÉS, Massaud. "A Poesia do Cotidiano. Cesário Verde." *A Literatura Portuguesa*. 23ª ed. São Paulo, Cultrix, 1987.

MORÃO, Paula. "Cesário Verde e Irene Lisboa: Ver a Cidade." *Viagens na Terra das Palavras*. Lisboa, Cosmos, 1993.

OCTAVIO FILHO, Rodrigo. "Cesário Verde (Sua Influência na Poesia Brasileira)." *Espelho de Duas Faces*. Rio de Janeiro, São José, 1972.

OLIVEIRA, Luís Amaro de. "Três Sentidos Fundamentais na Poesia de Cesário"; "Análise Literária da Poesia 'De Tarde.'" *Antologia Comentada de Poesias de "O Livro de Cesário Verde"*. Porto, Porto Editora, 1989.

PEREIRA, José Carlos Seabra. "Cesário Verde e o Destino do Modelo Realista – Introdução." *História Crítica da Literatura Portu-*

guesa. Vol. VII. Carlos Reis (Coord.). Lisboa; São Paulo, Verbo, 1995.

PERRONE-MOISÉS, Leyla. "Cesário Verde: Um 'Astro sem Atmosfera'?" *Inútil Poesia.* São Paulo, Companhia das Letras, 2000.

PINTO, Silva. "Prefácio." *O Livro de Cesário Verde.* Cesário Verde. Lisboa, Typographia Elzeviriana, 1887.

QUADROS, Antônio. "A Melancolia na Poesia de Cesário Verde." *Modernos de Ontem e de Hoje.* Lisboa, Portugália editora, 1947.

RAMOS, Feliciano. "O Ritmo do Vivo na Obra Poética de Cesário Verde." *Meditações Históricas.* Porto, Machado & Ribeiro, 1940.

RÉGIO, José. "Cesário Verde." *Pequena História da Moderna Poesia Portuguesa.* 3ª ed. Porto, Brasília, 1974.

RITA, Annabela. "O 'Sentimento dum Ocidental': Um Programa Estético." *Colóquio-Letras* 125/126 (1992).

SARAIVA, António José. "Cesário Verde." *Iniciação à Literatura Portuguesa.* São Paulo, Companhia das Letras, 1999.

_____. e LOPES, Óscar. "Cesário Verde." *História da Literatura Portuguesa.* 17ª ed. corrigida e actualizada. Porto, Porto Editora, 1996.

SERRÃO, Joel. "Da Lisboa dos Cabrais à Poesia de Cesário Verde: Pistas e Sondagens – 4.1 a 4.5." *Temas Oitocentistas I.* Lisboa, Horizonte, 1980.

SILVEIRA, Francisco Manuel. "Cesário Verde." *A Literatura Portuguesa em Perspectiva.* Vol. III. Massaud Moisés (Dir.). São Paulo, Atlas, 1994.

SILVEIRA, Jorge Fernandes da. "Notas para um Trabalho sobre a Apreensão da Realidade na Poesia de Cesário Verde." In: SANTOS, Gilda; SILVEIRA, Jorge Fernandes da & SILVA, Teresa Cristina Cerdeira da (Orgs.). *Cleonice: Clara em sua Geração.* Rio de Janeiro, UFRJ, 1995.

Título	Poemas Reunidos
Autor	Cesário Verde
Introdução e Notas	Mario Higa
Editor	Plinio Martins Filho
Produção Editorial	Aline Sato
Capa	Tomás Martins
Ilustração da Capa	Constança Lucas
Revisão	Plinio Martins Filho
Editoração Eletrônica	Daniela Fujiwara
Formato	12 x 18 cm
Tipologia	Minion Pro
Papel	Pólen Soft 80 g/m² (miolo)
	Cartão Super 6 250 g/m² (capa)
Número de Páginas	360
Impressão e Acabamento	Cromosete